应急管理系列丛书 ✦ 案 例 研 究

主　编/中共中央党校（国家行政学院）应急管理培训中心

应急管理典型案例研究报告

（2020~2021）

CASE STUDIES OF
TYPICAL EMERGENCIES (2020-2021)

中共中央党校（国家行政学院）应急管理培训中心　主编

社会科学文献出版社
SOCIAL SCIENCES ACADEMIC PRESS (CHINA)

应急管理系列丛书编委会

应急管理系列丛书专家评审委员会

应急管理系列丛书·案例研究工作组

组　　长：钟开斌

副组长：张　磊　王　华

成　　员（以姓氏笔画为序）：

王永明　王　华　王彩平　李雪峰　邹积亮　张　磊

钟开斌　柴　华　游志斌

总　序

全面加强应急管理工作，是全面履行政府职能的内在要求和重要举措，是维护国家安全、社会稳定和人民利益的重要保障。党中央、国务院长期高度重视应急管理工作。党的十八大以来，以习近平同志为核心的党中央，站在时代前沿和战略全局高度，从增强忧患意识、防范风险挑战，树立红线意识、统筹安全发展，坚持底线思维、强化应急准备，完善体制机制、加强能力建设，抓好安全生产、推进防灾减灾救灾"三个转变"等方面，对加强和改进应急管理工作提出了一系列新观点、新论断、新要求，回答了新时代应急管理工作的一系列根本性、战略性、全局性问题。

应急管理是干部教育培训的重要内容。2015年1月12日，习近平总书记在接见中共中央党校第一期县委书记研修班全体学员并合影座谈时，要求加强对学员进行危机处理、国家安全和公共安全的教育培训等。2018年3月，根据《深化党和国家机构改革方案》新组建的应急管理部，整合九个部门和四个议事协调机构的相关职责，成为国务院组成部门。2018年10月，中共中央印发《2018—2022年全国干部教育培训规划》，把应急管理列为干部教育培训的重要内容。

2018年3月，中共中央党校和国家行政学院职责整合，组建了新的中共中央党校（国家行政学院）。新组建的中共中央党校（国家行政学院），设立应急管理培训中心（中欧应急管理学院），承担应急管理教育培训和相关科研、咨询、国际交流合作职责，参与研究制定国家应急管理规划、规范、标准、预案，开展应急管理人员培训和师资培训，建设国家安全与应急管理学科，指导地方校（院）应急管理业务。

为总结近年来全国应急管理培训基地教学培训、科研咨询、案例开发工作成果，服务于各级党委政府决策和领导干部应急管理培训工作，原国家行政学院应急管理培训中心（中欧应急管理学院）自2015年开始组织编写应急管理系列丛书。作为全国应急管理干部教育培训的主渠道、主阵地，中共中央党校（国家行政学院）应急管理培训中心（中欧应急管理学院）将继续认真学习贯彻习近平总书记关于应急管理的重要论述，密切跟踪应急管理理论前沿和实践发展，结集出版"应急管理系列丛书"，为全面推进新时代我国应急管理事业改革发展建言献策。

本丛书包括"应急管理教材""应急管理理论前沿""应急管理案例研究""应急管理中外研究"四个系列。

"应急管理教材"系列旨在系统梳理国内外突发事件应急管理的前沿理论与先进经验，为应急管理实际工作者、公共管理专业硕士及理论研究人员提供一般性知识参考框架，力求反映应急管理研究的知识演进脉络，兼顾最新发展趋向。该系列具体又包括两大类。一是 MPA 教材。以在中共中央党校（国家行政学院）MPA 应急管理方向研究生中开设的专业课程为基础，编辑出版 MPA 教材。二是公务员培训教材。结合中共中央党校（国家行政学院）相关应急管理专题培训班次，组织编写应急管理培训专题教材和通用教材。

"应急管理理论前沿"系列旨在跟踪应急管理理论发展与创新，推动应急管理理论研究与学科建设，发挥各级政府应急管理培训基地的学术引领作用，保持其理论研究的前瞻性、前沿性，持续推动高水平应急管理学术专著的出版。该系列研究的主要领域包括：公共安全与应急管理领域的基础理论、综合研究，自然灾害、事故灾难、突发公共卫生事件和社会安全事件四大类突发事件的分类研究，预防与应急准备、监测与预警、应急处置与救援、事后恢复与重建等分阶段应急管理研究，国外应急管理理论与实践研究，公务员应急管理培训工作研究，等等。

"应急管理案例研究"系列旨在系统总结和科学评估国内外突发事件典型案例，推进应急管理案例库项目成果开发和应用，逐步建立在国内外有一定影响力的中国应急管理案例库，服务于教学培训、科研咨询和对外合作。该系列具体又包括两大类：一是"应急管理典型案例研究报告"，主要收录每年10起左右典型突发事件的案例研究报告；二是"重大突发事件案例研究报告"，主要收录每年重特大突发事件的深度案例研究报告。

"应急管理中外研究"系列旨在总结提炼国际合作的丰硕成果和经验，分享不同国家的灾害风险治理与应急管理方式方法，介绍国际组织在风险治理、危机应对、人道主义救援等方面的做法，同时也贡献中国智慧、介绍中国解决方案。该系列拟包含三个方面的研究：一是国别应急管理体系研究，二是国际组织灾害风险与应急管理研究，三是重点专题研究。

　　应急管理在我国是一个跨学科的新兴研究领域，实际部门的经验积累和学术界的理论研究都还比较有限。希望本丛书的出版，对我国应急管理理论研究和实践发展能起到积极的推动作用。为全面做好丛书的组织编写工作，应急管理培训中心（中欧应急管理学院）专门成立应急管理系列丛书编委会并设立由应急管理相关领域领导干部和专家学者组成的专家评审委员会。本丛书在研究和出版过程中，得到了中共中央党校（国家行政学院）领导和兄弟部门、应急管埋实际部门和埋论界相关人士以及出版社的大力支持和帮助。同时，由于能力和水平有限，本丛书缺点和错误在所难免，欢迎广大同行和读者提出宝贵意见，以帮助我们不断提高丛书质量。

应急管理系列丛书编委会

2019 年 5 月

《应急管理系列丛书·案例研究》出版前言

俗话说："亡羊补牢。""吃一堑、长一智。"建立独立、权威、专业的调查制度，对所发生的突发事件进行深入剖析，全面总结经验教训，在此基础上有针对性地提出整改措施，是应急管理工作的题中应有之义，也是转"危"为"机"、"在历史的灾难中实现历史的进步"的重要手段。《中华人民共和国突发事件应对法》第六十二条规定："履行统一领导职责的人民政府应当及时查明突发事件的发生经过和原因，总结突发事件应急处置工作的经验教训，制定改进措施，并向上一级人民政府提出报告。""7·23"甬温线特别重大铁路交通事故发生后，党中央、国务院要求调查处理工作做到"查明白、写明白、讲明白、听明白"。山东省青岛市"11·22"中石化东黄输油管道泄漏爆炸特别重大事故发生后，习近平总书记强调"用生命和鲜血换取的事故教训，不能再用生命和鲜血去验证"，要做到"一厂出事故、万厂受教育，一地有隐患、全国受警示"。天津港"8·12"瑞海公司危险品仓库特别重大火灾爆炸事故发生后，中共中央政治局常务委员会会议强调，要彻查事故责任并严肃追责，给社会一个负责任的交代。

案例研究是推动应急管理教学培训、科研咨询、对外合作、人才培养的重要途径。从教学培训来看，案例教学作为一种行之有效的教学方法，已被广泛运用于法律、医学、工商管理、公共管理等实践性较强的教育培训领域中。从科研咨询来看，通过开展案例研究，建立案例库，有利于及时掌握全国应急管理理论与实践的前沿动态，提高科研咨询的针对性和时效性。从对外合作来看，通过联合进行案例开发、共享案例资料等，有利于建设一个学术信息资源共享的案例库资源平台。从人才培养来看，案例研究有利于推进应急管理理论与实践相结合，形成一支业务熟练、结构合理、分工明确的教学科研队伍。近年来，部分国际组织和发达国家特别重视突发事件案例库建设。联合国开发计划署（UNDP）、欧盟（EU）、世界卫生组织（WHO）等组织，美国、日本、加拿大、澳大利亚、比利时等国家，以及美国哈佛大学肯尼迪学院（HKS）、锡拉丘兹大学马克斯维尔（Maxwell）学院、瑞典国防学院危机管理研究与培训中心（CRISMART）等机构，开发建设了各类突发事件案例库或数据库，内容包括全球性或本国范围内的各类突发事件。

2014年12月，国家行政学院应急管理培训中心启动了应急管理案例研究活动，以优秀案例推动应急管理教学培训、科研咨询、对外合作、人才培养及应急管理实践的发展。围绕应急管理案例研究，我们重点开展了以下三个方面的工作。一是以"国家应急管理案例库"项目为支撑，按照统一的案例分析框架，进行重特大突发事件案例研究。二是与有关机构合作，开展"中国公共安全创新"评选活动，总结并弘扬地方和基层一线在推进公共安全治理创新、健全公共安全体系、提高公共安全水平方面的好做法、好经验。三是基于数据挖掘技术，进行突发事件实时信息记录跟踪和统计分析，搭建一个多功能、多层次、全范围、宽领域、可视化的应急管理案例库。

为及时跟踪研究每年发生的典型突发事件，总结推广地方和基层一线公共安全创新的做法和经验，并提高我国应急管理理论研究水平、实践工作能力及开展应急管理国际交流合作提供鲜活的案例素材，我们与社会科学文献出版社合作，编写出版《应急管理系列丛书·案例研究》。"案例研究"共包括三类：一是"应急管理典型案例研究报告"，主要收录每年10起左右典型突发事件的案例研究报告。二是"重大突发事件案例研究"，主要收录每年有代表性的重特大突发事件的深度案例研究报告。三是"公共安全创新案例研究报告"，主要收录"中国公共安全创新"评选活动所评出的项目。

为提高案例研究的规范性和科学性，更好地进行不同案例之间的比较分析和不同地区之间的案例经验交流，我们在借鉴美国哈佛大学肯尼迪学院、锡拉丘兹大学马克斯维尔学院、瑞典国防学院危机管理研究与培训中心等机构案例研究经验的基础上，组织制定了《国家应急管理案例库案例开发工作方案（试行稿）》，提出了应急管理案例的分类标准和案例研究报告的基本结构，希望借助统一的研究标准、严格的研究程序、科学的研究方法来保证研究结果的信度和效度，尽量减少研究的随意性和主观性。

根据研究内容的不同，应急管理案例分为综合性案例和专题性案例两大类。其中，综合性案例是指覆盖突发事件整个应对过程的案例。综合性案例以突发事件为对象，深入探讨突发事件预防与应急准备、监测与预警、应急处置与救援、事后恢复与重建四个阶段的各个主题。专题性案例是指仅涉及突发事件应对过程中的一个或多个环节的案例。专题性案例以管理环节为对象，围绕应急管理的一个或若干个主题（如应急准备、风险评估、风险监测、突发事件预警、信息报告、应急指挥、危机沟通、社会动员、调查评估、应急保障等）展开讨论。

案例研究报告一般由以下五个部分组成：一是事件的基本情况，即描述整个突发事件的概况和简要的应对经过。二是突发事件应对的主要过程，即按照突发事件应对的时间先后，客观准确地还原预防与应急准备、监测与预警、应急处置与救援、事后恢复与重建四个阶段突发事件应对过程的基本情况。三是关键问题分析，即选择突发事件应对过程中的一个或多个焦点问题，对若干重要节点或专题进行深入分析，发现突发事件应对过程的问题。其中，综合性案例要求对突发事件应对全过程各个环节的各个主题进行全面、系统分析，专题性案例只对突发事件应对过程中的某一个或若干个专题进行深入分析。四是基本结论与对策建议，即根据相关问题分析，得出基本结论，并提出有针对性的建议。五是附录，即案例相关主要资料，如突发事件应对大事记、政府部门适合公开的案例相关资料、访谈调研资料、相关案例资料、相关学术文献资料等。

"案例研究"系列的出版，是对应急管理案例研究阶段性成果的总结和回顾。应急管理是一个实践性、操作性很强的领域，部分突发事件案例研究具有一定的敏感性和特殊性，因此应急管理案例研究是一项难度比较大的工作，需要在实践中不断探索、积累经验。"案例研究"涉及的相关应急管理案例研究，得到了很多专家学者和有关机构的理解、支持和帮助，在此深表谢意。同时，也恳请研究同行、应急管理工作者、广大读者朋友在使用和阅读的过程中，随时反馈意见和建议，帮助我们不断完善和改进案例研究的质量。

目 录

Contents

"现象级"舆情事件的"现象级"处置*

——"于欢案"舆情处置案例

摘要： 做好舆情处置是全媒体时代领导干部的重要能力。本研究通过回顾与描述"于欢案"真实发生场景及其突发舆情事件的发生发展过程，总结归纳山东省实现舆论工作和实体工作、官方和民间的良性互动，达到法律效果、社会效果和舆情管理效果有机统一的良好处置方式方法，剖析"现象级"舆情事件的传播规律和特点，找出"现象级"舆情事件处置的基本规律：准确研判、提前制定预案，是确保成功处置舆情的先期措施；及时有效地回应社会关切，是确保成功处置舆情的基本措施；扎实做好线下实体工作，是确保成功处置舆情的根本措施；司法公开、释法说理，是确保成功处置舆情的"稳压器"。

关键词： 于欢案；舆情管理；媒介素养；"现象级"处置

一 "于欢案"舆情概况

（一）基本情况

2017 年 3 月 23 日，《南方周末》发表了一篇名为《刺死辱母者》的文章，详细报道了 2016 年 4 月 14 日山东聊城青年于欢面对母亲遭暴力催债、凌辱，将讨债人中的 4 人捅伤并致 1 人死亡的案件。① 文中涉及的"辱母"情节、警察不作为、是否属于防卫过当、高利贷恶意逼债等，深深地戳中了社会大众的痛点，在网络空间迅速发酵，引爆国内舆论，受到社会广泛

---

* 本文数据除特别注明外，均来自人民网及山东省相关部门。在调研和写作过程中，得到了山东省相关领导和部门、山东省委党校（山东行政学院）领导的大力支持和帮助，在此一并表示感谢。

① 王瑞锋、李倩：《刺死辱母者》，《南方周末》2017 年 3 月 23 日。

关注。

山东省委、省政府高度重视"于欢案"舆情事件，要求办案机关、宣传部门、涉事地方深入贯彻落实习近平法治思想，按照时任中央政法委员会书记孟建柱关于"成为一堂公开法治教育课"的指示和山东省委书记刘家义"把坏事变成好事"的批示要求，对案件进行统一组织、统一指挥、统一调度、统一方案、统一实施，统筹做好依法处置、舆论引导和社会面管控，以实事求是、开诚布公的态度，积极回应社会各界关注的问题；以事实为依据、以法律为准绳，并充分考量案件对法治建设和公序良俗的影响，确保"于欢案"二审公平公正。

（二）舆情萌芽期

舆情萌芽期大致时间为 2017 年 3 月 23 日至 24 日下午。《南方周末》2017 年 3 月 23 日以《刺死辱母者》为题报道"于欢案"，并且在当天上午发布于该报官网，该文章提供了此次舆论爆发的主体内容。

1. 案件起因：高息借款、无力偿还①

2014 年 7 月 28 日，山东源大工贸有限公司（以下简称"源大公司"）负责人苏某霞与其夫于某明，向冠县泰和房地产公司负责人吴某占、会计赵某荣借款 100 万元，双方口头约定月息 10%。2015 年 11 月 1 日，苏某霞、于某明再次向吴某占、赵某荣借款 35 万元，其中 10 万元双方仍口头约定月息 10%；另外 25 万元双方以二手房买卖合同形式，用苏某霞、于某明所有并居住的一套房屋作担保。截至 2016 年 1 月 6 日，苏某霞、于某明向赵某荣银行账户转账还款共计 183.8 万元。

2. 案件发展：违法逼债、引发纠纷

2016 年 4 月 1 日，吴某占以苏某霞、于某明未及时还款为由，强占了苏某霞、于某明的房屋；4 月 13 日，吴某占纠集人员搬走房屋内家具，吴某占还在苏某霞家中将其头部按入马桶，派人盯梢并到源大公司叫骂滋扰。其间，苏某霞多次拨打 110 报警电话、聊城市长热线 12345 寻求保护。

4 月 14 日 16 时许，赵某荣纠集郭某刚、郭某林、苗某松、张某、李某、程某贺、么某行、严某军、张某森陆续赶到源大公司，以盯守、限制

---

① 有关"于欢案"的发生经过，主要参照山东省人民检察院出庭检察员在于欢案二审时出具的意见书（2017 年 5 月 27 日）。

离开、不时叫骂、扰乱公司秩序的方式向苏某霞索债，后赵某荣先行离开。18 时许，讨债人员在源大公司办公楼门厅前烧烤、饮酒；19 时许，苏某霞、于欢被允许到公司食堂吃饭，其间么某行、苗某松等人轮流盯守，苗某松先行离开，之后杜某浩、杜某岗驾车赶到；20 时 48 分许，郭某刚要求苏某霞、于欢返回公司办公楼，公司员工马某栋、张某平陪同进入一层接待室。

3. 案件激化：不法侵害、报警处警

从 4 月 14 日 21 时 53 分起，杜某浩、张某、李某、程某贺、么某行、严某军、张某森、杜某岗 8 人相继进入接待室继续向苏某霞逼债，并先将苏某霞、于欢的手机收走。随后，杜某浩将烟头弹至苏某霞身上，辱骂苏某霞，并出现身体侮辱行为，最近时距离苏某霞约 30 厘米。后杜某浩又向于欢发出"啧啧"唤狗声音进行侮辱，以"不还钱还穿耐克鞋"为由扒下于欢一只鞋子让苏某霞闻，苏某霞挡开后，杜某浩又扒下于欢另一只鞋子扔掉。杜某浩继而扇拍于欢面颊，杜某浩及其同伙揪抓于欢头发，按压于欢不准起身。其间，杜某浩还以苏某霞、于欢本人及其姐姐为对象进行辱骂，内容污秽。22 时 1 分许，马某栋走出接待室，告诉室外的公司员工刘某昌报警；22 时 7 分许，刘某昌拨打 110 电话报警。

22 时 17 分许，民警朱某明带领辅警宋某冉、郭某志到达源大公司处警。在接待室内，杜某浩等人声称无人报警，只是索要欠款，苏某霞、于欢向民警指认杜某浩等人有殴打行为，杜某浩等人不予承认，民警朱某明现场警告"要账归要账，不能打架"，"打架就不是欠钱的事了"。22 时 22 分许，三名警员走出接待室，于欢、苏某霞欲跟随出去被杜某浩等人阻拦。朱某明随后给民警徐某印打电话通报警情，并告诉宋某冉、郭某志，"给他们说说不要动手"。

4. 案件发生：于欢捅刺、一死三伤

处警民警离开接待室后，于欢、苏某霞打算离开，继续受阻，杜某浩强迫于欢坐下，于欢不肯，杜某浩等人遂采用推搡、勒颈等强制手段把于欢逼至接待室东南角。22 时 25 分许，于欢拿起身旁办公桌上的公司日常削水果所用的一把单刃刀，朝杜某浩等人挥舞并大喊"别过来"，杜某浩边骂边靠近于欢，于欢先后向杜某浩、程某贺各捅刺一刀，随后又朝围住他的严某军、郭某刚各捅刺一刀。民警听到响动后，迅速赶回接待室将于欢控制。受伤的杜某浩、程某贺、郭某刚、严某军被杜某岗、李某、郭某

林等人驾车送往冠县人民医院救治，次日凌晨杜某浩因抢救无效死亡。

5."于欢案"一审判决：无期徒刑

2017年2月17日，聊城中级人民法院一审做出判决：被告人于欢犯故意伤害罪，判处无期徒刑，剥夺政治权利终身。

《南方周末》3月23日在官网上刊文报道了该案件，但似乎只是一篇寻常案件的特写。当天的评论仅有58条，未引起网民的关注，也没有引起其他媒体的更多报道。

（三）舆情快速发展期

2017年3月24日至25日下午，多家媒体官方微博、移动端的转发和评论，使"于欢案"得到快速传播，舆情迅速升温和发展。

3月24日，凤凰和网易两大门户网站转载了《刺死辱母者》。凤凰网于14时51分、网易新闻于15时13分分别以《山东：11名涉黑人员当儿子面侮辱其母 1人被刺死》《女子借高利贷遭控制侮辱 儿子目睹刺死对方获无期》为标题进行新闻发布，同时进行首页推送。这一举动将传播渠道从PC端转移到了移动端，该新闻在短时间内迅速传播，跟帖在7小时内突破了100万篇，第二天达到了236万篇。

随后，多家媒体的官方微博也对"于欢案"进行了转发和评论。《新京报》3月25日10时24分发布微博《母亲欠债遭11人凌辱 儿子目睹后刺死1人被判无期》；《南方周末》10时46分又将《刺死辱母者》置于微信公众号头条进行推送；"头条新闻"13时19分发布微博《儿子刺死辱母者#被判无期》；财经网13时42分发布微博《儿子刺死辱母者被判无期》。此外，澎湃新闻、商业周刊中文版、凤凰新闻客户端等几十家媒体都在微博上转发了此条消息。

（四）舆情爆发期

2017年3月25日晚至28日，官方微博通告与各级媒体平台的评论员文章纷至沓来，交叉上演，助推形成舆情事件传播的高峰。

3月25日晚，伴随着《人民日报》旗下微信公众号两篇重磅文章的发布，"于欢案"引发的舆情再一次被推向高潮。"人民日报评论"推出《辱母杀人案：法律如何回应伦理困局》一文指出，回应好人心的诉求、审视案件中的伦理情境、正视法治中的伦理命题，才能"让人民群众在每一个司法案件中都感受到公平正义"。此文一出，舆论一边倒的态势明显得到了扭转。《人民日报》（海外版）旗下新媒体品牌"侠客岛"则于26日0时41分推出评论文章《辱母杀人案：对司法失去信任才是最可怕的》指出，当刑事个案成为公共事件时，它所带来的讨论关乎我们对法治未来走向的信心。司法不仅关乎纸面规则的落地，还关乎规则背后的价值诉求，更关乎人心所向，伦理人情。否则，于欢承担的，就不只是杜某浩带来的羞辱。这几篇文章均引起了广泛讨论。

济南市公安局的态度掀起的舆论讨伐，是舆情爆发的另一重要推力。"@济南公安"在3月25日21时21分发布微博，疑似回应"于欢案"的讨论称："情感归情感，法律归法律，这是正道！"26日9时20分，"@济南公安"再次发布暗含反讽意味的"毛驴怼大巴"的图片微博。此举引起了众怒，在22分钟内，转发量达到了315次，评论数为1470条。网友认为，该条微博实为对群众的讽刺。此后，该微博虽然被删除，但是在当日的微博评论中，依然可以看到愤怒的网民对济南市公安局态度的谴责。

截至3月28日10时，"辱母杀人案"的相关新闻报道累计达5000余篇，微博帖文有45万余条，论坛帖文有1800余条，微信公众号文章有2000余篇。"刺死辱母者被判无期"微博话题的阅读量超过9亿次。

（五）舆情理性平稳期

2017年3月26日至6月26日，随着官方行动的迅速介入，舆情热度迅速降温，尽管5月27日、6月23日网民因关注"于欢案"二审庭审、宣判引起舆论热议，但舆情向着理性可控、向好平稳的方向发展，网民的情绪渐渐平息，舆情较快转向消弭。

面对"于欢案"舆情，最高人民检察院以及山东省高级人民法院、山东省人民检察院、山东省公安厅、聊城市3月26日相继做出官方回应。截至3月28日10时，最高检相关微博已被转评7.7万次，点赞数为35万次；"@山东高法"在3月28日就"于欢案"再次发布通报，并被最高人民法院转发，宣布此案二审正式进入法律程序，该案件进入解决问题阶段，山东高法相关微博转评数达2.3万次，点赞数5.8万次。

5月27日，"于欢案"二审开庭审理，山东省高级人民法院官微直播庭审过程，庭审期间共发布视频、图片、文字微博信息134条，引发全网广泛关注。"于欢案"开庭后，主要官网在首页和客户端登载开庭报道，舆情迅速升温，9 时许达到峰值；庭审结束后，各网站报道的内容主要是梳理回顾二审庭审情况，光明网、国际在线、大众网等媒体及"长安剑"等微信公众号刊发了多篇正面的评论文章，随后舆情逐渐回落，19 时进入平缓期。当日，网上报道评论累计为 890 余篇，新闻跟帖为 2 万余条，30 万余名网民参与讨论；微博帖文为 5.5 万余篇，网民阅读量为 5700 余万次；微信公众号文章有 540 余篇。

5 月 28 日 9 时 30 分，最高检官微发布就于欢故意伤害有关问题答记者问官方消息，介绍了相关工作及阐释定性"防卫过当"的缘由。新浪网、搜狐网、凤凰网 PC 端首页及搜狐网、网易、腾讯网、凤凰网新闻客户端转载，再次引发舆论关注，14 时 30 分舆情逐渐降温。网上新增涉及"于欢案"的相关报道转载 900 余篇，新增微博帖文有 2.5 万余条，新增微博阅读量为 2700 余万次，新增微信公众号文章有 530 余篇。内容多为转评山东省高级人民法院官微信息、最高检答记者问以及央视新闻、大众网等媒体消息。5 月 29 日晨，《北京青年报》《新文化报》分别刊发正面评论文章《于欢案具有法治公开课意义》《于欢行为具有防卫性质但防卫过当》，网上相关转载有 7 篇。搜狐网 PC 端首页及搜狐网、腾讯网、网易新闻客户端转载了 5 月 28 日最高检答记者问的报道。新增新浪微博帖文有 150 余篇，新增微信公众号文章有 100 余篇。截至 2017 年 5 月 30 日，网上涉及"于欢案"相关报道转载总量达 1790 篇，新浪微博帖文总量达 8 万余篇，微博阅读总量达 8700 余万次，微信公众号文章总量达 1170 篇（见图 1）。

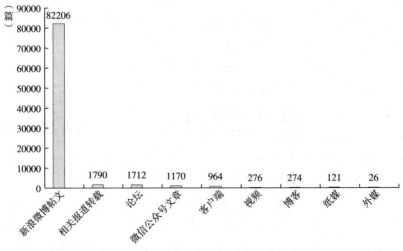

图 1　截至 2017 年 5 月 30 日"于欢案"二审网上相关转载报道讨论量

6月23日9时，"于欢案"在山东省高级人民法院二审公开宣判。"@山东高法"微博再次直播宣判过程。至庭审结束，共发布庭审直播微博39条、视频微博4条。6月23~26日，电视视频共有130余条，文字报道累计达4600余篇，新浪微博平台评论累计8.5万余条（含二次转发），微信公众号平台文章有4200余篇，网络论坛平台相关帖文有1500余篇。新浪网、搜狐网、凤凰网、网易、腾讯网五大商业门户网站累计有46万余人参与，评论有2万余条。

网上舆论对"于欢案二审庭审""二审宣判"相关问题有了集中深入的了解后，"于欢案"关注度全面冷却，未再出现新的大范围的争论和聚焦，标志着"于欢案"舆情引导与处置工作取得圆满成功。

二 "于欢案"舆情处置的基本过程

（一）及时发现，准确研判，采取准确先期处置措施

山东省网信办第一时间监测到"于欢案"舆情后，在及时上报的同时，进行了细致分析。因为相关报道内容极为敏感，尤其是质疑警察渎职不作为、辱母杀人细节、正当防卫认定争议、暴力催债等话题，极易引起网上大面积炒作，山东省网信办立即启动了重大舆情应急导控工作预案，开展先期处置工作。

在此期间，重点开展了如下三个方面的工作：一是成立工作专班，设立舆情综合保障、监测研判、网评引导、应急处置4个小组，24小时在岗在线；二是在第一时间启动舆情应急处置工作机制，实施扁平化指挥，强化工作统筹，加强与山东省公检法司、聊城市相关部门的沟通联络，步调一致、密切配合、高效协同、上下联动、左右协同，坚持监测研判一体化，实现舆情监测全覆盖、全方位、全天候，充分发挥全省舆情信息员队伍的作用，"人盯加技防"，确保涉案舆情监测工作无死角；三是建立通信联络工作平台，及时汇集线上线下的信息，实现信息共用共享，提升应对处置效率，确保涉案舆情线上引导管控和线下实体处置同步。

（二）及时回应社会关切，发布权威信息，正确引导舆论走向

1. 积极回应舆论关切

2017年3月25日晚，涉案网上舆情迅速升温、逐步发酵，山东省相关部门和聊城市第一时间发声，认真回应网上关切。3月26日，相关部门

和聊城市相继在官微和新闻网站表态回应。

（1）山东省高级人民法院通报案件情况。3月26日10时43分，山东省高级人民法院发布关于于欢故意伤害一案的情况通报，称接受原告和被告人的上诉，已受理此案，依法成立合议庭，将依照法定程序予以审理。

于欢的辩护律师殷某利表示，已经接到法院通知，将于3月29日前往法院阅卷。同时，他将在二审中就于欢在案发时的精神状况申请司法鉴定。如果司法鉴定申请失败，他将根据《刑事诉讼法》规定，向法院申请国内权威的精神病专家作为专家证人出庭作证。

（2）最高人民检察院介入。3月26日11时16分，最高人民检察院发布通报说，已派员赴山东阅卷并听取山东省检察机关的汇报，对于欢是否正当防卫以及警察在执法过程中是否存在渎职等问题进行调查处理。此微博点赞30万余次。该博文一经发布，即登上当天热门微博头条，单条阅读量达6560万次，转发6.3万次。网民对最高人民检察院的行为大加赞扬，表示拭目以待。

（3）审查处警民警。3月26日12时50分，山东省公安厅发布通报称，已于当日上午派出工作组，赴当地对民警处警和案件办理情况进行核查。3月26日16时15分，聊城市纪委、聊城市委政法委发文宣布已牵头成立工作组，针对案件涉及的警察不作为、高利贷、涉黑犯罪等问题，全面开展调查。3月26日16时27分，山东省人民检察院发布通报说，将在该案二审程序中依法履行出庭和监督职责，对社会公众关注的于欢的行为是属于正当防卫、防卫过当还是故意伤害等，将依法予以审查认定；成立由反渎、公诉等相关部门人员组成的调查组，对媒体反映的警察在此案执法过程中存在失职渎职行为等问题进行调查。

（4）严查案中涉黑案。2017年4月28日，山东省聊城市公安局发布三道通缉令。通缉令内容显示，2016年8月，聊城市公安局东昌分局打掉冠县吴某占犯罪集团。面向广大群众征集线索，并督促在逃人员投案自首，争取从轻或减轻处理。

2. 引导网上舆论，放大正面理性声音

在中央网信办的统一指挥下，全网集中转载报道最高人民检察院、山东省高级人民法院、山东省公安厅、聊城市委等官方的稿件；推送转载《中国司法，不负江山不负卿》《法律如何回应伦理困局》等理性评论文章，精准引导网民客观理性看待此事，有力把控网上舆论走向，较好地平衡了网上舆论。山东省网信办统一舆论引导口径，持续发声，分别在腾讯网、网易、新浪网、搜狐网等商业门户网站 PC 端特别是移动端新闻和论坛、贴吧互动区跟帖评论，对正面帖文予以点赞置顶。

在"于欢案"二审庭审直播期间，网评员在凤凰网、新浪网、网易、搜狐网、腾讯网等门户网站 PC 端、移动客户端、官方微博、微信公众号、社区论坛及山东省高级人民法院官微等互动环节跟帖跟评，转评点赞总计达 82300 余条（次）。组织撰写的《于欢案直播让公众在身临其境中感受到公平正义》《以案释法为这一堂"普法公开课"点赞》等网评文章，被《人民日报》、中国青年网、凤凰网、新浪网、网易、今日头条、未来网、东方网、广西网、宁夏新闻网、大众网、齐鲁网、中国山东网等 20 余家省内外网站、客户端、微博等广泛转载。相关部门采取一系列切实有效的引导措施，牢牢把握住了网上舆论主动权，引领舆情走势向好。

（三）稳妥调控，加强防范，扎实做好线下工作

山东省委、省政府要求山东省公安厅以及聊城市相关部门，及时、主动、扎实地做好社会上针对"于欢案"所涉及重要边际事实（涉警、涉黑、涉高利贷、杜某浩交通肇事等）的发声回应工作。在此期间，重点通报和发布如下信息。

一是发布打击吴某占黑社会团伙的消息。2017 年 5 月 26 日上午，聊城市公安局通报，吴某占等人涉嫌违法犯罪案件，现已查明该团伙涉嫌组织、领导、参加黑社会性质组织，非法拘禁、强迫交易、故意伤害、非法侵宅、故意损毁公私财物等犯罪。吴某占团伙涉案的 18 名成员除杜某浩死亡外，其余 17 人全部落网。

二是通报处警民警处理情况。5 月 26 日下午，山东省人民检察院公布"于欢案"处警民警调查结果。朱某明等人在处警过程当中存在对案发中心现场未能有效控制、对现场双方人员未能分开隔离等处警不够规范的问题，但是上述行为不构成玩忽职守罪，决定对朱某明等人不予刑事立案。①山东省人民检察院通报后，聊城市冠县纪委、冠县监察局官方网站当天发布处分决定称：经查，2016 年 4 月 13 日，冠县崇文派出所副所长郭某金

---

① 《山东省人民检察院公布于欢案处警民警调查结果》，山东省人民检察院网站，http://www.sdjcy.gov.cn/html/2017/ywtt_0526/15591.html，最后访问日期：2021 年 2 月 10 日。

带领民警王某、张某超，辅警赵某鸣在处置苏某霞警情时，未能采取有效措施保护苏某霞的人身安全；2016 年 4 月 14 日，冠县经济开发区派出所民警朱某明带领辅警宋某冉、郭某志在处置源大公司警情时，在多名讨债人员限制苏某霞、于欢母子人身自由的情况下，对现场局势控制不力。冠县公安局党委委员、正科级侦查员刘某林对分管联系的崇文派出所、经济开发区派出所工作指导不到位，负有重要领导责任；经济开发区派出所所长杨某负有主要领导责任。经研究并报冠县县委、县政府批准，决定给予刘某林行政记过处分；给予杨某党内严重警告处分；对崇文派出所所长栗某峰进行诫勉谈话；给予郭某金党内警告处分；给予朱某明党内严重警告、行政降级处分；分别给予王某、张某超警告处分。冠县公安局决定对赵某鸣予以通报批评，对宋某冉、郭某志予以辞退。

三是发布了于欢母亲、姐姐涉嫌非法集资的信息。5 月 26 日，聊城市公安局官方网站公布称，聊城市公安机关成功破获苏某霞、于某乐涉嫌非法吸收公众存款案。经查，该案涉案金额高达 2000 余万元，涉及投资群众50 余人。这一系列线下扎实有效的工作、权威信息的发布，为案件二审涉及的重大边际事实定了调，厘定了界限，有力支持了二审，回应了各界关切。

（四）审时度势，整体谋划，启动新一轮应急响应机制

截至 2017 年 3 月 28 日 10 时，舆情热度开始持续回落。有关"于欢案"的舆论整体平稳，仅有乌有之乡、察网等网站刊文，借"于欢案"讨论司法公正、公信力等问题。没有发现传统新闻媒体刊发报道新的文章，中央重点新闻网站、各大商业网站首页也没有转载相关文章，只有个别律师微信公众号、财经类微信公众号零星转载相关文章，主要关注二审对于欢的量刑和民间高利贷监管等问题。4 月中旬以后，每日仅有 10 条左右的信息，网民关注度明显下降，网民观点渐趋客观理性。但是，考虑到随着"于欢案"二审开庭时间临近，特别是山东省高级人民法院发布二审开庭时间后，省内外媒体、网民将再次关注此案，山东省委、省政府启动了重大舆情应急处理机制，统筹各方力量，突出做好"于欢案"二审前后的舆论引导管控工作，最大限度地降低负面社会影响。

一是确保庭审微博直播平稳有序安全。5 月 27 日，山东省高级人民法院在第 22 审判庭依法公开审理于欢一案，邀请最高人民法院派员指导山东

省高级人民法院的微博直播庭审。同时，山东省高级人民法院官方微博"@山东高法"以127条"图文＋视频"的方式进行微博直播，其官方微信也适时发布经审定的庭审信息和图片，全面、真实地还原庭审现场。

二是围绕二审相关问题及时做出专业权威答疑。5月27日法庭审理结束后，最高人民检察院公诉厅负责人接受了记者采访；6月23日，"于欢案"二审宣判（认定于欢属防卫过当，构成故意伤害罪，判处于欢有期徒刑5年）后，山东省高级人民法院负责人也接受了记者采访，分别就相关问题做出了及时的、专业的回答，正面回应了社会关切，有效打消了社会各个方面的猜疑，有力维护了公开审判的效果。

该系列图文、视频直播吸引了大量网友的关注，"于欢案"二审全程网上直播有1.7亿次点击量，网友纷纷对本次庭审的透明公开点赞。

三 案例分析："现象级"舆情事件的"现象级"处置

（一）传播趋势

从"于欢案"舆情的整个过程来看，"于欢案＋辱母"一共集中出现了三个传播高峰（见图2），即2017年3月26日、5月27日和6月23日，这三个时间节点也是对"于欢案"进行线下实体处理的节点：3月26日是最高人民检察院、山东省高级人民法院、山东省人民检察院、山东省公安厅、聊城市相继做出官方回应，要对案件相关问题依法启动审查调查的时间；5月27日是山东省高级人民法院对"于欢案"二审庭审的时间；6月23日是山东省高级人民法院对"于欢案"二审宣判的时间。这说明，事件舆情传播程度、烈度程度与事件本身发展或者处置的关键节点相对应。这也提示我们，对事件本身发展或者处置关键节点的有效应对是确保舆情管理与引导工作成功的重要环节。

（二）传播路径

从案件舆情传播路径来看，呈现传统媒体率先爆料、商业网站传播扩散、微博微信推波助澜、都市财经类媒体跟进炒作、官方回应平息质疑、舆论回归正常的典型舆情演变规律，舆论在真相不明的短暂时间内一边倒地质疑司法公正，在官方回应充分的情况下，舆论又逐渐回归客观理性，并对官方和司法充满期待。

（1）传统媒体率先爆料。3月23日，《南方周末》记者王某峰、李某

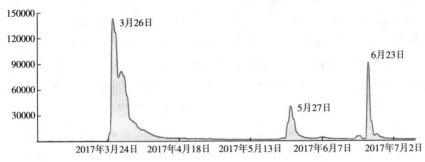

图2 "于欢案＋辱母"综合百度搜索指数

资料来源：百度搜索指数。

推出题为《刺死辱母者》的报道，对2016年4月引起的于欢故意伤害案进行了报道，但报道在该报官网未引起关注，当天只出现58条评论。

（2）商业网站传播扩散。3月24日，凤凰网关注到该事件，并将原标题改为《山东：11名涉黑人员当儿子面侮辱其母 1人被刺死》，引发第一波大规模媒体转发，转发量达100余条。随后网易新闻App以《母亲欠债遭11人凌辱 儿子目睹后刺死1人被判无期》为题转载此稿，标题突出暴力、性和金钱元素，从而引爆网络，截至当日21时40分，网友评论达到90余万条。

（3）微博微信推波助澜。随着事件发酵，细节挖掘与评论员文章开始相互交织，轮番上演。《人民日报》旗下微信公众号"人民日报评论""侠客岛"相继推出的两篇重磅评论文章，阅读量均达到10万次以上，同时获大量转载，分别被112家、172家媒体转载，将事件推向高潮，社会影响进一步扩大。

（4）都市财经类媒体跟进炒作。随着事件的广泛传播，部分媒体开始重点关注该事件并赶赴当地进行深入调查。3月25～26日，《新京报》《第一财经》等媒体发布《山东"刺死侮母者"案证人讲述民警处警细节：开着执法记录仪》《多方介入"辱母杀人案"调查，于欢改判正当防卫有无可能性？》《"辱母伤人案"揭地下金融链：月息一分收十方放，年息120%》等文章，揭露了更多细节，并聚焦正当防卫定性、涉黑高利贷等热点话题进行追踪报道，引发媒体大量转载。

同时，对"辱母杀人案"相关微博帖文原创及转发情况进行分析可见（见图3），有8.4%的网民针对该话题发表了原创观点或消息，而其他

91.6%的网民转发了这些信息，帮助话题大规模传播，增强了话题的影响力和感染力。

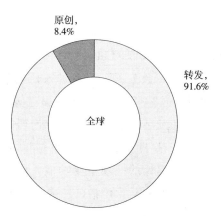

图 3　微博帖文原创及转发情况

（5）官方回应平息质疑。在此次事件的三个舆论关注度高峰节点，均是在官方做出了充分、有力、客观的回应之后，才使舆情从最高峰到平静，直到全面冷却。3 月 26 日，相关官方单位（最高人民检察院以及山东省高级人民法院、山东省人民检察院、山东省公安厅、聊城市）集体对"于欢案"发声，表明要对案件问题依法启动审查调查；5 月 27 日，山东省高级人民法院官微直播"于欢案"二审庭审过程，随后（5 月 28 日）最高人民检察院官微发布了就二审中有关于欢故意伤害的相关问题答记者问的官方消息，介绍了围绕二审的相关工作及阐释定性"防卫过当"的缘由；6 月 23 日，山东省高级人民法院官微公开直播"于欢案"二审宣判过程，随后该院负责人回答了记者就宣判提出的相关问题，这些都得到了绝大多数网民的认可和点赞，使舆情逐渐平稳，最终消失。

总体看来，在此次传播中，自媒体发挥了举足轻重的作用。网易新闻 App 将 PC 端的传播引到手机端，真正扮演了"引爆者"的角色。在出现舆情峰值时，这些评论超过半数源自微博平台，如《南方周末》《人民日报》《法制日报》《中国青年报》的官方微博等。微博、微信通过"自我"与"他人"的交流，在相对稳定的社交圈完成多级链式传播，辐射影响全国受众。

以上舆论形成过程和信息载体相关数字令人信服地说明：以往将新闻媒介发表的意见等同于舆论的观点已经完全过时，社交媒体（微博、微信等）成为社会舆论的主要平台。在前网络时代，报纸等新闻媒体报道，读者奔走相告，足以使人们和当局意识到公众意见的存在，就意味着舆论的形成。报纸隔夜就形同废纸，登在上面的新闻不能进入读者视野就只能成为历史。而这一次，新闻在报纸上"沉睡"两天后进入了社交媒体圈，居然爆发出惊人的舆情。在移动互联网和融媒体时代，单纯的报纸和 PC 端的新闻报道与评论是不能"算数"的，只有进入社交媒体圈内（新闻 App 是最容易转入"圈"内的传播中介），引起网民普遍关注、转发、互动、评论，才能形成对社会事务发生影响的舆论。舆论形态从以往的无形存在变为如今网上的可见存在，并且可以通过大数据运算进行量化分析和图示。从而，社交媒体也成为舆论的一项重要功能，即对公共事务进行舆论监督的重要力量，新闻评论的移动化传播已经成为常态。

（三）传播内容

以下我们按照 2017 年 3 月 23 日至 6 月 30 日媒体和网民关于"于欢案"的报道文章、言论进行关键词提取、主题聚类分析，分别从"议题指向""发布主体的情绪"的维度分析传播内容的倾向性。

1. 议题指向

按照事件处置的节点，分为 2017 年 3 月 23～29 日、5 月 26 日至 6 月 30 日两个时间段，来分析"于欢案"的议题指向。

（1）3 月 23～29 日的议题指向。① 我们通过媒体报道和网民言论分析此阶段的议题指向。

从媒体报道的议题指向来看，2017 年 3 月 23～29 日，媒体关于"山东辱母杀人案"的新闻报道约有 2.17 万篇，报道的主要媒体有观察者网、人民网、《中国青年报》、上观网等。媒体报道的"话题"主要有五个方面，这些话题所表现的议题指向内容及数量占比分别为："报道辱母杀人案最新进展的新闻"，占 31%；"报道呼吁民众理性发声的新闻"，占 22%，"报道于欢作案过程及细节的新闻"，占 17%，"报道此案背后的借贷隐患的新闻"，占 14%，"报道于欢判刑过重或应无罪释放的新闻"，占 9%，"其他新闻"，占 7%（见图 4）。

---

① 鹰眼舆情观察室：《山东辱母杀人案》，蚁坊软件网，https://www.eefung.com/hot - re-port/20170331110551 - 51016，最后访问日期：2021 年 2 月 10 日。

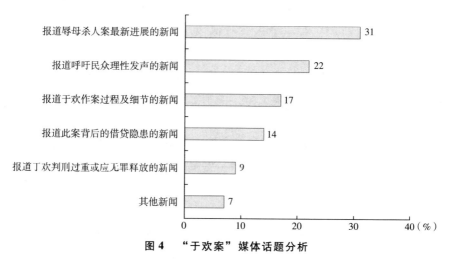

图 4　"于欢案"媒体话题分析

资料来源：鹰眼舆情观察室。

其中，人民网是呼吁民众理性对待"于欢案"的典型代表。3 月 27 日，人民网发文称："近日有媒体报道山东聊城一起故意伤害致他人死亡案，一石激起千层浪，在短时间内，众说纷纭，议论纷纷，成为舆论关注的焦点。……连日来，评论围绕着伦理与道德展开，也有人探讨正当防卫的法理依据，对'防卫紧迫性'作出判断。必要的理性探讨和理论分析是可取的，但需要更多的事实作为评判依据。有些偏激者甚至认为'杀死辱母者的行为，不但不应惩罚，反而需要褒奖'，这样的言论往往会把争论引向极端。在这个事件中，公众更要保持必要的理性，不要被过度情感和偏颇言论所左右，如果指望通过'血亲复仇''以暴制暴'来实现社会公平正义，那无异于缘木求鱼。感情用事，言辞偏激，跟帖过激，解决不了法律问题。"①

《中国青年报》是报道于欢作案过程及细节的典型代表。3 月 27 日，《中国青年报》发文称："血案是 2016 年 4 月 14 日晚上 10 点多发生的。不过，在案发前大约 6 个小时，苏某霞所任法定代表人的源大公司大院已不平静。当天下午 4 点半前后，大约有 10 名催债人员来到公司办公楼前……这场从傍晚开始的催债'闹剧'，终于发展到了顶峰——有公司员

---

① 《人民网评：客观理性看待"辱母杀人案"》，人民网，http://opinion.people.com.cn/n1/2017/0327/c1003-29171394.html，最后访问日期：2021 年 2 月 10 日。

工及家属见办公楼'乱哄哄的'，便急忙前往，透过窗户往里面看，发现苏某霞和于欢面前，'有一个人面对他们两个，把裤子脱到臀部下面'。……一名公司员工家属则看到，有催债者拿椅子朝于欢杵着，于欢一直后退，退到一桌子跟前。他发现，此时，于欢的手里多了一把水果刀。'我就从桌子上拿刀子朝着他们指了指，说别过来。结果他们过来还是继续打我。'于欢供称，他开始拿刀向围着他的人的肚子上捅。"①

上观网是报道于欢案背后借贷隐患的典型代表。3月29日，上观网发文称："刷屏的'刺杀辱母者'背后，写满了三个大字——高利贷。这是一个法律问题，当然也是一个金融问题。高利贷有其生存的土壤，从古至今都未绝迹，这是因为有需求就有市场。在一定程度上可以说，高利贷的存在有其合理性，比如它的确能解一些人的燃眉之急。问题是，那些超出国家规定利息的高利贷还合法吗？那些为了讨债不惜采取违法犯罪手段的行为也可容忍吗？那些设置陷阱把借贷者折腾得生不如死的做法也可无视吗？追踪辱母案，当然应该关注于欢的命运，还应该关注实体经济的困境，以及那些游走在法律边缘的高利贷——不少放贷者以身试法，法律是该管管了。"②

西安网是讨论于欢判刑过重或应无罪释放的典型代表。3月26日，西安网发文称："法律的问题交给法律，这话自然在理。本身就是受害者的于欢是不是应该被重判，值得商榷。重判于欢意味着什么，意味着我们每一个人一旦有一天向人借钱了就必须忍受凌辱，即使自己生命中最该也最想保护的人被人当着面脱衣污辱，也得默默地忍受。最终的结果是，于欢被重判了，'辱母'被支持了，放高利贷者、雇用的打手们笑了。但是，一旦法槌落下，于欢被重判，等于宣告'辱母者''放贷者'胜。如此，所有借贷人的体面还有保障可言吗？说好的法律温度又何在？"③

从网民言论的议题指向来看，2017年3月23～29日，网民关于"于

---

① 《"于欢故意伤害案"细节还原——是否构成正当防卫成最大争议》，《中国青年报》2017年3月27日。

② 《"刺杀辱母者"背后的高利贷迷局》，上观网，https://www.jfdaily.com/news/detail？id = 48632，最后访问日期：2021年2月10日。

③ 《西安网评：重判于欢，就是支持"辱母"》，西安网，http：//www.xatvs.com/，最后访问日期：2021年2月10日。

欢案"的言论约有 41.63 万条, 言论主要来自新浪微博, 主要表现出五大议题指向。这些议题指向的具体内容及占比分别为: "质疑辱母杀人案判决公正性的言论", 占37%; "关注相关执法部门介入案件的言论", 占25%; "谴责聊城政法系统不作为的言论", 占18%; "呼吁正视民间高利贷危害的言论", 占9%; "讨论二审对于欢审理结果的言论", 占7%; "其他言论", 占4% (见图5)。

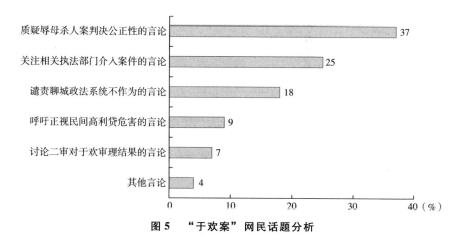

图5 "于欢案"网民话题分析

其中, 在"质疑辱母杀人案判决公正性的言论"中, "喵爷 - 吴淼"在新浪微博发表的言论具有较大的"影响力"。3月25日, "新浪微博"用户"喵爷 - 吴淼"发文称: "这起辱母凶杀案之所以会引起群情激昂, 源于地方法院对忍无可忍的杀人者判处了无期徒刑。也就是说, 辱母杀人案的判决显然与人们所秉持的基本伦常相违背, 尽管从法律技术角度, 法官的判决或许是'依法'而没有枉法, 但罔顾犯罪行为是在绝望情况下的人性自然反应, 冷血生硬地予以判决, 显然不是 个正当的判决。道理很简单, 如果法律不能让人民感到安全, 那么这法律就是用来羞辱人民的。"此微博传播1.6万次, 影响1427.48万人 (见图6)。

而"@聊城发布"的微博发文瞬间引发网民对相关执法部门介入案件关注与讨论。3月26日, 新浪微博用户"@聊城发布"发文《聊城市对于欢案涉及问题进行调查》称, 于欢故意伤害案经媒体报道后, 聊城市高度重视, 立即成立了由聊城市纪委、聊城市委政法委牵头的工作小组, 针对案件涉及的警察不作为、高利贷、涉黑犯罪等问题, 已经全面开展调查。下一步, 聊城市将全力配合上级司法机关的工作, 并依法依纪进行查处，及时回应社会关切。此篇微博传播 9166 次，影响 5703.57 万人（见图 7）。

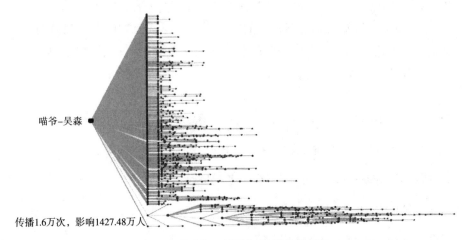

传播1.6万次，影响1427.48万人

图6 "喵爷-吴淼"微博传播示意

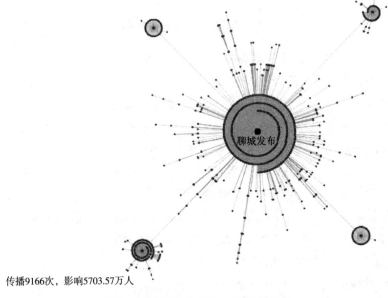

传播9166次，影响5703.57万人

图7 "@聊城发布"微博传播示意

（2）5月26日至6月30日阶段的议题指向。① 这个阶段舆论场最关注的议题是"二审庭审和宣判"的内容，主要包括五个方面的议题，其具体内容和占比分别为："对最高检'防卫过当'的意见表示支持"，占44%；"应尊重法律和事实，不能让舆论影响司法"，占23%；"无罪是不可能，但希望对于欢从轻处罚"，占15%；"于欢奋起反抗是人之常情，属于正当防卫"，占12%；"如改判，需要对一审时的司法部门进行追责"，占6%（见图8）。

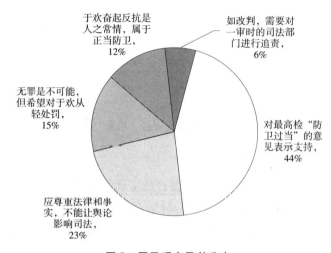

图8　网民观点及其分布

这个阶段舆论场对以上五个议题的态度更加积极，相关正向态度偏高："正面"态度为60.7%，"中立"态度为30.5%，仅有8.8%的"负面"态度（见图9）。多数舆论表示，"于欢案"见证了我国司法和舆论监督的进步，也多引用《人民日报》的说法："案件最大的意义在于让全民上了一堂生动的普法课：公开是最好的稳压器，也是最好的'法治课'。通过最大限度的司法公开，可以消弭误解、打消猜忌；通过恪守公正的司法纠偏，可以支持正义、驳斥谬误，让司法公信力回到正轨。"② 这说明，这个阶段舆论场对"于欢案"的二审庭审和判决多持积极态度，认为"于欢案"的意义在于让全民上了一堂生动的普法课，可以让中国的法制建设

① 魏永征：《群体智慧还是群体极化——于欢案中的舆论变化及引导》，《新闻记者》2017年第11期。

② 《公开是最好的稳压器》，《人民日报》2017年6月2日。

更加从容而自信地走下去。并且，"于欢案"之所以得到重视，舆论发挥了很大作用。从一审到二审，"于欢案"展示了我国舆论与法治之间的良性互动关系。舆论有力地推动了"于欢案"的二审改判，让"沉默的声音"被"打捞"出来，让司法更加透明。

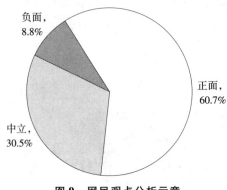

图 9　网民观点分析示意

2. 发布主体的情绪

舆论是公众意见的自然形态，带有较强的自发性、盲目性，势必同时含有理智成分和非理智成分。从整个事件来看，发布主体的情绪演变大概可以划分为 2017 年 3 月 23～29 日、5 月 26 日至 6 月 30 日两个阶段。

（1）3 月 23～29 日：以负面情绪为主。通过上文数据可以看出，在这个阶段，舆论场的情感基调一直以负面情绪为主。

从首先出现的《刺死辱母者》，到网站转载时使用的"吸睛"标题，其中的瑕疵显然可见。但是"于欢案"包含了"辱母情节""民警不作为""非法讨债"等民众代入感十分强烈的敏感问题，激发了一些发布主体对整个社会公正性的质疑，引发了各类发布主体的广泛参与和发声，促成了舆论的极化。据《凤凰号大数据》2017 年 3 月 28 日统计，"舆论一边倒呈负面，谴责之声占比 79.7%，中性信息占比 20.3%"。① 许多言论超越了于欢无罪还是有罪、罪轻还是罪重的讨论，从为于欢鸣冤叫屈，进而指责法院判决不公，呼吁追究警方失职渎职，质疑"法制腐败""独裁暴政"，声称"法律不顾人心，人心何必守法"。

① 魏永征：《舆论监督和舆论引导是一致的》，中国警察网，http://www.cpd.com.cn/
n15737398/n26490097/c39792380/content_1.html，最后访问日期：2021 年 2 月 10 日。

（2）5月26日至6月30日：以正面情绪为主。在经历上一个"灰色"阶段的数日之后，尤其是随着相关权威媒体和权威职能部门的介入、二审公开庭审和宣判、最高人民检察院在二审庭审结束的"答记者问"，网络舆论的情感态度已经有了一定的转变，舆论场快速移位，正面情绪成为此阶段舆论场的主要特征。

5月27日山东省高级人民法院二审庭审时，据"新浪微舆情"大数据平台抽样调查，有43.8%的被调查者认为于欢行为有正当防卫性质，希望轻判；有22.3%的被调查者表示相信公平正义；有16.1%的被调查者期待二审有公平正义的结果；只有1.8%的被调查者不相信二审结果会公平。[①]这表明，舆论恢复到了理性状态。在这样的舆情背景下，二审宣判基本得到了公众认同。检索"今日头条媒体实验室"从庭审到宣判期间对"于欢"一词的"评论分析"可见，在列入点赞前列的50条评论中，有35条是点评二审判决和山东省高级人民法院负责人在宣判后答记者问的，对判决表示肯定和理解的有27条，坚持于欢无罪或对他表示同情的有3条，谴责黑社会的有1条。

（四）关注人群特征[②]

1. 关注人群性质分析

由图10可知，网民言论主要来自微博的草根阶层（普通＋达人），占91.3%。其余言论来自微博的认证用户群（名人＋媒体＋政府＋其他＋企业＋网站＋校园），占8.7%。认证用户的言论又以名人微博最多，他们作为意见领袖发表了代表性的观点，在舆论场中具有较大的话语权；其次是媒体微博，这些微博在第一时间发布事件进展快讯，同时进行跟踪报道或相关点评。

2. 关注人群地域分析

由图11可以看出，事发地山东的网民对该事件的关注度最高，其次是北京、辽宁、福建、广东、江苏等。这些地方各层面人群分布丰富，网民基数较大，居民的网络信息交互较为频繁，因此网络关注度较高。

---

① 《微舆情：透过大数据看于欢案二审的公众视线焦点（2017－06－09）》，搜狐网，http://www.sohu.com/a/147329413_499808，最后访问日期：2021年2月10日。

② 鹰眼舆情观察室：《山东辱母杀人案》，蚁坊软件网，https://www.eefung.com/hot－report/20170331110551－51016，最后访问日期：2021年2月10日。

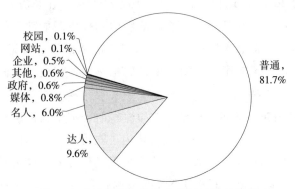

图10 "于欢案"关注人群性质及其比例

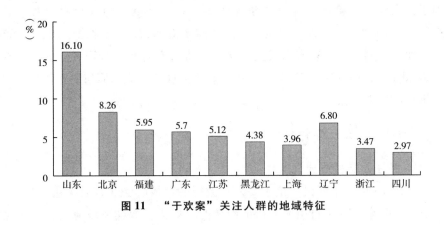

图11 "于欢案"关注人群的地域特征

四 "于欢案"舆情事件处置的启示

（一）准确研判、提前制定预案，是确保成功处置舆情的先期措施

自媒体把人们带到了"人人都是通讯社、个个都有麦克风"的时代，舆情在什么时候、什么地方以什么形式生成和发酵，是难以控制的。"强调增强底线思维，凡事从坏处准备、努力争取最好的结果，认真评判重大决策的风险和可能出现的最坏局面，把应对预案和政策措施谋划得更充分、更周密，做到有备无患、遇事不慌，处变不惊、应对自如。"[1] 因此，

---

[1] 《十八大以来重要文献选编》下，中央文献出版社，2018，第755页。

只有加大监测力度，力争早发现、早谋划、早处置，才能掌握舆论引导的话语权、主动权。

山东省网信办监测到"于欢案"舆情后，研判认为该案涉警、涉法、涉诉、涉民间借贷，具有较强的敏感性，故立即向中央网信办上报舆情进展和风险点，并对网上调控管控措施进行深入沟通。中央网信办根据网上舆情态势，及时下发全网指令，依法调控管控网上负面舆情，有效降低了舆情热度。与此同时，山东省委认为，伴随着"于欢案"依法进入二审程序，更需要提早制定行之有效的应对处置方案。在"于欢案"二审庭审前，重大舆情应急处置工作小组围绕于欢家属、被害人家属以及双方律师言论和动向，国内外新闻媒体、网站采访报道，网上质疑警察渎职不作为、披露辱母杀人细节、正当防卫认定争议、暴力催债观点言论，线下其他利益诉求群体"搭便车"制造舆情热点等舆情风险点，进行了细致梳理，全面分析研判，制定了有针对性的应对策略，周密部署，打好主动仗，下好先手棋，要求各相关单位严格贯彻落实上级和山东省委对"于欢案"二审的有关指示，在信息发布、舆情管控、舆论引导等方面采取有针对性的措施，为案件二审舆情应对工作打下了扎实基础，收到了良好效果，有效掌控了舆论走势。

实践证明，有效处置应对重大舆情，必须加强向上级的汇报，确保上行渠道畅通，认真听取中宣部、中央网信办的处置指导意见，紧密结合网上舆情和线下事件本身发展规律，提前制定工作预案，实施精准调控和引导。

（二）及时有效回应社会关切，是确保成功处置舆情的基本措施

一起突发事件或者一个网络热点出现后，马上会形成一个各种不同的声音相互影响、整合、转化的舆论博弈场。在博弈过程中，发布权决定话语权，话语权决定主动权。要及时发布权威消息，在法律允许的范围内及时持续更新案件进展和相关情况，同时逐步适时释放正面信息观点。《国务院办公厅关于在政务公开工作中进一步做好政务舆情回应的通知》（国办发〔2016〕61号）要求："对涉及特别重大、重大突发事件的政务舆情，要快速反应、及时发声，最迟应在24小时内举行新闻发布会，对其他政务舆情应在48小时内予以回应，并根据工作进展情况，

持续发布权威信息。"① 随后的《国务院办公厅印发〈关于全面推进政务公开工作的意见〉实施细则的通知》（国办发〔2016〕80号）明确规定，对涉及特别重大、重大突发事件的政务舆情，"最迟要在5小时内发布权威信息，在24小时内举行新闻发布会"②，以确保在应对重大突发事件的过程中不失声、不缺位。分析发现，"于欢案"舆情迅速降温，得益于各机构、各部门的积极及时回应和迅速行动。

山东省高级人民法院3月26日上午通报于欢故意伤害案进展的微博，是推动舆论进入反复期的重要节点。该微博中写道："山东省高级人民法院于2017年3月24日受理此案……现合议庭正在全面审查案卷，将于近日通知上诉人于欢的辩护律师及附带民事诉讼上诉人杜某章、许某灵、李某新等的代理律师阅卷，听取意见。"山东省高级人民法院采取的这种标准措施，既表明了依法审理案件的决心，也展现了不被网络民意绑架的专业性。此后，公检法和当地党政机关的自媒体平台形成了联动机制，及时对其他官微发布的最新进展进行转发和评论，不仅提高了事实信息的传播效率，还展现了官方致力于解决问题的统一态度，有助于塑造良好的整体形象。同时，态度一致并不代表观点雷同。最高人民法院关注法制，山东省公安厅关注执法能力，聊城市工作小组关注处警警察的行为、高利贷、涉黑犯罪等问题……不同主体关注案件的不同侧面，也是引导舆论多样化的体现。

在后续的回应中，山东省委宣传部、山东省高级人民法院、山东省人民检察院更是沟通配合，有计划地适时发布各类信息，进行庭审、宣判微博直播，组织相关专家学者和律师就司法案例、司法解读、量刑把握进行解读，对受关注度高的疑点、难点问题进行答疑，满足了公众的信息知情权，达到了让社会舆情逐步平息并趋于正向和理性的目的。这也启示我们，面对舆论必须快速反应，但更为重要的是，回应的内容应能满足公众需要，信息发布的方案也应可以切实实施。

---

① 《国务院办公厅关于在政务公开工作中进一步做好政务舆情回应的通知》，中央人民政府网站，http://www.gov.cn/zhengce/content/2016-08/12/content_5099138.htm，最后访问日期：2021年2月10日。

② 《国务院办公厅印发〈关于全面推进政务公开工作的意见〉实施细则的通知》，中央人民政府网站，http://www.gov.cn/zhengce/content/2016-11/15/content_5132852.htm，最后访问日期：2021年2月10日。

（三）扎实做好线下实体工作，是确保成功处置舆情的根本措施

近年来，舆情应对不力、不当的事情时有发生，归根结底，是因为在重大突发事件处置工作中，事件本身的解决过程是根本，实情决定舆情，线下决定线上。习近平指出："善于通过网络了解和掌握舆情，倾听群众呼声，回应群众关切，疏导群众情绪，增强网上群众工作的主动权。这项新本领，各级领导干部一定要学会用好。"① 因此，扎实有效地推进线下实体工作的开展，对成功引导与处置"于欢案"舆情起到了根本性的作用。纵观整个事件过程，主要在以下三个方面扎实开展了线下实体工作，有力地促进了整个工作的圆满完成。

一是涉事地核实并提供线下第一手真实资料。2017 年 3 月 23 ~ 26 日，"于欢案"一审后舆论场的讨论热火朝天，舆情急剧上升。在这种情况下，山东省网信办并没有直接对相关舆论进行粗暴的干预，而是及时通知"于欢案"涉事地聊城市的网管部门，及时开展线下工作，要求立即核实情况，掌握第一手资料，找出网上舆论与事实不符的地方。

二是依法启动二审程序并公开审判。在 3 月 26 日舆论场讨论正酣之际，山东省高级人民法院宣布已于 3 月 24 日受理"于欢案"附带民诉原告人和被告人上诉，依法组成合议庭，正在全面审查案卷，将于近期通知代理律师阅卷；翌日山东省高级人民法院官微又宣布已通知相关律师前来阅卷。与此同时，最高人民检察院、山东省人民检察院、山东省公安厅等部门及时"发声"，告知舆论场现在已经围绕"于欢案"做了哪些工作，以及 5 月 27 日、6 月 23 日直播"于欢案"二审庭审、宣判等工作，让网民感受到司法机关扎实的工作作风和坚持依法办事的诚意，舆论场由愤怒指责涉事机构逐渐转向理性探讨案情本身。

三是扎实做好"于欢案"涉及的重要边际事实。在 3 月 29 日至 5 月 27 日二审庭审期间，山东省委要求相关部门扎实做好有关"于欢案"涉及的重要边际事实（涉警、涉黑、涉高利贷、杜某浩交通肇事等）的工作。聊城市还及时成立亲属人文关怀领导小组，对与"于欢案"有关的亲属进行谈心谈话；召开金融稳定、银行业债权人委员会等专题会议，做好线下

---

① 《十七大以来重要文献选编》下，中央文献出版社，2013，第 186 页。

的维稳工作。在二审庭审的前一天，集中对外发布涉案边际事实信息，明确告诉舆论场，之前承诺要做的事情就要说到做到：聊城市方面发布了打击吴某占黑社会团伙的消息；山东省人民检察院发布了对"于欢案"处警民警的调查结果；聊城市纪委随即发布了对"于欢案"处警民警给予处分的消息；随后，发布了于欢的母亲、姐姐涉嫌非法集资的信息。

实践证明，线下开展的这些扎实有效的实体工作，对成功处置"于欢案"舆情起到了特殊作用。

（四）司法公开、释法说理，是确保成功处置舆情的"稳压器"

从整体来看，舆情的发展过程与事件的解决进程基本上是保持同步的。可以看出，网友的媒介表达和事件演变之间的互动关系越来越紧密，舆论在推动网络公共事件的发展中起到的作用也越来越大，两者之间形成了一种紧密联系。如果没有网友的参与，很多事件就只能存在报纸上的小角落里，成为一条不被人关注的消息，然后不了了之。如果没有舆论的监督，很多新闻事件所折射出的社会问题、民生问题就可能依旧不能得到妥善解决。但是，互联网给了那些具有争议的事件第二次机会，网友的关注给了它第二次生命。通过对事件的讨论，网络舆论发挥监督者的职责，可以让事件在透明的空间内得到较为圆满的解决。

而在司法领域，公开就是最好的"透明"，也是最好的"防腐剂"，更是最好的"稳压器"。习近平指出："司法是维护社会公平正义的最后一道防线。我曾经引用过英国哲学家培根的一段话，他说：'一次不公正的审判，其恶果甚至超过十次犯罪。因为犯罪虽是无视法律——好比污染了水流，而不公正的审判则毁坏法律——好比污染了水源。'这其中的道理是深刻的。如果司法这道防线缺乏公信力，社会公正就会受到普遍质疑，社会和谐稳定就难以保障。"① "于欢案"的公开二审再次说明了这一点。山东省高级人民法院官方微博、官方微信以现场直播的形式现身说法，全面呈现庭审现场的各个细节和关键节点，让全体网民实现了"身临其境"全程观看，"于欢案"的来龙去脉和事实真相逐渐呈现在公众面前，有些细节第一次为公众所知悉。普通民众通过观看这次"于欢案"互联网直播庭审，深切感受到法庭审判的真实气氛，打消了对"暗箱操作"的忧虑，使

---

① 《十八大以来重要文献选编》中，中央文献出版社，2016，第 151 页。

一些偏离正轨的公众舆论回归理性。同时，把案件放在社会聚光灯下，也是司法担当的体现：案件办得对，就是一次普法教育；案件办错了，能够敢于担当、改正错误，也能扶正公平正义的天平。这种全程直播的透明审判，增强了公众对法律的信赖度和安全感，有利于保证公民对个案的知情权，使人们的情绪趋向客观、理性，对人们未来的行为选择起到一定的指引作用，从而让普通民众在潜移默化中增强法治意识、提高法律素养，司法公信力也能得到不断提升。

释法说理，更是司法机关回应社会关注的正确方式。面对汹涌的舆情，司法机关既不能充耳不闻、漠不关心，也不能为其左右、人云亦云，而是必须做到公开和公正。这就要求，审判案件要以庭审为中心，实现事实证据调查在法庭、定罪量刑辩论在法庭、裁判结果形成于法庭；让法庭而不是舆论场，成为裁定罪与非罪、罪轻罪重的最终阶段和关键环节。"于欢案"二审如一堂盛大的法治教育公开课，从故意伤害罪犯罪构成、正当防卫、高利贷等法律知识，一审、上诉、二审等诉讼程序，公开开庭审理、法律监督、司法公开制度等多个角度，完成了一次范围广、受众多、程度深的社会法治教育，从最初一边倒的伦理支持，到从客观和法律规定本身出发进行探讨分析，在仅两个月的时间里就出现了"颠覆性"反转，生动地将一则热点法律新闻演变成为一场声势浩大的"云普法"。司法审判不应被社会舆论绑架，通过司法公开让民众直接参与到司法过程中，是让人民群众感受到公平正义的最好途径。

（课题组组长：程振峰；主要成员：成长群、郑周元、周朔琦；本报告主要执笔人：成长群）

防范化解重大风险

——张家口中化集团盛华化工公司"11·28"重大爆燃事故

摘要： 防范化解重大风险是突发事件应对的基础性、前瞻性工作。2018 年 11 月 28 日，张家口中国化工集团盛华化工公司发生重大危险化学品爆燃事故。研究发现，"11·28"事故的发生，暴露出企业安全生产主体责任缺失、风险隐患排查治理不力、规划设计和布局不合理、风险管控和处置能力不足、安全监管效能不佳等问题。防范化解重大风险，要增强风险防控意识，落实安全生产主体责任，做好风险隐患排查，实施风险协同治理，提升安全监管能力。

关键词： 张家口"11·28"爆燃事故；重大风险；防范化解

防范化解重大风险是做好安全生产的基础性工作。2019 年 1 月 21 日，习近平总书记在省部级主要领导干部坚持底线思维着力防范化解重大风险专题研讨班上明确指出："坚持底线思维，增强忧患意识，提高防控能力，着力防范化解重大风险。"① 危险化学品是工业生产和社会生活不可或缺的原材料或产成品，其生产、加工、储存、运输等环节存在重大的安全风险，如果管理不当，可能引发重大安全事故，威胁公众的生命、健康和财产安全，给人们的生产生活带来严重损失，造成严重的社会后果。近年来，随着我国化工行业快速发展，危化品事故呈现高发、多发态势，特别是 2010 年之后，相继发生了多起重大事故。防范化解重大危化品安全风险意义重大，是重大事故风险防控的重点领域。

《河北张家口中国化工集团盛华化工公司"11·28"重大爆燃事故调查报告》指出，河北张家口中国化工集团盛华化工公司"11·28"重大爆燃事故（以下简称"'11·28'重大爆燃事故"）是一起重大危险化学品

---

① 《习近平谈治国理政》第 3 卷，外文出版社，2020，第 219 页。

爆燃事故。① 此次事故充分表明，重大安全风险越来越呈现出交互性、扩散性和难以预测性。针对此次事故的应急处置特别是舆情应对可谓及时有效，有不少成功的可借鉴的经验，然而，在重大风险防范、事故隐患源头治理方面，也暴露出一些问题，其教训更应吸取。遏制重特大安全事故，"防"比"救"显然更为关键，只有从源头上有效防范化解重大安全风险，才能从根本上遏制重特大安全事故的发生。

一 事故概况

2018 年 11 月 28 日 0 时 40 分 55 秒，位于河北省张家口市望山循环经济示范园区的中国化工集团河北盛华化工有限公司（以下简称"盛华化工公司"）的氯乙烯气柜发生泄漏，泄漏的氯乙烯扩散到厂区外 310 省道及其对面的停车场及海珀尔公司厂区内，并最终遇明火发生爆燃。此次事故造成 24 人死亡（其中 1 人后期医治无效死亡）、21 人受伤，造成停放在 310 省道上及涉及区域内的 38 辆大货车和 12 辆小型车损毁。截至 2018 年 12 月 24 日，直接经济损失达 4148.8606 万元。经调查认定，"11·28"重大爆燃事故是一起危险化学品爆燃重人生产安全责任事故。

（一）背景信息

1. 事故企业

（1）企业沿革。盛华化工公司隶属于中国化工集团，位于河北省张家口望山循环经济园区内，总占地面积为 210 万平方米；注册资本为 4.6485 亿元，资产总额为 38.5 亿元；企业类型为有限责任公司（法人独资），法定代表人、董事长为江某，总经理为颜某河；营业期限自 2000 年 5 月 25 日至 2022 年 6 月 29 日，安全生产许可证有效期自 2017 年 1 月 16 日至 2020 年 1 月 15 日。盛华化工公司下设生产运行处、安全处等 11 个处室，有聚氯乙烯、电解等 4 个车间，时有员工为 1460 人，其中各类专业技术人员为 361 人，高级职称人员为 12 人。该公司主要产品有聚氯乙烯树脂、氯化聚氯乙烯树脂、片碱、烧碱、液氯、盐酸、次氯酸钠、新型建材等；主

---

① 《河北张家口中国化工集团盛华化工公司"11·28"重大爆燃事故调查报告》，河北省应急管理厅网站，http://yjgl.hebei.gov.cn/portal/index/getPortalNewsDetails? id = 7bde0d83 - 7ff3 - 4108 - 9d92 - 385083c97da8&categoryid = 3a9d0375 - 6937 - 4730 - bf52 - febb997d8b48，最后访问日期：2021 年 1 月 20 日。

导产品为聚氯乙烯树脂和烧碱，产能均为 20 万吨/年，年销售收入为 20 亿元。该公司拥有 50 兆瓦热电联产装置，向园区周边单位和居民区提供集中供热热源，实际供热面积为 46 万平方米。

盛华化工公司的前身为张家口树脂厂，始建于 1970 年。1970 年 9 月 6 日，经张家口市相关部门批复，兴建年产 1000 吨的维尼纶厂。由于产品生产工艺不成熟，1971 年 1 月，经相关部门批准停止筹建。张家口市相关部门根据 1970 年全国轻工业会议提出的"发展合成原料"的指示精神，为完善张家口市化工行业的产业配套，解决因化工原料不足影响其他产业和轻工业发展的问题，决定在停建的维尼纶厂原址建设树脂厂，年生产能力为聚氯乙烯树脂 3000 吨、烧碱 3000 吨，以填补张家口市无基础化工原料的空白，推进轻工业的发展。

树脂厂 1973 年 10 月投产后，归属张家口市重工业局领导，同年 12 月归属张家口市二轻局管理，主要生产聚氯乙烯树脂、烧碱、盐酸、液氯、氧气等产品。与此同时，为解决电石原料和消化电石渣，1975 年建成年产 5000 吨的电石车间，1976 年建成小水泥车间。1982 年 10 月，树脂厂对烧碱、树脂两个产品进行扩能改造，使树脂、烧碱的年生产能力增至 PVC 树脂 5000 吨、烧碱 6000 吨。

为了适应新的经济形势要求，1986 年 1 月 10 日，张家口市政府将树脂厂的隶属关系进行了调整，树脂厂由张家口市二轻工业局管理变更为市化工局管理。此后，树脂厂出现了一个较长的稳定发展期，经济效益不断提高，由 1985 年亏损，到 1986～1991 年连续多年盈利，最多时利税突破每年 1000 万元，成为河北省、张家口市的利税大户。1987 年，树脂厂对烧碱、树脂两个车间进行技改扩建，烧碱和树脂的年生产能力分别达到 1 万吨和 8000 吨，并在电解生产工艺上进行了更新换代以降低成本。

2000 年 5 月，树脂厂改制为民营股份制企业，更名为"河北盛华化工有限公司"。此后，企业连续进行了几次技改扩建：2000 年 5 月规划完成了第一次改造工程；2000 年 8 月至 2001 年 11 月，规划完成了第二次技改扩建工程；2003 年规划完成了"三改五"技改扩建工程；2004 年 7 月至 2005 年 7 月规划完成了"五改十"离子膜烧碱和 PVC 树脂工程项目；2007 年 9 月至 2008 年 10 月规划完成了加大安全投入及配套工程项目。

2007 年 6 月，盛华化工公司与中国化工新材料总公司重组合作，2008 年 3 月中国化工集团公司实施业务板块调整，将盛华化工公司与中国化工新材料总公司的重组关系，移交给昊华总公司。2009 年 7 月，盛华化工公司开始筹建园区 40 万吨氯碱项目一期工程，2012 年 10 月完成项目的主体工程，达到每年 20 万吨烧碱、20 万吨 PVC 树脂的生产能力；2014 年 1 月 16 日，取得安全生产许可证。2011 年 9 月，昊华化工总公司整体收购了盛华化工公司的全部民营股份，盛华化工公司成为昊华化工总公司下属的国有全资子公司。2015 年 8 月，经产业板块重组，盛华化工公司划归中国化工集团公司所属的中国化工新材料有限公司管理，中国化工新材料有限公司为盛华化工公司实际控制人。①

（2）事故装置情况。盛华化工公司储罐区位于厂区南侧，由西向东分布有 3 台氯乙烯气柜，容积如下：1 号氯乙烯气柜为 5300 立方米，2 号氯乙烯气柜为 2500 立方米，3 号氯乙烯气柜为 2500 立方米（未投入使用）。2 台氯乙烯球罐（1 台在使用，另 1 台备用）容积均为 2000 立方米。发生泄漏的 1 号氯乙烯气柜位于储罐区西北侧，为双层钟罩结构，2012 年建成并投入使用，全容积为 5300 立方米，设计压力为 4 千帕，工作压力约为 4 千帕，设计温度为 50 摄氏度，工作温度为常温。气柜南侧约 20 米即为 310 省道（见图 1），气柜水槽上沿高于省道地平面约为 8.5 米。②

图 1　"11·28" 爆燃事故区域示意图

资料来源：《河北张家口盛华化工"11·28"爆燃事故安全警示片》。

---

① 《历史沿革》，河北盛华化工有限公司官网，http://www.hhsh.chemchina.com/hbsh/gy-wm/dsj/A420106web_1.htm，最后访问日期：2021 年 1 月 20 日。

② 《河北张家口中国化工集团盛华化工公司"11·28"重大爆燃事故调查报告》，河北省应急管理厅网站，http://yjgl.hebei.gov.cn/portal/index/getPortalNewsDetails?id=7bde0d83-7ff3-4108-9d92-385083c97da8&categoryid=3a9d0375-6937-4730-bf52-febb997d8b48，最后访问日期：2020 年 10 月 26 日。

氯乙烯是被列入国家《危险化学品目录》的一种易燃易爆、有毒有害危险化学品，为无色、有醚样气味的气体，相对蒸气密度为2.2，遇明火、高温可燃烧或爆炸。氯乙烯泄漏后，易沿地面向低洼处扩散，与空气形成爆炸混合物，爆炸极限为3.6%～33%，爆炸下限低、范围宽，在高压和高温条件下，即使没有空气仍可能发生爆炸反应，属于极度危害物质。

2. 310省道

盛华化工公司厂区外南侧道路为张家口望山循环经济示范园区道路，项目属性为园区道路（等级为城市一级公路），2012年开工建设，当年建成通车，全长为2705米。

2013年，河北省政府批准《河北省普通干线公路网布局规划（2013～2030)》，将张小线（张家口至小村段）由县道升级为省道。升级改造的张小线与望山循环经济示范园区道路在此共线，成为310省道的一部分。2013年5～11月，张家口市交通运输局组织对该路段养护改造工程路线方案进行论证和评审，报河北省交通运输厅公路局批准。2014年6月1日开工建设，2016年12月21日竣工验收。

2016年，张家口市宣化区公安分局交警二大队在盛华化工公司东门与西门之间，沿310省道两侧1000米范围内，在主辅路之间的绿化隔离带内设立了10块"20：00～8：00禁停"标志牌。

3. 盛华化工公司南侧停车场

事故波及的盛华化工公司南侧停车场（以下简称"停车场"）位于桥东区大仓盖镇河家堰村，与盛华化工公司正门相对，占地约为80亩，系张某元承包河家堰村的集体土地，承包期限自2007年9月1日至2057年8月31日，承包金额为35万元，合同约定土地用途为从事工业、农业、商贸流通。承包地闲置2年后，2009年张某元将其交给张某广经营。张某广在该地块非法修建8排平房，2012年在紧邻望山循环经济示范园区道路（现310省道）第一排平房里开了一家饭馆，过往司机在该饭馆吃饭，院内停车，后张某广收取停车费，转变为经营停车场业务。该停车场未经审批，属非法停车场。

2014年6月14日，宣化县国土资源局对承包人张某元非法建房的行为做出了限期自行拆除和罚款的处罚。因张某元拒不执行，宣化县国土资源局向宣化县法院申请强制执行。2014年11月15日，宣化县法院向宣化县国土资源局送达《行政受理案件通知书》，但未依法采取强制执行措施。

2016 年 7 月，宣化区政府因盛华化工公司安全防护距离不足，对该停车场 20 间违建房屋进行了拆除，对大门进行了封堵。2017 年 9 月，宣化区政府对该非法停车场大门及围墙等违章建筑进行了拆除。其后，张某广仍在该地块非法建房经营停车业务。

4. 张家口海珀尔新能源科技有限公司

张家口海珀尔新能源科技有限公司（以下简称"海珀尔公司"）成立于 2017 年 8 月 31 日，营业期限至 2047 年 8 月 30 日，厂址为张家口市桥东区大仓盖镇梅家营村盛华路南侧 2 号，与盛华化工公司隔 310 省道相对。企业经营范围主要为新能源技术开发、技术推广等，时有员工 99 人。

河北省发展和改革委员会于 2018 年 2 月 11 日批准同意海珀尔公司张家口氢能产业化应用示范园建设项目并通过节能审查，许可日期截至 2020 年 2 月 10 日。该公司的氢能产业化应用示范园项目于 2018 年 3 月动工建设，主要建有综合楼、主控制室、电解车间、液氧车间等。截至事发前，项目土建部分已完成，电解车间处于设备调试阶段。

（二）事故发生

2018 年 11 月 27 日 23 时，盛华化工公司聚氯乙烯车间氯乙烯工段丙班接班。班长李某军、精馏 DCS（自动化控制技术中的集散控制系统）操作员袁某霞、精馏巡检工郭某和张某文、转化岗 DCS 操作员孟某平上岗。当班调度为侯某平、冯某，车间值班领导为副主任刘某启。接班后，操作员袁某霞在中控室盯岗操作，班长李某军在中控室查看转化及精馏数据，未见异常。

23 时 20 分前后，郭某和张某文从中控室出来，直接到巡检室。

23 时 40 分前后，班长李某军到冷冻机房检查未见异常后，在冷冻机房用手机看视频。

28 日 0 时 36 分 53 秒，DCS 显示压缩机入口压力降至 0.05 千帕。操作员袁某霞随后进行了调整操作，DCS 显示回流阀开度在约 3 分钟时间内由 30% 回升到 80%。

28 日 0 时 39 分 19 秒，DCS 显示气柜高度快速下降，袁某霞用对讲机呼叫郭某，通知其去检查。随后，袁某霞用手机向班长李某军汇报气柜发生的异常情况。

28 日 0 时 40 分 55 秒，厂区氯乙烯气柜东北角监控视频显示，3 号氯乙烯气柜东南方向出现异常亮光；球罐西北角监控视频显示，西侧单体球罐西南方向出现异常亮光；东门外摄像头视频显示，盛华化工公司东门西南方向海珀尔公司氧气制备及灌装工段厂房东墙、北墙出现异常亮光。

盛华化工公司副调度员冯某和生产运行总监郭某强事后回忆称，在28日0时41分前后听到爆炸声响，与视频显示出现亮光的时间相吻合。因此，可以确定爆燃时间为11月28日0时40分55秒。

李某军在听见爆炸声和看见厂区南面起火后，立即赶往中控室通知调度侯某平。侯某平电话请示生产运行总监郭某强后，通知转化岗DCS操作员孟某平启动紧急停车程序，孟某平使用固定电话通知乙炔、烧碱和合成工段紧急停车，停止输气。同时，李某军、郭某、张某文一起打开球罐区喷淋装置喷水，随后对氯乙烯打料泵房及周围进行灭火，在灭掉氯乙烯打料泵房及周围残火后，返回中控室。

事后调取气柜东北角的监控视频显示，1号氯乙烯气柜发生过大量泄漏。

事故共造成50辆车损毁。其中，损毁大货车38辆（沿310省道南侧主路停放19辆，沿南侧辅路停放12辆，停车场停放7辆），损毁小型车12辆（停放在盛华化工公司西门前北侧辅路1辆，西门东侧2辆，西门偏东30米左右路中偏南1辆，停放在海珀尔公司东门东侧辅路2辆，停放在停车场入口西侧1辆，停放在停车场内西侧5辆）。

二　事故处置

事故发生后，党中央、国务院和河北省委、省政府高度重视，中共中央政治局常委、国务院副总理韩正，中共中央政治局委员、国务院副总理孙春兰、刘鹤，国务委员王勇、赵克志，分别做出重要指示批示，要求全力做好伤员救治和事故处置，尽快查明事故原因，严肃追究有关人员责任；要进一步采取措施，排查治理隐患，坚决防范遏制重特大事故。河北省委书记王东峰、省长许勤、常务副省长袁桐利、副省长徐建培、刘凯等省领导第一时间做出重要批示，并率领省公安厅、省应急管理厅、省交通厅、省生态环境厅、省卫健委等单位负责人赶赴事故现场指导抢险救援工作。应急管理部党组书记黄明指示，立即启动重大事故应急响应，委派党组副书记、副部长付建华和党组成员、总工程师王浩水率工作组赶赴现场，指导事故救援处置。

（一）启动应急预案

张家口市委、市政府迅速启动应急预案。张家口市委书记回建和在国外出访的市长武卫东立即指示，要全力救治伤员，防止次生灾害发生，尽快查明事故原因，妥善做好善后事宜，正确引导舆情，发布权威信息。

张家口市委书记回建和市委常委、常务副市长郭英等市委、市政府领导第一时间赶赴现场，成立指挥部，调集公安、卫计、安监、环保等部门开展事故救援和现场处置工作。公安部门调集交警、巡警、特警在事故现场设置警戒区，加强现场管控，维护现场秩序，疏散周边群众，阻止社会车辆和人员进入。环保部门立即对事故现场及周边的大气、水、土壤进行布点监测，密切关注环境变化。指挥部责令盛华化工公司采取紧急停产措施，由张家口市安监局牵头，公安、消防部门配合，与专家共同组成隐患排查组，进入盛华化工公司进行逐线逐点排查，防止次生事故发生。张家口市有关部门在微信公众号和微博上及时发布权威信息，回应社会关切，加强舆论引导。

（二）成立事故处置现场指挥部

河北省委、省政府全面指挥事故处置。根据重大突发事件应急管理相关规定，河北省委、省政府成立了"11·28"重大爆燃事故处置现场指挥部，由常务副省长袁桐利任指挥长，副省长徐建培、刘凯，张家口市委书记回建、市长武卫东任副指挥长，下设综合协调、事故调查现场处置、医疗救助、善后处理、舆情引导和社会稳定6个工作组，每个组均由厅级领导任组长，迅速开展工作。

张家口市政府成立了剩余危险物料处置领导小组，对盛华化工公司的处置方案进行论证，对剩余危险物料逐项逐类加以处置，全过程监督指导，确保安全。

（三）现场救援与处置

事故发生后，盛华化工公司启动紧急停车操作，打开氯乙烯球罐喷淋装置喷水，同时对氯乙烯打料泵房及周围着火区域进行扑救灭火。11月28日0时41分38秒，张家口市消防支队指挥中心接到报警后，调动7个执勤中队、21部执勤车、120余名指战员赶赴现场，分析研判火情、组织扑救火灾，并对事故现场和外围实施临时管控。张家口市 120 急救中心派出 5 辆救护车和 46 名医务人员，赶赴现场进行救援。消防支队全勤指挥部到达现场后全力扑救火灾、全面搜救伤员。救援人员在事故现场及方圆 1 千米、3 千米、5 千米范围内分步开展搜救，同时在盛华化工公司氯乙烯气柜和球罐区附近实行重点处置，防止发生爆炸，对现场展开全面勘查，处置火险隐患，持续派出力量实施现场监控，防止发生次生事故。

11 月 28 日 2 时 48 分，明火基本被扑灭，现场搜救工作基本结束。事故造成 23 人死亡、22 人受伤，过火的大货车 38 辆、小型车 12 辆。

（四）危机沟通

事故发生后，张家口市委、市政府主动发声，掌握了舆情引导的主动权，彰显了政府公信力，被网友称为"处理公共危机的'教科书'式的典范"。①

事故发生后，中宣部和中央网信办、河北省网信办及时下发了专门舆情管控通知。张家口市立即启动应急响应机制，在应急指挥机构设立了新闻舆情组。

11 月 28 日 5 时 22 分，张家口官方媒体平台"张家口发布"微信公众号、微博首次对事故进行报道："11 月 28 日凌晨，张家口市桥东区大仓盖镇盛华化工有限公司附近发生一起爆炸事故。截至发稿时，事故造成 6 人死亡，5 人受伤，伤者已送往医院救治，现场已无明火。事故原因正在进一步调查核实中。"

11 月 28 日 8 时 24 分，"张家口发布"微信公众号、微博推送事故第二条消息，跟踪报道事故进展及伤亡情况："11 月 28 日 0 时 41 分，在张家口市桥东区河北盛华化工有限公司附近发生的爆炸起火事故，经公安消防现场搜救确认，目前有 22 人死亡，22 名伤者已分别送往河北北方学院第一医院和 251 医院等。经初步调查，事故中过火大货车 38 辆、小型车 12 辆。现场搜救工作和事故原因调查仍在紧张进行中。我们向事故中的遇难者表示哀悼，向受伤人员表示慰问。希望市民不要去事故现场围观，以免影响施救秩序。"

11 月 28 日 15 时 51 分，"张家口发布"微信公众号、微博第三次报道

---

① 张家口市政府新闻办公室。

事故进展及伤亡情况："据现场搜救人员介绍，在进一步搜救过程中又发现一具遇难者遗体。截至目前，遇难者人数升至 23 人。"

11 月 28 日 21 时 40 分，张家口市政府新闻办公室召开第一次新闻发布会——"张家口桥东区爆炸事故情况发布会"。张家口市常务副市长郭英通报了事故有关情况：事故搜救工作基本结束，现场经搜救确认已有 23 人死亡，22 名伤者已送往医院救治。其中，在张家口住院治疗 10 名，8 名伤势较重的伤员已被送往北京进行救治，4 名轻微伤员已出院，伤员总体病情基本稳定。河北省、张家口市两级监测结果表明：设立的 5 个空气监测点位均未检出有毒有害物质，地下水监测未见异常。

11 月 28 日 21 时 51 分，"张家口发布"微信公众号、微博报道了第一场新闻发布会情况。

11 月 29 日 20 时 40 分，张家口市政府新闻办公室召开第二次新闻发布会，就事故处置工作总体进展、伤员救治、失联人员登记和遇难者身份核实等最新情况进行通报。张家口市政府发言人表示，涉事企业相关负责人已被管控。

11 月 29 日 22 时 40 分，"张家口发布"微信公众号、微博推送第二次新闻发布会关于伤员救治、失联人员登记和遇难者身份核实等情况。

11 月 30 日 14 时，张家口市政府新闻办公室召开第三次新闻发布会，通报事故原因初步调查结果。初步查明，爆燃事故是盛华化工公司氯乙烯气柜发生泄漏，泄漏的氯乙烯扩散到厂区外的公路上，遇明火发生爆燃所致。

11 月 30 日 20 时 34 分，"张家口发布"微信公众号、微博推送第三次新闻发布会内容，并独家报道"遇难者遗体 DNA 认定情况"和"15 名涉事企业相关责任人已被警方控制"等内容。

张家口"11·28"重大爆燃事故舆情传播量高，并引起舆论广泛关注。11 月 28 日至 12 月 9 日，中国应急管理报大数据舆情监测系统监测到相关报道量达 167047 篇。其中，纸媒 467 篇，新闻网 6258 篇，移动端 2144 篇，微信 7067 篇，微博 150892 篇，论坛 212 篇，博客 7 篇。① 据统计，事故发生后三天，共通过"张家口发布"微信公众号和微博发布事故

---

① 黄钰琳：《官方回应获赞，涉事企业开工 6 年未检修，两部门联合约谈——张家口"11·28"爆燃事故敲响年关安全"警钟"》，《中国应急管理》2018 年第 12 期。

进展信息 7 次。截至 12 月 7 日，"张家口发布"微信公众号和微博阅读量达 2532 万余次①，掌握了信息发布、舆论引导的主动权。

（五）事故调查

事故发生后，依据《安全生产法》《危险化学品安全管理条例》《生产安全事故报告和调查处理条例》等有关法律法规，河北省政府成立了"河北张家口中国化工集团盛华化工公司'11·28'重大爆燃事故调查组"（以下简称"事故调查组"）。事故调查组由河北省应急管理厅、河北省公安厅、河北省交通运输厅、河北省总工会和张家口市政府等成员单位组成。同时，在应急管理部的指导下，事故调查组从中国化工协会、上海氯碱化工股份有限公司、应急管理部消防研究所等单位选调 15 名行业权威专家，邀请公安部门国家级爆炸专家，组成事故调查专家组，对事故展开全面调查。此外，河北省纪委监委还成立了责任追究组，依规依纪依法对有关责任单位和责任人开展调查。

2019 年 2 月 3 日，事故调查组发布此次事故调查报告。调查认定，盛华化工公司"11·28"重大爆燃事故是一起重大危险化学品爆燃责任事故。事故的直接原因是盛华化工公司违反《气柜维护检修规程》和《盛华化工公司低压湿式气柜维护检修规程》规定，聚氯乙烯车间的 1 号氯乙烯气柜长期未按规定检修，事发前氯乙烯气柜卡顿、倾斜，开始泄漏，压缩机入口压力降低，操作人员没有及时发现气柜卡顿，仍然按照常规操作方式调大压缩机回流，使进入气柜的气量加大，气柜中增加的氯乙烯气体进一步冲破环形水封增大泄漏，并逐步向厂区外扩散，遇明火后发生爆燃。②

事故调查报告还明确指出了几个层面的间接原因，不仅涉及企业的主体责任，还包括企业所属的央企、监管部门以及地方党委政府等属地管理和监管责任。

1. 企业层面

安全生产主体责任缺失是导致安全事故发生的最根本的原因。这起事

---

① 张家口市政府新闻办公室。

② 《河北省安全生产委员会办公室转发国务院安委会办公室关于河北省张家口市"11·28"重大爆燃事故的通报》，河北省应急管理厅网站，http://yjgl.hebei.gov.cn/portal/index/getPortalNewsDetails? id = dc2ab7b1 - b3cf - 47d2 - af65 - b207c0e3de30&categoryid = c1055695 - 7c0e - 4c22 - a6ac - ae23c0a67713，最后访问日期：2020 年 10 月 26 日。

故在安全生产主体责任方面的主要问题如下。

（1）企业不重视安全生产。中国化工集团有限公司对下属企业长期存在的安全生产问题管理指导不力。新材料公司对下属盛华化工公司主要负责人及部分重要部门负责人长期不在盛华化工公司、安全生产管理混乱、隐患排查治理不到位、安全管理缺失等问题失察失管。

（2）盛华化工公司安全管理混乱。据中央电视台报道，公司的董事长和总经理常年不在公司办公，董事长每月来一次，总经理四年多没有来过，公司中层以上主要管理人员事发时均在出差或外出中，普通员工劳动纪律涣散。设备设施管理问题严重：按规定，氯乙烯气柜一年至两年中修一次，五年至六年大修一次，但发生泄漏的氯乙烯气柜在六年时间里没有做过任何检维修；中控室经常关闭可燃、有毒气体报警声音，对各项报警习以为常，这也导致当时氯乙烯发生泄漏，本应该减压却反而加压，造成氯乙烯加速泄漏。

（3）盛华化工公司安全投入不足。该公司安全专项资金不能保证专款专用，装置、仪器、设备等的购置和维护资金得不到保障。

（4）盛华化工公司教育培训不到位。该公司部分操作人员岗位技能差，如操作人员对装置异常工况处置不当，泄漏发生后应对不正确、不及时，没有相应的应急响应能力。

（5）盛华化工公司风险管控能力不足。该公司对氯乙烯球罐等高风险装置设施重视不够，未及时检测。多数人员不了解氯乙烯气柜泄漏的应急救援预案。

（6）盛华化工公司应急处置能力差。该公司应急预案形同虚设，演练流于形式。

（7）盛华化工公司生产组织机构设置不合理。该公司撤销了专门的生产技术部门、设备管理部门，相关管理职责不明确，职能弱化，专业技术管理差。

（8）盛华化工公司隐患排查治理不到位。2015年8月，河北省安监局进行执法检查活动时发现，盛华化工公司存在71项隐患和问题。直到事故发生，通报的隐患依然存在，没有及时消除。

2. 部门层面

此次事故由于企业风险外溢造成大量社会人员严重伤亡，涉及多个部门的监管责任，包括张家口市安监局、张家口市交通运输局、张家口市公安局交警支队宣化二大队、非法停车场涉及的部门等。

（1）张家口市安监局。其主要问题在于对盛华化工公司存在的危化品安全隐患有效监管不到位、日常监督检查存在疏忽，以及不能有效履行安全生产监管职责等。首先，2017年以来，上级有关部门下发危险化学品领域安全隐患排查治理相关文件16份，张家口市安监局贯彻落实上级文件要求流于形式，存在"以文件落实文件"的问题。其次，日常监督检查不深不细，监督检查频次低。对盛华化工公司安全生产风险分级管控和隐患排查治理体系建设、应急救援体系建设、安全生产大排查大整治、安全教育培训等工作不深入、不扎实等问题监管失察。最后，对本单位队伍建设重视不够，监管能力、工作作风弱化，不能有效履行安全生产监管职责。

（2）张家口市交通运输局。在对张小线养护改造工程路线方案组织论证、设计和评审的过程中，未考虑盛华化工公司重大危险源（氯乙烯气柜、球罐）对该路段构成的安全风险，致使该路段的安全风险不可控。

（3）张家口市公安局交警支队宣化二大队。主要问题是，在对310省道的交通秩序管控方面，对车辆长期违规停车情况失察，致使事发路段长期违规停车问题未得到及时解决。

（4）非法停车场涉及的部门。对宣化县国土资源局移送的张某元承包的集体用地改变用途、非法修建停车场申请强制执行一案，宣化区人民法院未依法采取强制执行措施，导致非法停车场存在4年之久，事故造成停车场内3人死亡，7辆大货车、5辆小型车损毁。

3. 党委、政府层面

事故发生在张家口市，张家口市委、市政府对上级安全生产工作的部署和要求贯彻落实不到位，对有关部门落实安全生产监管责任组织领导不力。

（六）事故问责

（1）公安机关对12名企业人员依法立案侦查并采取刑事强制措施。

（2）对15名企业人员和13名地方政府及相关监管部门人员给予党纪政纪处分。

（3）依据《安全生产法》《生产安全事故报告和调查处理条例》《安全评价机构管理规定》等相关法律法规，对盛华化工公司和河北安科工程技术有限公司处以相应的行政处罚。①给予盛华化工公司行政处罚500万元；事故发生后盛华化工公司未按规定报告，瞒报事故、误导事故调查，给予 449 万元罚款；两项合并，由张家口市安监局给予盛华化工公司 949 万元罚款。暂扣盛华化工公司《安全生产许可证》。②依据《安全评价机构管理规定》第三十六条有关规定，由河北省应急管理厅对河北安科工程技术有限公司给予警告，并处 1 万元罚款。由相关部门依法吊销该项目技术负责人、项目负责人的安全评价师国家职业资格证。

（4）建议中国化工集团有限公司向国务院国资委写出深刻的书面检查；建议张家口市安监局向张家口市政府写出深刻的书面检查；建议张家口市委、市政府向河北省委、省政府写出深刻的书面检查。

三 问题分析：防范化解重大安全风险

2020 年 4 月，习近平总书记对安全生产工作做出重要指示："要针对安全生产事故主要特点和突出问题，层层压实责任，狠抓整改落实，强化风险防控，从根本上消除事故隐患，有效遏制重特大事故发生。"党的十八大以来，习近平总书记就防范化解重大风险做出一系列重要论述①，例如，2015 年 8 月 15 日，习近平总书记指出："各级党委和政府要牢固树立安全发展理念，坚持人民利益至上，始终把安全生产放在首要位置，自觉维护人民群众生命财产安全；要坚决落实安全生产责任制，真正做到党政同责、一岗双责、失职追责；要进一步健全预警应急机制，切实加大安全监管执法力度，有效化解各类安全生产风险，提升安全生产保障水平，促进安全生产形势实现根本好转。各生产单位要承担和落实安全生产主体责任，强化安全生产第一意识，加强安全生产基础能力建设，坚决遏制重特大事故发生。"②

目前，我国绝大多数生产安全事故是责任事故，大多是风险防控不到位所致。从调查结果来看，"11·28"重大爆燃事故是一起发生在中国化工集团下属企业的生产安全责任事故，涉及安全生产主体责任缺失，重大安全隐患长期未能得到有效治理，地方政府对央企下属企业履行属地管理责任、实施有效监管不够等诸多因素。此次事故表明，现代社会重大安全事故风险越来越呈现出高度复杂性与高度不确定性的特征，防范化解重大

---

① 《树牢安全发展理念 加强安全生产监管 切实维护人民群众生命财产安全》，《人民日报》2020 年 4 月 11 日。

② 《习近平关于总体国家安全观论述摘编》，中央文献出版社，2018，第 145~146 页。

安全事故风险依然任重道远。

（一）重大风险及其特征

1. 重大风险的内涵

风险是对人造成损害的可能性，是经济社会发展过程中的一种客观存在，是一种不确定性。重大风险则是影响范围广、损害程度大、波及人数多、引起的后果非常严重的风险。一旦发生重特大安全生产事故，就会造成重大人员伤亡和经济损失，需要重点防范化解。

2. 重大风险的特征

随着经济社会快速发展，重大风险越来越呈现出交互性、扩散性和难以预测性等特征。主要表现在以下几个方面。

（1）重大风险的链式效应。在错综复杂的现代社会系统中，重大风险往往与其他风险因素相互交叉关联，风险链条不断延长，其破坏性、复杂性、不确定性越发突出。

（2）重大风险的蝴蝶效应。重大风险产生的影响容易与其他风险因素叠加、耦合，风险引发的灾难越来越呈现扩散性等特征，给社会公众的生命健康与财产安全造成严重的影响。

（3）重大风险的放大效应。通过互联网和新媒体，突发事件相关信息会快速传播，容易引发社会公众和舆论的广泛关注，导致流言、谣言等滋生蔓延，引发社会恐慌。

3. 防范化解重大风险的意义

2015年10月29日，习近平总书记在党的十八届五中全会第二次全体会议上首次对防范风险工作进行全面论述，并对风险形势做出了科学判断："今后5年，可能是我国发展面临的各方面风险不断积累甚至集中显露的时期。我们面临的重大风险，既包括国内的经济、政治、意识形态、社会风险以及来自自然界的风险，也包括国际经济、政治、军事风险等。如果发生重大风险又扛不住，国家安全就可能面临重大威胁，全面建成小康社会进程就可能被迫中断。我们必须把防风险摆在突出位置，'图之于未萌，虑之于未有'，力争不出现重大风险或在出现重大风险时扛得住、过得去。"①

---

① 《习近平谈治国理政》第2卷，外文出版社，2017，第81页。

党的十九大报告首次提出，在决胜全面建成小康社会的过程中，我们要坚决打好三个攻坚战，并将防范化解重大风险作为三大攻坚战之首："特别是要坚决打好防范化解重大风险、精准脱贫、污染防治的攻坚战。"[①]党的十九届五中全会审议通过的《中共中央关于制定国民经济和社会发展第十四个五年规划和二〇三五年远景目标的建议》，明确提出"统筹发展和安全，建设更高水平的平安中国"的战略部署，强调"把安全发展贯穿国家发展各领域和全过程，防范和化解影响我国现代化进程的各种风险，筑牢国家安全屏障"。[②] 习近平总书记在所作的说明中指出："当前和今后一个时期是我国各类矛盾和风险易发期，各种可以预见和难以预见的风险因素明显增多。我们必须坚持统筹发展和安全，增强机遇意识和风险意识，树立底线思维，把困难估计得更充分一些，把风险思考得更深入一些，注重堵漏洞、强弱项，下好先手棋、打好主动仗，有效防范化解各类风险挑战，确保社会主义现代化事业顺利推进。"[③]

4. 重大风险的防范化解

从全面风险治理模型来看，防范化解重大风险一般包括风险识别、风险分析和评估、风险处置、风险沟通和风险监测几个方面。

风险识别的目的是对潜在和客观存在的各种风险进行全面辨识和系统分类。[④] 风险识别是坚持关口前移、加强源头治理和前端处理的基础，需要开展风险点、危险源的普查，以防认不清、想不到、管不到的问题发生。风险分析和评估是对风险可能发生的概率和影响严重程度进行分类确级，有助于应对各种交织叠加、易发多发的风险隐患，对安全生产过程中的突出问题和矛盾进行重点把控，着力抓住重点和关键节点，掌握薄弱环节，补齐短板并堵塞漏洞，真正把问题解决在萌芽之时。[⑤] 风险处置是为应对风险采取的各类措施和对策；风险处置策略主要包括风险保留、风险

---

① 习近平：《决胜全面建成小康社会 夺取新时代中国特色社会主义伟大胜利——在中国共产党第十九次全国代表大会上的报告》，人民出版社，2017，第27~28页。
② 《中共中央关于制定国民经济和社会发展第十四个五年规划和二〇三五年远景目标的建议》，《人民日报》2020年11月4日。
③ 习近平：《关于〈中共中央关于制定国民经济和社会发展第十四个五年规划和二〇三五年远景目标的建议〉的说明》，《人民日报》2020年11月4日。
④ 钟开斌：《重大风险防范化解能力：一个过程性框架》，《中国行政管理》2019年第12期。
⑤ 曹峰、邵东珂、李贺楼、彭宗超、薛澜：《我国社会稳定风险治理的评估框架与方法——基于社会生态系统的"环境—行为"视角》，《经济社会体制比较》2014年第4期。

规避、风险减缓、风险转移等，明确风险治理边界、划分风险治理责任范围、形成完整的风险治理责任链条是有效进行风险处置、防止风险失控的重要内容。① 风险沟通是对所有风险相关信息通过各种渠道进行传递和互动的过程②，是风险治理的关键环节，受到风险时效性、风险信息完备性、风险高度不确定性等客观因素及知识储备、责任意识、利益选择等主观因素的影响；良好的风险沟通有利于理性决策。③ 风险监测关注对风险发展态势的感知和监控，通过对海量风险数据的感知、管理、挖掘和分析，实现有效研判和预见。④

（二）防范化解重大风险存在的短板与不足

危险化学品事故风险是防范化解重大风险的重点对象之一，由于其影响具有很强的外溢性，其风险会直接波及社会面而产生严重的后果。因此，危险化学品事故的应对更加具有挑战性。在近年来发生的一些危险化学品重特大事故中，危险化学品事故风险的防范化解暴露出不少问题和短板。从"11·28"重大爆燃事故来看，危险化学品安全风险方面存在的问题主要有企业安全生产主体责任缺失、风险隐患排查治理不力、规划设计和布局不合理、风险管控和处置能力不足、安全监管效能不佳等几个方面。

1. 企业安全生产主体责任缺失

根据事故调查报告，涉事企业在安全生产主体责任诸多方面存在缺失，主要表现在：安全管理与法律法规要求不符、纪律涣散管理混乱、设备设施安全管理缺失、教育培训不到位等。

一是安全管理与法律法规要求不符。《安全生产法》规定："危险物品的生产、经营、储存单位，应当设置安全生产管理机构或者配备专职安全生产管理人员。"而涉事企业"未设置专门的安全管理机构，配备的专职安全管理人员数量不足企业从业人员总数的2%，部分专职安全管理人员的专业不符合相关要求"。

---

① 钟开斌：《重大风险防范化解能力：一个过程性框架》，《中国行政管理》2019年第12期。
② 詹承豫、宣言：《城市风险治理中的风险沟通制度——基于30部法律规范的文本分析》，《行政法学研究》2016年第4期。
③ 詹承豫：《中国城市风险沟通决策的影响因素研究》，《治理研究》2019年第35期。
④ 钟开斌、林炜炜、翟慧杰：《中国城市风险治理研究述评（1979～2018年）——基于CiteSpace V的可视化分析》，《贵州社会科学》2020年第3期。

二是纪律涣散、管理混乱。事故调查报告指出："主要负责人及重要部门负责人长期不在公司，劳动纪律涣散，员工在上班时间玩手机、脱岗、睡岗现象普遍存在，不能对生产装置实施有效监控；工艺管理形同虚设，操作规程过于简单，没有详细的操作步骤和调控要求，不具有操作性；操作记录流于形式，装置参数记录简单。"[①]

三是设备设施安全管理缺失。气柜投入 6 年未检修，中控室经常关闭可燃、有毒气体报警声音，对各项报警习以为常。当时操作工发现氯乙烯泄漏，操作人员操作错误，在应该减压的情况下反而加压，造成氯乙烯加速泄漏，企业也未采取任何措施防止氯乙烯扩散到 310 省道。[②]

四是对企业员工的教育培训不到位。有报道指出，盛华化工此前开展过一次针对氯乙烯泄漏的应急演练，时间是在 2018 年 6 月 30 日，即此次爆燃事故发生前的 5 个月，而在这次演练当中没有组织针对厂区周边范围的紧急疏散的专项演练。[③] 安全教育培训走过场，生产操作技能培训不深入，部分操作人员岗位技能差，不了解工艺指标设定的意义，不清楚岗位安全风险，处理异常情况能力差。

2. 风险隐患排查治理不力

"海恩法则"指出，在每一起严重事故的背后，必然有 29 次轻微事故，且有 300 起未遂先兆以及 1000 个事故隐患。盛华化工公司在对隐患的排查治理方面，未落实相关制度进行有效治理，导致同类型、重复性的隐患长期存在。

一是企业安全隐患排查治理体系不完善。盛华化工公司未对企业存在的隐患开展全面检查，排查整改台账与记录不对应。例如，2015 年 6 月 2 日检查发现，12 处易燃液体管道法兰的静电导除跨接线脱落，需停车修复，未与隐患排查整改台账相对应；2015 年 7 月 24 日检查发现"乙炔发生器损坏"，向规划发展处提交了整改报告，申请整改，但未反馈是否落实；氯乙烯精馏工段的灭火器箱，隐患排查整改台账中未记录是否已配备

---

① 《河北张家口中国化工集团盛华化工公司"11·28"重大爆燃事故调查报告》，河北省应急管理厅网站，http://yjgl.hebei.gov.cn/portal/index/getPortalNewsDetails? id = 7bde0d83 – 7ff3 – 4108 – 9d92 – 385083c97da8&categoryid = 3a9d0375 – 6937 – 4730 – bf52 – febb997d8b48，最后访问日期：2021 年 1 月 20 日。

② 胥大伟：《张家口爆炸调查：疏于监管，"定时炸弹"存在已久》，《安全与健康》2019 年第 1 期。

③ 朱凯：《如何做好危化品仓储罐区的安全管理——由张家口 11·28 事故想到的》，《化工管理》2019 年第 3 期。

到位；在 2015 年 8 月河北省安监局组织对盛华化工公司等多家重点危化企业进行的观摩式执法检查活动中，发现盛华化工公司存在 71 项隐患和问题，至事发时仍未整改。

二是企业外部安全隐患长期存在。盛华化工公司在安全生产管理方面更多关注的是企业内部的事故，但流动性的事故风险和影响却有可能扩散到企业围墙之外，引发更大范围的事故。[①] 在此次事故发生前，在盛华化工公司外部的 310 省道路边，常年混停大量车辆，滞留大量人员。部分运输人员安全意识淡薄，有的司机和押运人员就在车上休息，甚至在路边点火取暖……这些问题长期存在，使企业外部存在重大安全隐患。而事故企业和当地政府有关部门对此却长期未进行有效管理。

3. 规划设计和布局不合理

城市（园区、道路）规划设计和布局不合理，可能导致风险的叠加效应。在进行工厂或园区规划、公共设施、道路建设规划时，都应进行全面的风险评估。对于化工园区的选址问题，相关部门应当合理规划，让化工厂远离居民区，减少化工企业事故对居民的影响。[②] 此次事故调查报告显示，由于企业风险外溢，造成了大量社会人员伤亡，企业内部区域规划和循环经济示范园区道路规划不合理是重要因素之一。涉事企业的球罐等高度危险部位和重大危险源紧邻 310 省道，氯乙烯气柜南侧 20 米即为 310 省道，气柜中的氯乙烯一旦泄漏，就会沿地面迅速扩散到 310 省道上，存在重大安全风险。一边是危险的气柜，另一边是人员密集的 310 省道，这些因素都使风险高度叠加，最终造成此次事故企业外部的公共区域即 310 省道和对面工厂的重大伤亡和损失。

4. 风险管控和处置能力不足

监管层重视同行业出现的安全生产事故，为防止本企业发生相似事件，监管层会做出响应。关注度越高，做出响应的速度越快，回应与采取措施越及时，其管理力度合理度就越高。[③] 盛华化工公司管理层忽视安全

① 王宏伟：《我国安全生产与应急管理关系的变迁与整合：兼对"11·28"张家口重大爆燃事故的反思》，《中国安全生产》2018 年第 13 期。
② 史硕、高瑞霞：《基于事故致因"2-4"模型的江苏响水天嘉宜化工厂爆炸事故研究》，《今日消防》2020 年第 1 期。
③ 屈启兴、齐佳音、宋绍义等：《企业在线危机沟通效果影响因素研究》，《管理评论》2020 年第 4 期。

管理，企业从上到下对风险普遍漠不关心，不能有效执行安全生产相关
要求。

一是风险管控措施不足。事故调查报告显示，企业对存在的高风险装
置设施重视不够，风险管控措施不足。例如，氯乙烯球罐顶部安全阀的检
测报告已超期，未及时检测，不符合《危险化学品重大危险源监督管理暂
行规定》第十五条的规定："危险化学品单位应当按照国家有关规定，定
期对重大危险源的安全设施和安全监测监控系统进行检测、检验，并进行
经常性维护、保养，保证重大危险源的安全设施和安全监测监控系统有
效、可靠运行。维护、保养、检测应当做好记录，并由有关人员签字。"
再如，制氮机 A28H－16 型号的安全阀的检测报告于 2015 年 4 月 22 日到
期，直至 2015 年 6 月送检，过期两个月运行，至事故发生时尚未取得检测
合格报告。

二是对环境改变带来的安全风险管控能力差。例如，操作人员对装置
异常工况处置不当。在泄漏发生后，企业应对不及时、不科学，没有相应
的应急响应能力。

三是应急预案实用性差，未能发挥其在应对突发事件方面的指导作
用。很多员工对氯乙烯气柜泄漏的应急救援预案不了解，应急演练形式
化、程式化。从结果来看，预案和相应的演练没有起到相应的作用。

5. 安全监管效能不佳

为了做好安全生产监管，国家不断调整了政策与管理方式，推出了新
的措施与监管办法，提供了大量的人、财、物支持，以应对各种生产安全
事故，但收效甚微，生产安全事故率仍居高不下，安全生产监管问题依然
是阻碍政府治理能力发展的重大顽疾，安全生产监管部门也被视为政府部
门中"花费最多，效果最小，责任最大的部门"。[1]

一是尽管危化品管理相关法律法规不断调整和完善，但是由于分段立
法，各条款相对分散，单个法律法规覆盖区域比较狭窄，一些法律中不明
确、不协调、相互矛盾的地方仍然存在，系统性和整体性不足，导致政府
部门对危化品的管理相对混乱。[2]

---

① 刘铁民：《中国安全生产大趋势已进入拐点——生产安全事故宏观预警与发展态势分析》，
《中国安全生产科学技术》2009 年第 3 期。
② 杨艳：《政府危化品应急管理的问题和对策——基于"3·21"响水特大化工爆炸事故分
析》，《西部学刊》2020 年第 24 期。

二是安全监管队伍专业素养不足。危化品的生产、储存、运输、使用、危废处理具有其行业特殊性和复杂性，且理论和实践早已证明安全风险可能来自外部环境或其他方面，跨界、交织、复杂，这对监管人员专业素养和专业能力提出了更高的要求。但是，由于安全监管工作任务繁重，监管人员难以有时间参加专题培训和外出学习，导致大部分监管人员业务技能提高缓慢，专业知识匮乏，监管队伍专业性和监管能力不能满足危化品监管的需要。

三是社会公众、社会组织等参与监督、监管的制度还不完善，缺乏有效路径，在监管过程中政府常常处于被动局面，压力较大。资源、队伍等条件限制及监管任务繁重，导致政府部门对企业安全生产监管力不从心。

四　对策与建议

防范化解重大风险是新时代提出的重要工作任务。2019 年 1 月 21 日，习近平总书记在省部级主要领导干部坚持底线思维着力防范化解重大风险专题研讨班上明确指出："坚持底线思维，增强忧患意识，提高防控能力，着力防范化解重大风险。""面对波谲云诡的国际形势、复杂敏感的周边环境、艰巨繁重的改革发展稳定任务，我们必须始终保持高度警惕，既要高度警惕'黑天鹅'事件，也要防范'灰犀牛'事件；既要有防范风险的先手，也要有应对和化解风险挑战的高招；既要打好防范和抵御风险的有准备之战，也要打好化险为夷、转危为机的战略主动战。"[①] 这为各级党委、政府防范化解重大安全生产风险提供了基本遵循。

危险化学品易燃易爆、有毒有害，在其生产、运输、储存、使用过程中一旦发生事故，会给人民生命财产安全带来严重损害。近年来，我国危险化学品事故高发、多发，从源头上加以防范方是治本之路。

（一）增强风险防控意识

"11·28"重大爆燃事故表明，我国安全发展的战略思想、从源头控制风险的科学理念，在一些地方的工作中还没有落实好，地方党委政府及相关部门风险防范意识还不够强，公共安全治理现状与严峻复杂的公共安

---

① 《习近平谈治国理政》第 3 卷，外文出版社，2020，第 219～220 页。

全形势不相适应。

2013 年，习近平总书记指出："各级安全监管监察部门要牢固树立发展决不能以牺牲安全为代价的红线意识，以防范和遏制重特大事故为重点，坚持标本兼治、综合治理、系统建设，统筹推进安全生产领域改革发展。各级党委和政府要认真贯彻落实党中央关于加快安全生产领域改革发展的工作部署，坚持党政同责、一岗双责、齐抓共管、失职追责，严格落实安全生产责任制。"① 目前，我国安全生产正处于爬坡期、脆弱期。在危化品领域，防范化解重大安全风险首先要统筹、重塑安全与发展的关系，打破"安全不生产，稳定不发展"的魔咒，在确保安全的基础上生产，谋求高质量发展。②

因此，地方党委政府必须树立风险防控意识，强化责任担当，健全领导体系，把防范化解安全风险各项工作落实到每个部门、各个领域，做到守土有责、守土负责、守土尽责，提升风险防控能力。一是要将安全风险防范作为顶层设计的内容之一，贯穿于社会管理和城市规划之中，在充分考虑潜在风险的基础上，严格按照安全生产的相关规定和城市发展建设规划去规划城市布局、道路、园区，避免违规、违法建设和生产。二是要弘扬安全文化，营造讲安全、懂安全、重视安全的社会文化氛围，促进安全发展。三是要加强对企业安全生产责任的压力传导，使其加强员工安全教育、提高安全意识，重视安全生产的区域划分，规范安全设备管理流程，加强监督机制；不放过安全生产中的每一个隐患，建立责任目标制度和激励约束机制，确保安全生产。③

（二）落实企业主体责任

要变"政府要企业安全"为"企业要安全"。这需要企业摒弃单纯的经济理性和利益至上的思维，承担更多的社会责任。由于生产安全设施等额外硬件的配置与加固以及规范管理、员工培训会导致企业额外支出，企

---

① 中共中央文献研究室编《习近平关于社会主义社会建设论述摘编》，中央文献出版社，2017，第 162 页。
② 王宏伟：《我国安全生产与应急管理关系的变迁与整合：兼对"11·28"张家口重大爆燃事故的反思》，《中国安全生产》2018 年第 12 期。
③ 张欣：《化工企业中爆炸危险区域的划分及防爆电气设备的选型分析》，《化工管理》2014 年第 15 期。

业经营者认识不到重大安全风险可能带来的严重危害和重大损失，基于"理性经济人"思维，常会放任风险的存在，而不会耗费较多的人力和物力去解决。有些企业经营者抱有侥幸心理，认为风险隐患未必会发展成重大事故，加之我国安全生产的违法成本比较低，基于这样的考虑，有些企业宁肯缴纳罚款、进行事故赔偿也不愿意大力对企业进行安全风险的排查和改造。

因此，必须让企业经营者认识到放任风险隐患存在对社会、对企业本身可能造成的危害和严重不良后果，真正落实企业安全生产主体责任。一是要加强教育和引导，提高企业所有者和企业经营者的社会责任感，让其明白：企业既是市场主体也是社会主体，应该并且必须重视企业的社会责任，提高防范化解风险隐患、搞好安全生产的自觉性。二是要从职工教育、工会干预、社会监督等多个方面，提高企业员工安全意识和对自身安全的重视程度，提高企业防范化解风险隐患的内在动力。三是要加强地方有关安全生产风险隐患排查的立法，严格监督、从严执法，加大企业违法违规成本，让"理性经济人"主动做好企业安全生产隐患排查和风险治理，落实安全生产主体责任。

（三）做实做细安全生产隐患排查

防范化解重大安全风险，必须坚持问题导向，将风险隐患排查做实做细。一是要在企业扎实推进事故隐患排查整治工作，使隐患排查治理日常化。将领导干部值班带班制度严格落到实处，积极开展并大力加强走动式排查，实现生产安全与生产质量、生产进度同安排、同检查，生产过程控制和隐患动态排查同落实。对安全生产的现场安全和监管要严格确认和严肃对待，深化岗位达标和专项专业达标，实现安全生产标准化建设常态化。二是要以严、细、实、精的作风，彻底解决安全生产标准化建设中"反复抓、抓反复"的问题。安全生产的周期越长，就越要保持清醒的头脑和持续的定力。无论是政府监管部门还是企业，都要吸纳安全管理和安全技术专业人才，将这些人才的专业知识和安全管理技能有机结合起来，为安全生产提供专业化的技术保障。企业安全生产制度的健全必须不折不扣地执行，如消防器材配备的数量、类型、放置的位置、使用期限的审查、化工产品以及化工危废的分类存放等，都必须有专人值班巡检，定期进行全面检查。

同时，要加强源头治理，促进隐患排查机制立体化。从生产到监管，隐患排查要纵横相连、立体严密。一是要积极构建生产组织内部隐患排查机制，对生产活动中的安全生产隐患，要做到"积极发现，积极纠正"；要建立自查、自审、自报的隐患排查管理系统，使自我管理、政府监管和社会监督三者合一。管行业、管业务、管生产经营的相关人员都要管安全，要重视安全信息化、信息自动化等技术在生产活动中的应用，还应强调"人""机""环境"的协调发展，即在关注企业生产技术的投入和升级的同时，也不忘重视生产从业人员的教育与培训工作，从而提升员工对安全生产隐患的识别与研判能力。二是要不断提升政府及职能部门的隐患排查能力。作为监管主体之一，负有安全生产监管职责的部门，不仅要依法履职，在认真学习掌握各生产行业安全管理工作细则的基础上，不断规范和加强安全隐患排查工作，严格落实各项风险排查措施。应急管理部已明确，危险化学品若没有具体的行业部门负责监管，则由应急管理部门兜底监管责任。同时，还应进一步拓宽并畅通信息渠道，鼓励并发动群众、媒体举报曝光违法违规生产行为，将政府监督与社会监督进行有效结合，并注重"黑名单"制度和严惩制度的联合完善，对违法违规企业和涉及违规渎职的工作人员，要予以严厉追责，提升隐患排查的质量和效果。

（四）实施风险协同治理

"11·28"重大爆燃事故警示我们，必须刷新对事故灾难新的认识：企业内部的事故可能产生风险外溢效应，企业外部突发事件的影响也可能渗透、蔓延到企业内部。要拆除企业内外的思想"围墙"，将企业安全与社会应急融为一体，对风险进行协同治理。①

要真正做到"进度可控、责任可查、成效可见"。这需要安全生产企业，专题、专项整治部门以及社会组织通力合作，定期开展风险研判、会商沟通。从全产业链的角度来看，在生产、运输、使用、经营、储存和废弃六大环节中，前三个环节引发的安全生产事故占比最大。因此，要加强危化品存储、交通运输等物流环节的监管力度，落实《关于全面加强危险

① 王宏伟：《我国安全生产与应急管理关系的变迁与整合兼对"11·28"张家口重大爆燃事故的反思》，《中国安全生产》2018年第12期。

化学品安全生产工作的意见》的要求，应急管理部门和生态环境部门以及其他有关部门要建立监管协作和联合执法工作机制，密切协调配合。要将"大数据＋安全生产"推广到全链条各个环节，统一标准、统一规范、统一管理制度，确保各个环节相互衔接且互为支撑，形成安全生产的闭环。严禁企业和监管部门之间违规授权，严厉查处未批先建和违规生产。企业要加强前馈控制和安全检查培训，坚决杜绝"带病作业""边接受处罚边继续营业"的事情发生。安全生产涉及的事前应急预案演练、事中应急处置机制、事后评价改进体系，都要齐备且定期检验更新，形成不断改进的治理机制。从全主体的角度来看，中小企业生产制度和生产技术专业性不够，安全管理制度和监管制度有待完善，社会组织和公民参与热情不高，这就要求政府加强引导，使政府部门、企业、社会组织和公民形成合力，协同防范各种风险。企业的自律和政府、社会的他律有机结合，形成全覆盖监管网络。[①] 从全方位的角度来看，全国危险化学品生产企业实际控制人和主要负责人中有化工背景的只有30%左右，安全管理人员中有化工背景的不到50%。相关人员缺乏相应专业背景，日常管理和检查停留在"听听汇报""走走过场"。[②] 因此，增加摸排、检查和评估等方面的专业人员数量并提高整体化工企业员工的专业素质非常必要。

（五）加强科技支撑，提升监管效能

如何减少安全生产事故特别是重特大事故的发生，加强对企业尤其是生产、运输危险化学品企业的有效监管，一直是各级政府安全生产监督管理部门面临的难题。政府监管涉及社会生产生活中的众多领域，具有"稳定社会、调节市场、纠正不当行为等重要作用"。[③] 就安全生产监管领域而言，一是要打造智慧安监系统。针对突发事故频发的问题，借助"智慧城市"建设的便利，全力打造智慧安监系统。要加强大数据、互联网、物联网、云计算、移动通信、人工智能、区块链等新技术的集成与创新应用，提升智慧监管设备的性能和效率，降低机械化监管设备的容错率。要将传感器、二维码识别等物联网技术应用到安全监管之中，以实现快速识别和

---

① 张喜才：《浅析危化品安全治理薄弱环节》，澎湃网，https://www.thepaper.cn/newsDetail_forward_ 8318213，最后访问日期：2021年1月20日。
② 丁怡婷：《确保安全生产责任"不悬空"》，《人民日报》2020年3月9日。
③ 臧传琴：《政府规制——理论与实践》，经济管理出版社，2014，第2页。

预判风险隐患。智慧安监系统的最大优势就是能进行系统互联共享，所有安全数据能够实时"碰撞"，保证问题隐患不遗漏。二是要搭建"码上安全"智慧监管平台，实现安全生产联防联控。从安全生产监管部门、社会组织、居民、企业控制人到企业一线员工，人人设置电子档案，对企业安全生产情况进行量化分级，明晰安全生产的工作底数、责任归属、巡检范围和边界等，从而有效打通安全生产监管和责任落实的"最后一纳米"。智慧监管平台所涉及的主体要坚持"班前班后扫码、安全工作对账"，明确安全生产重点监管企业及主要安全隐患，对安全生产全过程进行全方位的重点隐患排查、平台监测预警、赋分异常检查等，加强对异常情况进行执法检查。要利用平台研判分析功能，开展针对性专项整治和综合治理，定期开展"回头看"和风险研判，落实跟踪督办措施。

（课题组组长：贾永江；课题组成员：韩建波、王晓端、刘凤；本报告主要执笔人：贾永江、王晓端、刘凤）

落实企业安全生产主体责任

——四川省宜宾恒达科技有限公司"7·12"重大爆炸着火事故

摘要: 落实企业安全生产主体责任是强化企业安全生产工作的基础,是构筑安全生产长效机制的重要保障。宜宾恒达科技有限公司"7·12"重大爆炸着火事故的发生,在于企业落实安全生产主体责任不到位,未批先建、违法建设,企业内部安全管理极其混乱,在根本不具备安全生产条件及能力的情况下非法生产,相关合作企业违法违规,设计、施工、监理、评价、设备安装等技术服务单位未依法履行职责。针对企业安全生产主体责任,本报告提出企业应加强安全生产主体责任的教育培训,严格落实风险排查与隐患治理主体责任,加强安全人员配备并健全全员安全责任制,加强安全保障,完善安全生产主体责任激励机制等对策建议。

关键词: 事故;安全生产;企业主体责任

一 事故的基本情况①

2018 年 7 月 12 日 18 时 42 分 33 秒,位于四川省宜宾市江安县阳春工业园区内的宜宾恒达科技有限公司(以下简称"宜宾恒达公司")突然发生重大爆炸着火事故,当场造成 19 人死亡,12 人受伤(其中重伤 1 人)。在 19 名死亡人员中,男性 12 名、女性 7 名;宜宾恒达公司员工有 17 人,成都化润药业有限公司派驻员工 1 人,相邻的宜宾万翔建材有限公司员工 1 人。在伤亡人员中,只有 1 名临时工厂守护人员因爆炸物飞溅起来的物体致伤送医后抢救无效死亡,其余均为该公司的工作人员。所幸,该工业

---

① 本报告有关事故基本情况的资料,主要来自《宜宾恒达科技有限公司"7·12"重大爆炸着火事故调查报告》,四川省应急管理厅网站,https://yjt.sc.gov.cn/scyjt/anquanyinhua-nbaoguangtai/2019/12/6/048e31ab15664b86bdcdfafcde7ec0b4.shtml,最后访问日期:2021年1月10日。

园区周围的住户早已搬迁，爆炸点周边没有常住居民，没有造成其他人员伤亡。[①] 该事故造成的直接经济损失约为 4142 万元。

（一）事故企业情况

宜宾恒达公司成立于 2015 年 6 月 26 日，位于宜宾市江安县阳春工业园区工业大道东段 54 号，系江安县政府招商引资入园项目，并且是江安县政府招商引资的重点工程。该企业法定代表人为李某，注册资本为 1000 万元，经济性质为有限责任公司（自然人投资或控股），经营范围限定为化学原料中间体和化学制品研发、制造、销售、技术服务、设备安装。

公司由法人股东（上海升华药物科技有限公司）占股 20%，自然人股东张某兵占股 40%，李某占股 30%，陈某霜和李某辉各占股 5%。公司经理李某辉主管财务；公司副总经理陈某霜主管技术和生产；公司实际控制人、执行董事为张某灿；监事为张某兵。公司设置的职能部门有综合办、生产部、财务部、环安部、质管部等，共有职工 98 人，其中高中及以上学历为 16 人，初中学历为 30 人。

公司厂区坐落在长江边，厂区东西长度约为 230 米，南北长度约为 113 米，占地面积约为 1.67 万平方米，南面距长江最近（距离只有 470 米）。厂区设置库房区、生产区、办公区 3 个部分，总建筑面积为 6339 平方米。办公区的办公楼与职工宿舍是同一栋建筑，下面办公、上面住宿。生产区的主要厂房是一车间、二车间、三车间、四车间、分析室和烘房。主要建筑一车间、二车间、三车间均为地上三层钢结构，位于厂区中部西侧，由北向南平行依次排列，中间间隔为 13 米；四车间（精制车间）位于三车间东侧；办公楼平行位于一车间北面（见图 1）。生产区西侧有储罐区和配电室，生产区南侧有消防水池、应急水池、消防泵房和污水处理站。生产区东侧有库房一、库房二、变配电室、制冷机房、门卫室。

（二）事故企业建设项目有关情况

宜宾恒达公司还没有正式投产就发生了爆炸着火事故，造成大量人员

[①] 刘文博：《宜宾恒达科技有限公司"7·12"重大爆炸着火事故》，《现代班组》2019 年第 9 期。

图 1　宜宾恒达公司厂区平面布局

资料来源：《事故警示 | 警示片——"7·12"四川宜宾恒达科技有限公司重大爆炸着火事故（19 死 12 伤）》，搜狐网，https：//www.sohu.com/a/246165142_99902309，最后访问日期：2020 年 6 月 20 日。

伤亡和财产损失，因此，要对其安全生产主体责任进行分析，就必须了解事故企业在审批、立项、设计、建设、施工、生产及生产装置设计安装等方面的情况，详细梳理各个环节中存在的问题，深入分析各相关主体没有尽到的安全主体责任。

1. 项目的审批过程和具体情况

2015 年 10 月 13 日，宜宾恒达公司年产 2300 吨化工中间体项目（以下简称项目）取得江安县发展和改革局出具的《企业投资项目备案通知书》（备案号：川投资备〔51152315101301〕0044 号），该项目设计内容为建设年产 2000 吨的 5 - 硝基间苯二甲酸和年产 300 吨的 2 - （3′ - 氯磺酰基 - 4′ - 氯苯甲酰）苯甲酸化工中间体生产线，新建生产厂房、仓库、办公楼等房屋 5000 平方米及污水处理站等公用工程相关配套设施，计划用地 25 亩，总投资为 4000 万元。

2016 年 3 月 11 日，项目取得江安县工业园区管理委员会规划建设局批准的《建设用地规划许可证》（江规地字第 511523201620022 号）。2016 年 4 月 12 日，项目申请变更，获江安县发展和改革局批准，取得《企业投资项目备案通知书》（备案号：川投资备〔51152316041201〕0016号），总投资变更为5000万元。2016年9月14日，项目取得江安县工业园区管理委员会规划建设局批准的《建设工程规划许可证》（江规建字第511523201630031号）。2017年4月26日，项目取得江安县公安消防大队出具的《建设工程消防设计审核意见书》（江公消审字〔2017〕第0006号）。2017年5月8日，项目取得《四川省环境保护厅关于宜宾恒达科技有限公司年产2300吨化工中间体项目环境影响报告书的批复》（川环审批〔2017〕129号）。2017年8月23日，项目取得江安县工业园区管理委员会规划建设局出具的《建筑工程施工许可证》（编号：51152320170823025）。

2017年12月12日，项目取得宜宾市安全监管局出具的《危险化学品建设项目安全条件审查意见书》（宜安监危化项目安条审字〔2017〕027号）。2018年3月15日，宜宾市安全监管局组织专家对该项目进行了安全设施设计专篇审查，审查未获通过。其间，因项目存在安全条件和安全设施设计未经审查就擅自开工建设的违法行为，江安县安全监管局分别于2017年7月31日和2018年3月9日对其下达了《现场处理措施决定书》和《行政处罚决定书》；宜宾市政府安全生产委员会办公室于2018年3月6日向江安县政府下达《安全生产重点工作督办书》（宜市安办督〔2018〕第4号），责成江安县政府督促并责令宜宾恒达公司立即停止建设。

2. 项目进入江安县工业园区的情况

江安县工业园区始建于2005年底。该工业园区位于宜宾、泸州、自贡三市之交，濒临长江。总体规划面积为20平方千米，包括15平方千米的阳春循环化工区和5平方千米的康家坝绿色食品区。"省级经济开发区"已上报，正在审批过程中。该工业园区的管理机构为江安县工业园区管理委员会，为县政府的派出机构。江安县工业园区管理委员会下设投资促进局、经济发展局、规划建设局、安全生产监督管理局（挂"环境保护局"牌子）、监察审计局、财务融资局、综合办公室、企业服务中心、阳春投资开发有限公司。

宜宾恒达公司年产2300吨的化工中间体项目系2015年江安县政府签订入驻江安工业园区的招商引资项目，该项目占地25亩。2018年1月，江安县委办和县政府办联合发布了《江安县2018年重点项目目标任务》，将该项目列入2018年重点项目目标任务。2018年初，江安县政府（甲方）与宜宾恒达公司（乙方）签订化工中间体项目投资补充协议（包括土地优惠政策协议）。双方约定，宜宾恒达公司需确保该项目在 2018 年 5 月 31 日前竣工投产，才能享受土地优惠政策。

3. 事故企业建设情况[①]

该项目在建设过程中，由泸州泸天化化工设计有限公司承担总平面布置、土建施工、给排水、电气及部分低压蒸汽管道的工程设计。因宜宾恒达公司未提供工艺包，泸州泸天化化工设计有限公司未进行工艺施工图设计。2016 年 1 月起，泸州泸天化化工设计有限公司开始陆续向宜宾恒达公司提供上述图纸，于 2018 年 3 月编制完成安全设施设计专篇。设备设施安装由四川自强科技有限公司承担，消防工程设备安装由四川钧超消防工程有限公司承担。

2016 年 2 月 26 日，宜宾恒达公司就该项目与四川中资建设工程有限公司签订了建筑工程施工合同，后者于 2016 年 3 月 10 日进场开始施工作业。2016 年 5 月 8 日，宜宾恒达公司就该项目与江阳建设集团有限公司签订了工程建设监理合同；5 月 10 日后者进场实施监理。2016 年 12 月 31 日，因与四川中资建设工程有限公司存在违约纠纷，宜宾恒达公司就该项目又与江安县城乡建设工程有限公司签订了建筑工程施工合同。2017 年 5 月 24 日，经江安县人民法院民事调解（《民事调解书》〔2017〕川 1523 民初 541 号）裁定，四川中资建设工程有限公司于 2017 年 5 月 30 日前撤出位于江安县阳春工业区的宜宾恒达公司化工中间体项目修建工程所在地工地。2017 年 7 月 10 日，江安县城乡建设工程有限公司进场开始施工作业。四川省环科源科技有限公司 2017 年 2 月编制完成环境影响报告书，四川省安信科技有限责任公司 2017 年 8 月编制完成安全预评价报告。2017 年 11 月 10 日，该项目建筑工程部分基本完工，开始设备、管线安装。

在生产工艺设计方面，该项目的咪草烟生产工艺说明和工艺流程图由常州市道恩国际贸易有限公司（以下简称常州道恩公司）向宜宾恒达公司提供，1，2，3 - 三氮唑生产物料在设备中的流向图由成都化润药业有限公司（以下简称成都化润公司）提供，宜宾恒达公司根据提供的工艺流程图和流向图，由公司副总陈某霜手绘设备布置图。2017 年 11 月 22 日，宜宾恒达公司与四川自强科技有限公司签订设备安装合同书。四川自强科技

---

① 任广艳：《不法商人氯酸钠冒充去除剂 糊涂工人记错料误投反应釜——四川省宜宾恒达科技有限公司"7·12"重大爆炸着火事故分析》，《吉林劳动保护》2019 年第 3 期。

有限公司施工人员 2017 年 12 月 2 日进场，在精制车间、三车间、二车间和一车间先后进行了设备安装。三车间于 2018 年 3 月上旬完成安装，二车间于 2018 年 6 月上旬完成安装。至事故发生时为止，一车间尚在进行设备管道安装。施工方依据陈某霖手绘的布置图安装设备，没有经过正规设计，车间安装的管线走向和工艺配管等，都是在现场由施工人员凭经验决定和施工。

2017 年 11 月 30 日，宜宾恒达公司与四川钧超消防工程有限公司签订了项目消防安装工程合同。全事故发生时为止，消防水池的管道安装尚未完成，消防水泵房尚未开始施工；一车间、二车间、三车间仅进行了排管，二车间、三车间一层消防栓箱却因为管道未接通而无法投入使用。2018 年 2 月下旬，部分设备开始调试和试车。2018 年 3 月 14 日，建筑工程监理工作结束，监理单位离场。2018 年 6 月 6 日，由建设单位、勘察单位、设计单位、施工单位、监理单位共同组织对办公楼、分析室、一车间、二车间、三车间、精制车间、库房一、库房二、变配室、烘房、门卫室进行建筑工程竣工验收，共同签署了竣工验收报告。

在事故发生时，宜宾恒达公司厂区内约有 312 台（套）设备已安装就位，其中压力容器 17 台（含 2R301 釜），其他特种设备 6 台。除一车间 1 台 6300 升搪瓷反应釜、三车间 2 台 3000 升搪瓷反应釜、制氮机、冷冻机组、提升机、叉车、分析室的液相色谱及气相色谱、生产车间反应釜的连接管线和塑料储罐为新购置外，其余均为购置的二手设备，且设备管理混乱，没有设备台账、原始出厂资料及技术档案。

（三）有关事故装置及企业生产情况

1. 事故装置情况[①]

事故车间（二车间）为地上三层钢梁框架结构，屋顶为钢钢梁和彩钢板，四周无隔墙，总高为 13.85 米；车间东西为 4 跨，南北为 2 跨，共 3 层。立项备案报建是生产 5 - 硝基间苯二甲酸，而实际上是生产咪草烟和 1，2，3 - 三氮唑。在事故发生前，二车间的二层和三层各有 9 台釜（原设计分别各为 6 台），按南北分列，北部有 5 台，南部有 4 台；每台釜通过

---

① 任广艳：《不法商人氯酸钠冒充去除剂 糊涂工人记错料误投反应釜——四川省宜宾恒达科技有限公司"7·12"重大爆炸着火事故分析》，《吉林劳动保护》2019 年第 3 期。

4个支座安置在车间的工字形钢梁上，支座未与钢梁固定，釜体呈贯穿楼板形式悬挂设置，在楼板上下各有一半。

此次发生事故的装置为位于二车间三楼西北角生产咪草烟的丁酰胺脱水装置（企业编号为2R301的3000升搪瓷反应釜）。该装置是用于咪草烟合成过程中原料丁酰胺脱水操作的设备，配置有釜顶螺旋板冷凝器、玻璃材质回流分水器以及在二车间底楼的甲苯冷凝液接受槽。

（1）事故装置生产工艺。在咪草烟的合成过程中，需要进行原料丁酰胺的脱水。采取的办法是，加入甲苯并升温，利用甲苯和水互不相溶，能与水形成共沸物，共沸物冷凝后在分层器分为两层，实现水与甲苯的分离。具体操作过程为，向脱水釜中加入甲苯和丁酰胺，一边搅拌，一边向夹套通入蒸汽加热升温，共沸脱水（108℃左右）；待分水器内无水脱出后，蒸出甲苯。甲苯回流到釜中，再次与釜内物料中的水形成共沸物，进而将物料丁酰胺带入的水不断蒸出。

（2）事故装置变更情况。根据原设计单位提供的设备安装图，二车间共设计有12台釜，但在事故现场勘验时发现二车间共有18台釜，分别为5000升釜3台、3000升釜7台、2000升釜8台。事后了解，事故单位擅自改动设计，没有履行相关设计变更和变更管理手续，就在二车间增加了釜的数量。

（3）事故装置自动控制情况。发生事故的生产装置没有设置自动化控制系统，原来针对二车间设计的用于管理的集散控制系统和用于安全保护的紧急停车系统都没有安装，车间也没有安装可燃和有毒气体检测报警系统和消防系统。生产设备、管道工艺参数的观察和控制，都是依靠现场岗位人员人工观察压力表、双金属温度计并进行人工手动操作，设备的全部生产工艺参数和运行状态均没有实现远程传输和监控。

2. 有关企业试生产情况

宜宾恒达公司在项目申报备案中，报备为设计建设年产2300吨化工中间体项目，包括年产2000吨5-硝基间苯二甲酸的生产线以及年产300吨2-（3′-氯磺酰基-4′-氯苯甲酰）苯甲酸的生产线，一车间、二车间、三车间和精制车间分别拟用于溶剂回收和废酸处理，以及5-硝基间苯二甲酸、2-（3′-氯磺酰基-4′-氯苯甲酰）苯甲酸的生产和产品精制提纯。

2017年11月21日，宜宾恒达公司与常州道恩公司签订产品合作协议，由常州道恩公司指派技术人员到生产现场指导，合作生产咪草烟及其中间体 PDE。在工厂没有全部建设完成和竣工验收的情况下，宜宾恒达公司就接受常州道恩公司的委托以及提供的工艺包和部分生产原材料，从 2018 年 3 月起开始在三车间非法生产咪草烟的中间体 PDE，至事故发生时已生产 PDE 共 80 余吨。2018 年 6 月底，又开始在二车间试生产咪草烟，摸索工艺参数，至事故发生时又生产了咪草烟 10 余吨。宜宾恒达公司采用的咪草烟和三氮唑生产技术及操作流程，无正规技术来源，没有经过正规设计，相关人员不了解相关技术的安全风险。技术提供方隐瞒了部分化学品名称标识，也没有提供安全技术说明书。

从 2018 年 3 月中旬起，宜宾恒达公司与上海升华药物科技有限公司（以下简称上海升华公司）合作，由上海升华公司提供 N，N－二乙基－4－硝基苯胺的技术文献，在精制车间违规开展小试和中试试验，至事故发生时已试产出 N，N－二乙基－4－硝基苯胺粗品以及少量精品。

2018 年 4 月 27 日，宜宾恒达公司与成都化润公司签订杂环药物中间体委托生产协议，由成都化润公司提供工艺路线，并指派技术人员作为现场生产代表，指导宜宾恒达公司合作生产 1，2，3－三氮唑。从 2018 年 6 月底开始，在二车间非法试生产 1，2，3－三氮唑精品，至事故发生时已生产 600 千克以上。无论是 5－硝基间苯二甲酸、2－（3′－氯磺酰基－4′－氯苯甲酰）苯甲酸，还是咪草烟和三氮唑，其生产过程均涉及多种重点监管危化品和重点监管工艺。由于没有安装自动化控制系统，在生产时每个班均有 10 余人在反应釜周边进行人工操作。[1]

（四）事故发生经过及原因

1. 事故发生经过[2]

2018 年 7 月 12 日 11 时 13 分，宜宾恒达公司副总陈某霜接到四川金桥物流有限公司江安县营业部送货员肖某的电话，告知其有一批货物已送达。

11 时 14 分，陈某霜电话通知公司生产部部长刘某华来了一批货，让刘某华找公司污水处理站杨某原安排两个工人卸货。刘某华随即给公司库

---

① 张楠：《目无法纪、违规生产、酿成大祸，四川宜宾恒达科技有限公司事故向安全生产敲响警钟》，《西部特种设备》2018 年第 4 期。

② 本部分资料主要来自课题组在四川省应急管理厅的调研（2019 年 10 月 13 日）。

管员宋某容打电话，宋某容未接电话。

11 时 16 分前后，宋某容刚好到了刘某华的办公室，刘某华当面告知宋某容到了一批生产原料丁酰胺，并安排宋某容到工厂门口接车。

11 时 30 分前后，宜宾江安壹米滴答金桥物流公司员工吴某将 2 吨标注为原料的 COD 去除剂①（实为氯酸钠）②送至宜宾恒达公司的仓库。随后，宋某容请三车间副主任查某飞安排 3 名工人完成了卸货。入库时，宋某容未对入库原料进行认真核实，将其作为原料丁酰胺进行了入库处理。

14 时前后，二车间副主任罗某平开具 20 袋丁酰胺领料单到库房领取咪草烟生产原料丁酰胺，宋某容签字同意并发给罗某平 33 袋 "丁酰胺"（实为氯酸钠），并要求罗某平补开 13 袋丁酰胺的领料单。

14 时 30 分前后，叉车工王某平把库房发出的 33 袋 "丁酰胺" 运至二车间一楼升降机旁。15 时 30 分前后，二车间咪草烟生产岗位的当班人员陈某耀（男，二车间副主任）、毛某群（女，工人）、左某梅（女，工人）、李某魁（男，班长）四人（均已在事故中死亡）通过升降机（物料升降机由车间当班工人自行操作）将生产原料 "丁酰胺" 提升到二车间三楼，其后用人工液压叉车转运至三楼 2R302 釜与北侧栏杆之间堆放。

16 时前后，用于丁酰胺脱水的 2R301 釜完成转料，处于空釜状态。

17 时 20 分前，2R301 釜完成投料。③

17 时 20 分前后，2R301 釜夹套开始通蒸汽④进行升温脱水作业。

18 时 42 分 33 秒，正值现场交接班时间，二车间三楼 2R301 釜发生化学爆炸。爆炸导致 2R301 釜严重解体，随釜体解体过程冲出的高温甲苯蒸气，迅速与外部空气形成爆炸性混合物并产生二次爆炸，同时引起车间现场存放的氯酸钠、甲苯与甲醇等物料殉爆殉燃，二车间、三车间着火燃烧，造成重大人员伤亡和财产损失。

---

① COD 去除剂是一种生物菌类的污水处理药剂，其中的主要成分是氯的高氧化物，主要成分是氯酸钠，属于一种强氧化性的化学药剂，通常为白色或微黄色粉末状晶体。

② 事故发生后，经对相关人员调查询问、现场指认，当天误入生产现场的 "丁酰胺" 与库房剩余 47 袋无包装标识的 "丁酰胺" 一致，后经四川省危险化学品质量监督检验所检验分析，鉴定为氯酸钠。

③ 根据证人证言及相关资料，专家组认定 2018 年 7 月 12 日 17 时 20 分之前，2R301 釜内共计投入了 800 升甲苯和 360 千克固体物料，分别是 7 月 10 日到货的剩余 225 千克丁酰胺和 7 月 12 日到货的 135 千克氯酸钠。

④ 宜宾琦丰绿色能源有限公司 7 月 12 日蒸汽供应 DCS 曲线在 17 点 20 分呈现跃变。

2. 事故破坏情况

事故发生在宜宾恒达公司生产区中部的二车间。事故发生时，该车间正在生产咪草咽和 1，2，3 - 三氮唑。在二车间三楼西北角的 3000 升搪瓷釜（2R301）为本次事故起始爆炸点。事故造成宜宾恒达公司二车间西北角三层主体结构基本损毁，并导致二车间、三车间共 1800 平方米大面积着火。二车间二层与三层之间的钢结构楼面，西北角损毁最严重，周边金属变形严重；经现场比对，二车间地面的罐体以及一层与二层之间的釜均在原位置未移动；二层与三层之间西北角的搪瓷釜消失不见，北侧由西向东第二个釜掉落至二层结构楼面上，其余釜均在原位置未移动。

经计算，本次事故释放的爆炸总能量为 230 千克 TNT 当量，初始爆炸时释放的能量为 50 千克 TNT 当量。爆炸产生的冲击波造成二车间周边建筑受到不同程度的破坏。一车间屋顶南面的彩钢板受爆炸冲击波影响，向北凹陷；三车间屋顶北面的彩钢板受爆炸冲击波影响，向南凹陷；办公楼南侧立面受爆炸冲击波影响损毁严重，窗户玻璃基本破碎，窗框严重变形，大多向内凹陷或倾倒；库房一和库房二建筑西侧立面钢质墙面受爆炸冲击严重，向东凹陷；制冷机房北侧立面受爆炸冲击波影响，向南凹陷；变配电室东侧立面受爆炸冲击波影响，木质门损毁，部分门框向西凹陷；分析室西侧立面窗户玻璃破碎严重，窗框变形，空调百叶窗受爆炸冲击严重，向东凹陷。经勘验，在事故现场爆炸部位周围发现 14 块较大的设备残留物，分别为 2R301 釜的内外夹套、电机、线圈以及搅拌叶片等；在厂区内及厂区西侧的沙石厂发现了多处爆炸抛出的反应釜碎片，抛出最远的釜顶盖碎片距爆炸中心现场直线距离达 363 米。

3. 舆情情况①

此次燃爆事件发生后立即受到了网民关注，民众急切想了解事件真相、人员伤亡情况和应急处置情况。舆情传播相关信息快速和繁杂，主流媒体也及时发声，保障民众知情权，提高回应效率。7 月 12 日 19 时许，网民"@云付手机 pos 机了""@安微微 Yo"便先后在微博平台发布事故现场照片及视频。7 月 12 日 22 时 15 分，四川省宜宾市江安县政府新闻办

---

① 本部分资料主要来自鹰眼舆情观察室《7·12 四川江安爆燃事故》，蚁坊软件网站，https://www.eefung.com/hot - report/20180727133530，最后访问日期：2021 年 1 月 20 日。

公室在其官方微博"@ 文化_江安"发布事件消息，回应社会关切，称 7 月 12 日 18 时 30 分前后，江安县阳春工业园区一企业（宜宾恒达公司）发生爆燃。随后"@ 四川日报""@ 宜宾电视台酒都播报"等本地媒体微博及时介入，使舆论关注度开始走高，相关舆情量在 13 日到达顶峰，"@ 头条新闻""@ 中国长安网""@ 央视新闻"等影响力较大的官方微博相继参与传播，引发大量网民讨论。此后，"@ 新京报""@ 央视新闻"等媒体持续关注事件的善后处置工作，也引来不少网民围观。

对于重大安全事故，舆论关注的焦点往往都是"人命"。所以，政府对受害人的救援及后续处置，会成为舆论最关注的焦点。7 月 13 日 6 时 50 分，四川省宜宾市江安县政府新闻办公室在其官方微博"@ 文化_江安"发布事件进展，称现场明火已扑灭，搜救工作已结束，爆燃已致 19 人死亡、12 人受伤，且受伤人员均无生命危险。① 在此次事件的舆情传播中，微博、新闻网站、微信公众号的传播量最大，主要传播平台是微博。"@ 四川日报"在事发当晚迅速在微博上进行报道，为公众提供了非常及时、准确的新闻报送。此后，"@ 头条新闻"由于粉丝数庞大，对事件的再次报道使公众关注度飙升。"@ 央视新闻""@ 新京报"等媒体也迅速跟进报道。媒体对事件发生经过进行追踪报道，很好地为公众获取相关资讯提供了清晰的解读文字。随后，官方开始对事件进行善后处置。由于此次事件影响较大，对受害人、地方政府均造成了重大影响，政府对事件的相关善后措施受到社会关注和媒体重视。例如，大众网发布的《四川江安爆燃事故已致 19 人死　事故调查及善后正有序进行》，对事故现状进行了报道，让公众及时了解到相关情况；宜宾电视台发布的《宜宾人保财险送达江安"7·12"事故首笔赔款》，报道了此次事件中第一笔事故赔款的发放情况，让公众对政府后续善后工作更具信心。

四川江安爆炸事件造成了严重的人员伤亡，社会舆论皆为之悲痛。面对此次舆情危机，相关部门如果处理得当，必将增强政府公信力，公众对政府的信任及拥护也将更进一步；如果处理不好，则会引发次生舆情，危害政府的形象。此次重大事件影响恶劣，媒体方面对事件责任归属和事件责任追究也有较大的关注度。"@ 澎湃新闻"发布了《四川宜宾爆燃事故

---

① 《四川江安县一工业园区发生爆燃事故　应对重大舆情要谨慎"双刃剑"》，一点资讯网站，http://www.yidianzixun.com/article/0JXHgC7A，最后访问日期：2021 年 1 月 20 日。

涉事公司主营化工　爆燃物质疑有甲醇、盐酸》。该文引述当地消防官兵的观点称，爆燃物中疑有乙醇、盐酸等化学物质。此次爆燃事件的发生，提醒了众多企业主、工业园区管理者，要吸取事件经验教训。新华网发布的《深刻吸取宜宾江安县"7·12"爆燃事故教训　泸州高新区开展安全生产检查》，报道了泸州国家高新区针对此事展开的安全生产检查，杜绝安全隐患，加强隐患排查的情况。网民"@V7橘子喵"说："希望这样的意外能少发生一些。安全重于泰山。希望这句话在企业家心里不仅仅是一句口号。"

网民对事件的后续处理有较高关注度，包括四川省委书记指示善后、省长亲临指导、受害人赔偿等相关信息被热议；除了各类媒体发布的官方声明，不少网民对涉事工厂的外部监管存在质疑，认为此事的发生与外部监管疏忽有一定关联；舆论批评政府事前监管不力、涉事公司违规生产，痛斥企业主不顾员工安危。有网民认为，官方声明中未通过消防验收的表述太过敷衍，呼吁政府对此应当严格执法。在7月15日之后，网络上的舆情量便趋于稳定。

4. 事故原因分析[①]

总结归纳导致生产安全事故发生的原因，通常有四个方面：人的不安全行为、物的不安全状态、作业的不安全环境及管理的缺失。在进行事故原因分析时，须尽量还原事实真相。此次事故发生后，相关部门通过现场勘验、调查取证、检测鉴定、模拟实验和专家论证等，查明了事故发生的直接原因和间接原因。

（1）事故发生的直接原因。引发事故的直接原因是，宜宾恒达公司在生产咪草烟的过程中，操作人员将无包装标识的氯酸钠[②]当成2-氨基-2,3-二甲基丁酰胺（简称丁酰胺），补充投入[③]2R301釜中进行脱水操作。在搅拌状态下，丁酰胺-氯酸钠混合物形成具有迅速爆燃能力的爆炸体系[④]，

---

① 本部分资料主要来自任广艳《不法商人氯酸钠冒充去除剂　糊涂工人记错料误投反应釜——四川省宜宾恒达科技有限公司"7·12"重大爆炸着火事故分析》，《吉林劳动保护》2019年第3期。

② 购买用于处理有机废水的无包装标识的COD去除剂，按照原料丁酰胺入库，事故后经取样分析为易制爆化学品氯酸钠，纯度为97.5%。参见《四川省危险化学品质量监督检验所检验报告》（川危化〔W2018-2-368〕号）。

③ 2R301釜每批应投入丁酰胺360千克、甲苯800升。本批次现场只剩丁酰胺225千克，应补充丁酰胺135千克。

④ 中国工程物理研究院化工材料研究所模拟实验数据表明，其与TNT炸药爆炸敏感度相当。

开启蒸汽加热后，丁酰胺－氯酸钠混合物的 BAM 摩擦感度、撞击感度[1]随釜内温度升高而升高，在物料之间、物料与釜内附件和内壁相互撞击与摩擦下，引起釜内的丁酰胺－氯酸钠混合物发生化学爆炸，爆炸导致釜体解体；随釜体解体过程冲出的高温甲苯蒸汽，迅速与外部空气形成爆炸性混合物并产生二次爆炸，同时引起车间现场存放的氯酸钠、甲苯与甲醇等物料殉爆殉燃和二车间、三车间着火燃烧，进一步扩大了事故后果，造成了重大人员伤亡和财产损失。

（2）事故发生的间接原因。引发事故的间接原因较多，涉事企业、相关合作企业和地方政府都有责任，但最主要的间接原因还是企业安全生产主体责任不落实。《中国应急管理报》刊登文章指出，宜宾恒达公司"漠视员工生命、严重违法违规、肆意践踏红线"。[2]

首先，宜宾恒达公司未批先建、违法建设，设计和生产"两张皮"。非法生产，未严格落实企业安全生产主体责任，是事故发生的主要原因。

其次，相关合作企业违法违规，未落实安全生产主体责任；承担设计、施工、监理、评价、设备安装等的技术服务单位未依法履行职责，违法违规进行设计、施工、监理、评价、设备安装和竣工验收；氯酸钠产供销相关单位违法违规生产、经营、储存和运输。

再次，现场生产操作人员资质不符合规定要求。事故车间绝大部分操作工的文化水平低，没有进行过岗前安全培训，不符合国家对涉及"两重点一重大"装置操作人员文化程度的强制性要求，特种作业人员未持证上岗，操作人员的资质不能满足企业安全生产的要求。

最后，江安县工业园区管理委员会和江安县委、县政府坚持"发展决不能以牺牲安全为代价"的红线意识不强，没有坚持把安全生产摆在首要位置；地方有关监管部门对安全生产工作重视不够，在城乡规划、产业布局、招商引资、项目建设上把关不严。对重点工作落实不到位，属地监管责任落实不力。负有安全生产监管、建设项目管理、易制爆危化品监管和招商引资职能的相关部门未认真履职，审批把关不严，监督检查不到位。以上这些都是导致事故发生的重要间接原因。

---

① BAM 摩擦感度、撞击感度试验是联邦德国材料试验研究所（BAM）提出的一种改进试验方法，为国际通行试验方法。

② 张楠：《漠视员工生命 严重违法违规 肆意践踏红线 四川宜宾恒达公司胆忒大》，《中国应急管理报》2018 年 7 月 20 日。

二 事故应急处理过程

(一) 现场应急救援

事故发生后，宜宾恒达公司员工立即拨打了119、120。江安县政府第一时间启动了应急响应。江安县委副书记、县长等县委、县政府领导及相关部门负责人立即到达事故现场，并成立了事故应急救援指挥部，组织开展救援工作，紧急对园区实施了停电、停气，避免次生灾害的发生。地方政府立即组织开展灭火救援、危险源查找、环境监测、下水道排险和交通管制、人员疏散等工作。

接到事故报告后，四川省委、省政府主要领导高度重视。四川省委书记第一时间做出批示，要求四川省政府立即派人前往宜宾市，督促指导宜宾市积极抢救受伤人员，做好善后工作；尽快查明事故原因，依法依规严肃追责；举一反三，在全省开展安全生产大检查，进一步发现和消除安全隐患，最大限度防范和避免重大安全生产事故发生。受彭清华委托，时任四川省委副书记、省长尹力立即赶赴现场督促指导事故处置。

7月13日凌晨，省长尹力抵达江安县实地查看事故现场后，主持召开会议，听取事故情况及地方和省直有关部门抢险救援工作安排，对救援救治和事故处置做出部署。尹力强调，要依法依规严格落实应急预案，对事故进行及时、有效、妥善的处置，采取坚决措施，防止次生灾害发生和对生态环保产生不良影响。要尽快查明事故原因，严肃问责追责；举一反三，深刻吸取教训，加强安全生产工作，杜绝类似问题再次发生。当地政府要全力以赴做好救治工作，组织医疗专家，尽最大努力抢救受伤人员生命，让伤者早日恢复健康。要深入细致做好遇难者家属的安抚工作，妥善处理善后事宜。要及时做好信息发布工作，回应社会关切，确保社会大局稳定。① 省长尹力还前往当地医院，代表省委、省政府看望慰问在事故中受伤的人员，鼓励他们安心养伤，积极配合医生治疗，争取早日康复；叮嘱医务人员科学制订医疗方案，精心做好救治和看护工作。

根据《宜宾市安全生产事故灾难应急预案》，宜宾市委、市政府启动了市级应急响应，市委、市政府迅速成立了由市委书记和市长任组长的事

---

① 黄大海、任鸿：《彭清华对江安恒达爆燃重大事故救援处置做出批示》，《四川日报》2018年7月14日。

故处置领导小组，统筹和协调事故应急处置工作，组织各方面力量科学施救、稳妥处置。同时成立了由副市长任总指挥，市政府副秘书长、市政府应急办主任、市安全监管局长、江安县政府县长任副总指挥的事故应急救援指挥部，负责现场处置、医疗救助、事故调查、善后处理、补偿安抚、舆情引导、社会稳控七个方面的工作。

江安县消防大队竹都大道中队接警后，18 时 50 分出动 4 辆车、21 人到达现场，立即划定警戒区域，并出动 1 门移动炮和 2 支灭火枪，控制外围火势；20 时 5 分，宜宾市消防支队 9 个中队出动 33 辆消防车、150 名消防官兵，携带 54.8 吨泡沫灭火剂，宜宾五粮液集团公司消防队出动 3 台大功率水炮、1 台高喷消防车、3 台移动水炮到达现场开展灭火，海丰和锐公司救援队等应急救援队伍携带装备快速陆续到达现场，在指挥部统一指挥下，参加了现场应急救援处置和搜救工作，对爆炸着火区域进行降温灭火；20 时 30 分，搜救组完成办公楼及仓库的搜救；21 时 10 分，现场明火被扑灭。

（二）人员搜救①

事故发生当日 22 时 45 分，经持续冷却，在初步具备搜救条件后，救援队伍立即组织开展了现场清理搜救工作，先后组织 16 个搜救小组对爆炸着火现场进行了 6 次搜救；7 月 13 日 2 时 30 分，车间内搜救工作结束，开始在厂区车间外开展地毯式搜索；7 月 13 日 6 时 20 分，经搜索确认无遗漏，一车间、二车间、三车间现场共发现 18 具遇难者遗体，相邻的宜宾万翔建材有限公司发现 1 具遇难者遗体，现场搜救结束。

搜救工作结束后，事故应急救援指挥部迅速组织有关专家认真分析、研判事故现场，研究制定了《厂区危险化学品处置方案》，指派专家并委托专业机构对事故企业尚存的危险化学品进行妥善处置，未发生后续爆炸起火的次生事故和引发次生灾害。本次事故应急救援处置共调集消防车 45 辆、移动水炮 10 台、洒水车 2 辆、其他应急工具车共 10 余辆，出动消防、交巡、治安等警力 530 余名（其中消防官兵 230 名），政府及街道和社区干部 90 余名，未发生其他人员伤亡。

---

① 本部分资料主要来自《宜宾"7·12"重大爆炸着火事故》，《中国安全生产》2019 年第 3 期。

三 专题分析：企业安全生产主体责任落实情况

习近平总书记指出："安全生产直接关系到人民群众生命财产安全，关系到社会稳定大局。"① "发展不能以牺牲人的生命为代价。"② 要把安全责任落实到岗位、落实到人头，"坚持管行业必须管安全、管业务必须管安全"。③ 落实企业安全生产主体责任，是安全生产责任体系建设的关键环节，是实现安全生产的根本保证。企业必须认真履行安全生产主体责任，做到安全投入到位、安全培训到位、基础管理到位、应急救援到位。

（一）基本分析框架

近年来，国家对安全生产愈发重视，不断从政策角度指导企业开展安全生产工作。尤其是党的十八大以来，以习近平同志为核心的党中央更加注重安全环保工作，先后多次召开中央政治局常委会会议和中央政治局会议、集体学习、研究安全生产问题；多次做出重要批示、指示，从增强红线意识、建立健全责任体系、强化企业主体责任、加强应急救援、遏制重特大事故等方面，对强化安全工作提出了严格要求。习近平总书记在党的十九大报告中提到安全生产时强调："树立安全发展理念，弘扬生命至上、安全第一的思想，完善安全生产责任制。"④ 该论断系统吸取了近年来安全生产事故的教训，明确指出安全生产的根本就是要完善安全生产责任制，将各级责任明确落实到位，重中之重是落实企业主体责任。

1. 企业安全生产主体责任的重要性⑤

企业是生产经营活动的主体，安全风险伴随企业生产经营整个过程。没有安全就根本谈不上生产，更谈不上经济效益。安全生产是企业长远发展永恒的主题，保障安全生产，企业是关键，企业是安全生产工作责任的直接承担主体。强化企业安全生产主体责任的落实，除了靠政府强有力的监管和行业有效的指导督促企业落实主体责任，更需要企业深刻认识到落

---

① 习近平：《干在实处走在前列——推进浙江新发展的思考与实践》，中共中央党校出版社，2016，第 227 页。
② 《习近平谈治国理政》第 2 卷，外文出版社，2017，第 365 页。
③ 《习近平谈治国理政》，外文出版社，2014，第 196 页。
④ 习近平：《决胜全面建成小康社会　夺取新时代中国特色社会主义伟大胜利——在中国共产党第十九次全国代表大会上的报告》，人民出版社，2017，第 49 页。
⑤ 高运增：《企业安全生产主体责任》，中国劳动社会保障出版社，2018，第 49~68 页。

实安全生产主体责任的重要性。

（1）法律规定企业必须落实安全生产主体责任。我国《安全生产法》（2014版）明确规定，企业必须完善安全生产条件，确保安全生产；企业主要负责人对本单位安全生产工作全面负责。① 该法规明确了企业在安全生产方面的主体地位和主体责任。在安全生产方面，国家主要通过立法、制定标准、实施监管等途径，引导和规范企业的行为。从国家法律制度设计和制度安排来看，安全生产领域的法律、行政法规、规章以及国家制定的很多安全生产标准（包括国家标准、行业标准）比较完备。但是，再完善的法律法规都必须靠企业去执行和落实。无论是政府的监管和约束，还是社会和媒体的监督，都只有通过企业自身的内在努力方能见到成效。因此，落实安全生产主体责任，是企业依法经营的基本要求和应尽的责任和义务。

（2）确保安全生产需要落实企业安全生产主体责任。安全事故是可以防止和避免的。每次事故的发生都有其自身原因。如果从事故的根源入手，釜底抽薪，消除事故发生的条件，就可以防止事故发生，安全生产才真正有保障。企业是安全生产责任的主体，应当依照法律、法规规定，履行安全生产法定职责和义务。能否做到这一点，取决于企业能否本着以人为本的原则，依据安全生产法规，严格落实安全生产主体责任，防范化解重大风险，消除生产中的各种隐患，将一切安全事故消灭在萌芽状态，从而实现企业安全生产。

（3）实现可持续发展需要落实企业安全生产主体责任。当前国内外经济下行及竞争日剧激烈的形势，对企业的生存发展提出了新的挑战和考验。企业要生存要发展，就必须保证企业的生产经营活动能正常运行，保证企业有长期安全稳定的经营条件和环境。企业一旦出现重大安全事故，不仅会影响企业的正常生产经营活动，而且会影响企业对外的整体形象，轻则造成企业经济损失，重则导致企业关门倒闭。因此，只有落实企业安全生产主体责任，才能确保企业可持续发展。

（4）体现以人民为中心的发展理念必须落实企业安全生产主体责任。发展的目的是为了人民。必须牢固树立安全发展理念，统筹发展和安全，

---

① 《中华人民共和国安全生产法》，中国人大网，http：//www.npc.gov.cn/wxzl/gongbao/ 2014－11/13/content_1892156.htm，最后访问日期：2020年9月20日。

绝不能以牺牲安全为代价换取发展。安全生产事故发生后，会导致一条条鲜活的生命湮灭，使原本幸福美好的家庭支离破碎，让人痛心。如果各类事故不能得到有效控制，不仅会给人民群众生命财产安全带来巨大损失，还会给受害者家属造成无法弥补、无法挽回的影响，使其失去幸福感，更谈不上享受美好生活。因此，企业必须以安全生产为前提和保障，落实企业安全生产主体责任，在经济发展过程中，把"生命高于一切"的理念落实到生产、经营、管理的全过程，处理好速度、质量、效益和安全的关系。

2. 基于安全生产的企业主体责任分析框架

本案例分析中采用的企业主体责任分析框架，主要是依据《安全生产法》对生产经营单位的有关规定和要求，结合造成安全生产事故的四大因素提出的。《安全生产法》规定，企业是安全生产的责任主体。企业是生产经营活动的直接组织者、参与者、运行者和受益者，安全生产所有工作最终都要落实到企业，以企业为着眼点和立足点。企业在安全生产工作中，承担着最基本、最直接和最主要的责任。既然企业是安全生产责任的主体，就要求企业在安全责任中发挥好自主管理权，同时也要具备较强的安全自治能力。这也体现出，企业在安全生产过程中要具备独立性和自主性，强调企业安全生产的社会责任。一方面，企业在生产管理过程中，要通过企业加强自身安全生产管理、增加安全生产投入，完善安全生产责任制，通过自律、自主、自觉、自愿，来实现企业安全生产的自我管理；另一方面，要依靠企业职工广泛参与，提高职工对安全生产的积极性和主动性，及时消除安全生产中的风险隐患，切实落实企业安全生产主体责任。[1]在如何落实企业主体责任方面，《安全生产法》提出，企业必须加强安全生产管理，建立健全安全生产责任制和安全生产规章制度，改善安全生产条件，推进安全生产标准化建设，提高安全生产水平，确保安全生产。

造成安全生产事故的因素主要包括四个方面：人的因素、物的因素、环境因素和管理因素。人的因素包括安全意识不足、操作失误、无证上岗、违章作业；物的因素包括个体防护用品缺失、设备设施缺陷、安全附件缺失等；环境因素包括生产作业环境不良、不良天气因素、有害气体超标等；管理因素包括违规指挥生产，安全生产方案不健全，未进行安全教

---

① 王庆运：《企业安全生产主体责任理论探讨》，《中国安全生产科学技术》2008 年第 12 期。

育培训，未进行作业现场安全检查，安全操作规程不健全，生产方案审批把关不严，安全监管工作缺失，未公开安全技术，违法进行建设、发包和承包，安全生产组织不合理，不具备安全生产资质，生产物料、废料存放不当，等等。

因此，我们以生产经营企业为主体，从安全意识、资源配置责任、教育培训责任、管理责任、生产条件责任等方面进行分析。同时，对围绕事故企业开展合作的相关合作企业和技术服务单位也进行分析，对负责事故企业的设计、建设、施工、安装、监管等企业存在的违法违规问题和行为表现进行分析，厘清各自的主体责任，为责任追究和吸取教训、避免重蹈覆辙提供参考和借鉴。分析框架如图2所示。

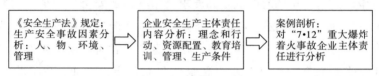

图2　企业安全生产主体责任分析框架

3. 企业安全生产主体责任的内容

企业是安全生产的责任主体，企业的主要负责人是安全生产第一责任人，应全面负责安全生产工作，落实《安全生产法》等相关法律法规赋予的安全生产职责，主动履行安全生产责任。企业安全生产主体责任的内容主要包括如下几个方面。

一是强化安全生产主体责任理念和行动。企业负责人要树立安全发展理念，向社会和企业职工公开承诺承担安全生产主体责任，严格遵守国家安全生产法规和安全标准规范要求，实施企业安全发展战略，建立安全管理体系，保证企业安全绩效持续改进；定期开展风险评估和隐患排查，预防事故发生，切实保护员工生命安全和身体健康；树立正确的安全理念和安全价值观，明确安全愿景和使命，确立企业发展的安全方针和安全目标；等等。同时，企业负责人要以身作则地践行安全承诺，在行动上带头做表率，让企业内各分管领导、管理人员和员工能够受到感染、影响和触动，强化安全认识并落实到行动中。只有企业负责人有了安全生产主体责任理念和行动，带头落实到行动上，企业安全生产主体责任才能得到真正落实。

二是强化企业安全生产资源配置主体责任。要确保安全生产工作稳定有效,企业就必须配置足够的资源(包括资金、人力、物资、信息等资源)以投入企业安全生产工作,持续有效地投入企业的安全组织与制度建设、改善安全生产条件、促进安全管理体系运行、加强安全宣传培训教育、促进隐患排查与整改、强化安全考核与奖励、开展安全文化建设、重视事故应急管理与调查处理、开展外部安全工作交流等各项工作。这些资源要能够充分满足安全生产的实际需要,与企业安全发展战略、安全绩效目标、生产规模与安全风险等相匹配。

二是强化安全生产宣传教育培训主体责任。①企业要积极开展安全生产宣传教育和培训,弘扬企业安全文化,旗帜鲜明地倡导企业共同的安全价值观,形成良好的企业安全文化和行为规范,使职工自觉、主动、创造性地投身于企业安全生产;②广泛持久地开展宣传教育和安全技能培训,采取多种形式持续不断地进行宣传培训,使安全意识牢记在心,营造安全生产氛围,使职工具备牢固的安全生产理念和符合岗位要求的安全生产知识与技能;③建立激励机制,大力鼓励员工全员参与各类安全活动,树立安全榜样或标兵,发挥安全行为和安全态度的示范作用,引导职工在思想认识和行动上从"要我安全"转变为"我要安全"。

四是强化安全生产管理主体责任。企业必须严格落实安全生产责任制,制定严格的安全管理制度和安全操作规程并认真执行;制定符合法律法规与标准规范且适合企业的安全管理制度,规范企业生产设备设施的操作流程和要求,严格常规作业与非常规作业等的安全操作规程或安全作业指导书。要在企业内部建立完善的风险评估与控制机制、严格的现场管理和行为规范机制、全面的隐患排查与整治机制、科学的安全责任制与安全绩效考核奖惩机制、持续的安全宣传教育与安全能力培训机制、可靠的事故应急管理机制、完善的企业安全风险与社会责任保险机制等管理制度,并能严格执行和持续改进。

五是强化企业安全生产条件的主体责任。企业必须提供符合法律法规、标准规范规定的安全生产条件,要针对从业人员、设备设施、原辅材料、工艺工装、作业环境等要素,依据法律法规和标准规范的要求,结合企业生产经营活动特点,不断完善企业安全生产条件,提高企业本质安全。并且,通过培训教育、监测控制、改进提高、新技术新装备应用等主动手段,确保企业安全生产条件全面符合法律法规和标准规范的规定,长期稳定地处于完好状态,有效地发挥安全生产作用。

（二）对"7·12"重大爆炸着火事故企业主体责任分析

企业安全生产主体责任，是企业依照法律、法规规定，应当履行的安全生产法定职责和义务。强化事故后的问责，既能表明党和政府对人民群众生命财产高度负责，更可以给那些在安全生产问题上仍然存在糊涂认识、侥幸心理、"一岗双责"落实不到位的责任人敲响警钟，对所有负责安全生产工作的人员都是一次深刻的教训。

1. 事故调查和责任追究

事故发生后，国务院、应急管理部和四川省委、省政府领导高度重视，分别做出重要批示，要求积极抢救受伤人员，做好善后工作，尽快查明事故原因，依法依规严肃追责。国务院安全生产委员会下发《重大生产安全事故查处挂牌督办通知书》（安委督〔2018〕5 号），对该起事故查处实行挂牌督办。应急管理部党组成员、总工程师王浩水率领工作组迅速赶赴事故现场，指导事故处置和调查工作。时任四川省委副书记、省长尹力等领导第一时间赶赴事故现场，四川省安全监管局、四川省公安厅等有关部门派出工作组指导、协助事故抢险救援、伤员救治、善后处理等工作。

2018 年 7 月 19 日，国务院安全生产委员会发出《重大生产安全事故查处挂牌督办通知书》，决定对四川省宜宾市恒达科技有限公司"7·12"重大爆炸着火事故查处实行挂牌督办，对事故调查提出了明确要求，必须彻查三个方面的问题；要求各地认清化工和危险化学品违法生产出现的新情况、新问题，引以为戒，举一反三，真正把"安全第一"的思想体现在日常工作和决策中，实现安全发展。

依据《安全生产法》、《生产安全事故报告和调查处理条例》（国务院令第 493 号）和《四川省生产安全事故报告和调查处理规定》（四川省政府令第 225 号）等有关法律法规规定，四川省政府于当年 7 月 13 日批准成立了由省安全监管局牵头的宜宾恒达科技有限公司"7·12"重大爆炸着火事故调查组（以下称事故调查组），四川省政府办公厅、省经济和信息化委、省公安厅、省安全监管局、省总工会、省消防总队、宜宾市政府派员参加。事故调查组下设技术小组、责任小组、综合小组，邀请四川省纪委监委、四川省人民检察院派员参加，同时聘请化工、安全、设计、生产、设备、自控、消防、爆炸、环保等有关方面的专家组成专家组，开展事故调查工作。依照有关法律法规，有 15 人因事故被司法机关采取措施；

因涉嫌严重违纪违法，有4人已接受纪律审查和监察调查；另有44人，调查组建议给予党纪政务处分和组织处理。同时，调查组还建议责成江安县委、县政府向宜宾市委、市政府做出书面检查；建议责成宜宾市委、市政府向四川省委、省政府做出书面检查。

2. 事故企业主体责任分析

（1）企业安全生产的法律主体责任分析。国家对危化品企业有严格的法律法规要求，从选址到建设、投产、运行、经营等各个环节都有具体规定。《安全生产法》规定，生产经营单位的主要负责人全面负责本单位的安全生产工作。要强化和落实生产经营单位的主体责任，建立生产经营单位负责、职工参与、政府监管、行业自律和社会监督的机制。生产经营单位应当具备有关法律、行政法规和国家标准或者行业标准规定的安全生产条件；不具备安全生产条件的，不得从事生产经营活动。

宜宾恒达公司安全生产的法律主体责任缺失主要表现在以下几个方面：一是安全生产的法律意识淡薄。该公司生产车间未批先建，违法违规进行厂房设计与建设。在没有办理建设工程规划许可、建筑工程施工许可、环境影响评价审批、消防设计审核、安全设施设计审查等项目审批手续之前，就擅自开工建设。二是接受安全监管的法律责任缺失。宜宾恒达公司拒不执行安全监管部门下达的停止建设监管监察指令，违法组织建设；随意变动总平面布置设计，改变库房使用功能，扩大危险化学品及其他化工原料的储存规模；擅自改变设计生产品种、设备布置及数量，调整车间层高，且不履行设计相关变更手续。三是遵守《安全生产法》行为的责任缺失。宜宾恒达公司在不具备验收条件下组织建筑工程竣工验收，在11幢建筑物耐火等级未达到二级、基本未进行工程防护的情况下，违规自行组织开展房屋建筑工程竣工验收。四是组织安全生产的法律责任缺失。宜宾恒达公司存在非法组织生产的情况，在没有办理危险化学品建设项目行政审批手续和取得危险化学品安全生产许可证的情况下非法组织生产。宜宾恒达公司未经许可擅自改变生产产品，实际生产产品与项目备案和报批内容不符；在不具备安全生产条件且未经核实工艺安全可靠性的情况下，非法组织咪草烟和1，2，3-三氮唑生产，违规在生产区域进行4-硝基-2-乙基苯胺等产品的小试和中试试验。宜宾恒达公司咪草烟和1，2，3-三氮唑生产工艺没有正规技术来源，也未委托专业机构进行工艺计算和施工图设计，存在重大的安全隐患。

（2）企业安全生产管理主体责任分析。《安全生产法》第四条规定，生产经营单位必须遵守本法和其他有关安全生产的法律、法规，加强安全生产管理，建立、健全安全生产责任制和安全生产规章制度，改善安全生产条件，推进安全生产标准化建设，提高安全生产水平，确保安全生产。

宜宾恒达公司企业安全生产管理主体责任缺失主要表现在以下几个方面：一是安全管理极为混乱。宜宾恒达公司没有配齐专职安全管理人员，在车间随意堆放没有任何标识的化工原材料、半成品和产品。没有规定固定的交接班时间。没有建立危险化学品及化学原料采购、出入库登记管理制度。二是安全生产职责不清。安全管理的规章制度不健全，管理层级之间只有口头授权，没有正式任命文件。三是没有制定岗位安全操作规程管理制度。宜宾恒达公司在生产过程中随意调整操作流程，没有建立岗位安全责任制、操作规程、交接班等管理制度。四是特种设备管理不到位，没有对特种设备进行检测和使用登记。五是安全生产风险管控措施缺失。宜宾恒达公司没有开展安全风险评估，没有认真组织开展安全隐患排查治理，应急处置能力严重不足。

（3）企业安全生产能力主体责任分析。《安全生产法》第二十五条规定，生产经营单位应当对从业人员进行安全生产教育和培训，保证从业人员具备必要的安全生产知识，熟悉有关的安全生产规章制度和安全操作规程，掌握本岗位的安全操作技能，了解事故应急处理措施，知悉自身在安全生产方面的权利和义务。《安全生产法》第二十四条规定，生产经营单位的主要负责人和安全生产管理人员必须具备与本单位所从事的生产经营活动相应的安全生产知识和管理能力。

该公司安全生产能力主体责任缺失主要表现在以下几个方面：一是宜宾恒达公司操作人员资质不符合规定要求。事故车间绝大部分操作工文化程度较低，均为初中及以下文化水平，车间副主任罗某只有小学三年级文化程度。在此次事故中遇难的19人中，有16人是宜宾恒达公司操作工，在学历上不符合国家规定的化工行业从业人员必须具有高中以上文化程度的强制性要求。二是工人不具备安全生产岗位资格和能力。宜宾恒达公司绝大部分工人没有经过专门的安全作业培训，不具备必要的安全生产知识，不掌握相关岗位的安全操作技能，没有取得相应的岗位任职资格。作为特种作业人员没有持证上岗，不能满足企业安全生产的要求。

（4）企业安全教育培训主体责任分析。《安全生产法》第十八条规定，企业要组织制定并实施本单位安全生产教育和培训计划。《安全生产法》第二十七条规定，生产经营单位的特种作业人员必须按照国家有关规定经专门的安全作业培训，取得相应资格，方可上岗作业，即未经安全生产教育和培训合格的从业人员不得上岗作业。

宜宾恒达公司安全教育培训主体责任缺失主要表现在以下几个方面：一是安全生产的教育和培训不到位。宜宾恒达公司主要负责人和安全管理人员未经安全生产知识和管理能力培训考核，未按规定开展新员工入厂三级教育培训。据调查，7月前入厂的员工根本没有受过任何安全教育。二是对日常安全教育培训不重视。宜宾恒达公司的安全教育培训经常流于形式，培训时间短，培训内容的针对性不强，培训效果差，没有建立安全生产教育和培训档案。三是操作人员不具备安全生产知识和技能。宜宾恒达公司操作员普遍缺乏化工安全生产基本常识和基本操作技能，不清楚本岗位生产过程中存在的安全风险，不能严格执行工艺指标要求，不能满足化工生产基本要求，不能有效处置生产中出现的危险情况。

（5）企业安全生产条件的主体责任分析。《安全生产法》第十七条规定，生产经营单位应当具备本法和有关法律、行政法规和国家标准或者行业标准规定的安全生产条件；不具备安全生产条件的，不得从事生产经营活动。

宜宾恒达公司安全生产条件的主体责任缺失主要表现在以下几个方面：一是消防设施设置不到位。车间内无消火栓、灭火器材、消防标识等消防设施，防雷设施未经具备相关资质的专业部门检测验收，不具备安全生产条件。二是安全设施投入不到位。宜宾恒达公司未按照《危险化学品建设项目安全监督管理办法》（国家安全监管总局令第45号）的要求取得安全设施"三同时"手续，安全设施设备投入严重不足，没有建立自动化控制系统、安全仪表系统、可燃和有毒气体泄漏报警系统等安全设施。三是安全参数测控仪表自动化程度低。在生产工艺过程监控中的生产设备、管道上仅安装有简单的压力表及双金属温度计，依靠人工识别工艺控制参数和进行生产操作，人为因素较多，加大了生产安全风险。四是安全条件设计不科学。宜宾恒达公司生产装置无正规科学设计，使用易产生静电的PP管输送易燃易爆液体物料。

由此可见，宜宾恒达公司安全生产主体责任没有落实到位。宜宾恒达公司未批先建、违法建设，非法生产，在生产管理、生产能力、教育培训和生产条件等方面都存在严重的安全风险和隐患，未严格落实企业安全生产主体责任，是事故发生的主要原因，也是其应该承担的主体责任。

3. 相关合作企业主体责任分析

相关合作企业违法违规，未落实安全生产主体责任，导致在生产流程环节埋下重大风险隐患，是事故发生的重要原因。与宜宾恒达公司合作的主要企业有常州道恩公司、成都化润公司、上海升华公司。这三家合作公司主要负责提供生产方案、生产工艺和产品试验，对生产安全事故风险产生起决定性作用。这三家合作企业的安全生产主体责任重大，具体分析如下。

（1）常州道恩公司。该合作公司委托不具备安全生产条件和相应资质的宜宾恒达公司加工生产咪草烟，导致发生重大生产安全事故，对事故的发生负有重要责任；未严格执行危险化学品安全管理相关规定要求，提供的咪草烟生产工艺说明和工艺流程图没有对工艺技术安全可靠性进行论证和充分说明；生产工艺及装置未经正规设计，未提供生产工艺自动控制方案；未全面提供相关物料性质及工艺危险性的资料和信息；未提供有效的废水处理方案。

（2）成都化润公司。该公司委托不具备安全生产条件和相应资质的宜宾恒达公司加工生产1，2，3－三氮唑；所提供的工艺包生产工艺及装置未经正规设计，未提供1，2，3－三氮唑生产工艺自动控制和安全连锁方案，未对重氮化重点监管危险化工工艺进行安全风险评估；未经许可，违规向宜宾恒达公司提供危险化学品；未提供有效的废水处理方案。

（3）上海升华公司。该公司违规与不具备安全生产条件和相应资质的宜宾恒达公司合作开展生产2－乙基－4硝基苯胺的试验，未对硝化重点监管危险化工工艺进行安全风险评估，未对实验方案进行安全可靠性论证，直接在无自动控制和工艺连锁的工业装置上进行试验，存在重大安全隐患。

4. 技术服务单位安全主体责任分析

对危化品企业，从选址到建设、投产、运行、经营等全过程和各环节，我国法律法规都有一系列严密而具体的规定。但是，厂区设计、施工、监理、评价、设备安装等技术服务单位未依法履行职责，违法违规进行设计、施工、监理、评价、设备安装和竣工验收，也是事故发生的重要原因。

（1）设计过程中技术服务单位安全主体责任分析。泸州泸天化化工设计有限公司承担了宜宾恒达公司的工厂设计。泸州泸天化化工设计有限公司的项目设计水平不高,未严格执行国家法律法规和标准规范要求,未认真对建设单位提供的基础资料进行深入评估和工程分析,出具的安全设施设计专篇和施工图设计未执行工程建设强制性标准;安全设施设计专篇编制依据不充分,在设计前没有开展安全风险评估,且 HAZOP 分析①审核不严,分析的原因和建议措施不完全匹配;总平面布局不合理,厂区总平面布置未按照《石油化工企业设计防火规范》(GB50160 – 2008)进行设计。宜宾恒达公司 3 个车间平行设置,间隔只有 13 米。将危险性大的硝化装置二车间布置在一车间与三车间之间,且未考虑有效的防火防爆隔离措施。办公楼建于生产区,且违规设置员工宿舍。分析室与二车间的防火间距不足,化验室、办公楼等面向具有火灾、爆炸危险性装置的生产车间一侧违反规定设计安装了普通玻璃窗户;未进行控制室及冷冻站系统设计;违规参加并同意建筑工程竣工验收。

(2)施工过程中技术服务单位安全主体责任分析。江安县城乡建设工程有限公司承接了宜宾恒达公司的施工任务。江安县城乡建设工程有限公司未严格按照工程设计图纸和施工技术标准施工,擅自变更设计进行施工。在未取得施工许可证、安全设施设计审查未通过的情况下,进场施工。在工程未达到竣工验收条件的情况下,参加并同意建筑工程竣工验收。四川自强科技有限公司未申报低压蒸汽管道安装监督检验,不按照工程设计图纸施工,违规安装,且未按规定对特种设备进行报备。四川钧超消防工程有限公司超越企业资质等级承揽工程,超越资质范围开展乙类火灾危险性建筑物消防设施工程施工。

(3)监理和安全评价过程中技术服务单位安全主体责任分析。江阳建设集团有限公司承接了建筑工程监理任务。江阳建设集团有限公司未依法履行建筑工程监理职责,对施工单位不按照工程设计图纸施工、擅自变更设计进行施工的行为监督不力,将不合格的建设工程按照合格签字,在工程未达到竣工验收条件的情况下,参加并同意建筑工程竣工验收。四川省安信科技有限责任公司未严格执行国家法律法规和标准规范要求开展安全评价工作,评价分析深度不够,安全对策措施针对性不强,未对重点监管

---

① HAZOP 分析(Hazard and Operability Analysis),是一种用于辨识设计缺陷、工艺过程危害及操作性问题的结构化、系统化分析方法,主要目的是对装置的安全性和操作性进行设计审查。

危险化工工艺中硝化等涉及自身具有爆炸性的化学品生产装置提出针对性的安全对策与建议。四川省环科源科技有限公司未严格执行国家法律法规和标准规范要求，物料平衡及水平衡数据错误；分析深度不够，未认真对建设单位提供的基础资料进行深入评估和工程分析，硫酸回收工艺环境风险分析错误，二氧化硫生产过程中的风险识别缺失；引用失效的标准规范。

5. 氯酸钠产供销相关单位安全主体责任分析

氯酸钠是宜宾恒达公司使用的生产原材料。氯酸钠对热不稳定，有极强的氧化力，与硫、磷和有机物混合或受撞击，容易引起燃烧和爆炸。提供该原料的产供销相关单位安全主体责任落实不到位，存在违法违规生产、经营、储存和运输情况，这也是事故发生的重要原因。

（1）氯酸钠供货企业的安全主体责任。向宜宾恒达公司提供氯酸钠的企业主要有四家：江西汇海公司、成都雄踞公司、成都欣恒公司和四川岷江雪盐化有限公司。这四家公司的安全主体责任不落实的主要表现是提供无任何标识的产品，导致宜宾恒达公司收货后入库时弄错货名。

江西汇海公司违法要求氯酸钠供应商提供无任何标识的产品，并以COD去除剂名义非法经营易制爆危险化学品氯酸钠；违法向宜宾恒达公司销售无任何标识的白袋包装易制爆危险化学品氯酸钠；违规经营没有化学品安全技术说明书和化学品安全标签（以下简称"一书一签"）的危险化学品；托运时未如实申报货物的名称、性质和运输要求，且委托不具备危险货物运输资质的单位运输易制爆危险化学品；在普通货物仓库内违规储存易制爆危险化学品。成都雄踞公司违规向江西汇海公司销售无任何标识的白袋包装易制爆危险化学品氯酸钠，经营没有"一书一签"的危险化学品，未对营业执照许可事项进行变更，涉嫌超范围经营。成都欣恒公司违规向成都雄踞公司销售无任何标识的白袋包装易制爆危险化学品氯酸钠，经营没有"一书一签"的危险化学品。四川岷江雪盐化有限公司也生产并销售不符合保障人体健康和人身财产安全的国家标准、行业标准的产品，长期违法生产、储存、销售无"一书一签"和中文标明的产品名称、生产厂名称及厂址且无任何标识的白袋包装易制爆危险化学品氯酸钠，未按规定向属地公安机关进行易制爆危险化学品的销售备案。

（2）氯酸钠物流企业的安全主体责任。为宜宾恒达公司运输氯酸钠的物流企业主要有三家：重庆刚和物流有限公司、远成集团遂宁西部物流有限公司和四川金桥物流有限公司。

重庆刚和物流有限公司未依照规定对运输物品进行安全检查或者开封验视，在未取得危险货物道路运输经营许可的情况下，从事易制爆危险化学品氯酸钠的道路运输经营。远成集团遂宁西部物流有限公司未对承租单位安全生产进行统一协调、管理，未对江西汇海公司在其租赁物内违规储存非经营范围的易制爆危险化学品氯酸钠的行为采取有效监督管理措施。四川金桥物流有限公司未按照规定对从业人员进行安全生产教育和培训；未依照规定对运输物品进行安全检查或者开封验视，在未取得危险货物道路运输经营许可的情况下，从事易制爆危险化学品氯酸钠的道路运输经营。

四　结论与对策建议

针对这起事故暴露出的在安全生产工作中企业主体责任落实不到位的突出问题，为深刻吸取事故教训，进一步加强化工和危险化学品安全生产工作，强化企业安全生产的主体责任，有效防范类似事故发生，课题组提出如下对策建议。

（一）企业应加强安全生产主体责任的教育培训

企业必须深刻吸取事故教训，牢固树立安全发展理念，始终坚守"发展决不能以牺牲安全为代价"这条红线，严格按照国家安全培训规定要求加强教育培训。

一是丰富安全教育培训形式。采取"送出去学""请进来教"等形式，加强对从业人员的安全生产理论教学与实践技能培训，并记入教育培训考核档案。剖析发生的典型事故案例，开展警示教育活动，做好安全隐患排查整治工作。加强企业安全文化建设，将安全文化阵地向一线班组和工作现场延伸，强化员工安全生产意识。

二是分类开展安全教育培训。企业应根据员工的类别和要求，分类开展好安全教育培训，抓好在岗员工安全技能提升培训、新上岗员工安全技能培训、班组长安全技能提升培训等。通过宣传教育培训等方式，逐步增强职工的安全知识和意识，让其了解自己工作岗位的危害程度以及工作内容中的危险因素，正确使用劳动防护用品并学会危情的预防措施和处理方法，在紧急情况发生时能在第一时间开展自救互救。

三是开展与岗位相匹配的安全培训。通过经常性的教育培训，使企业负责人和安全生产管理人员具备与岗位相适应的安全法规知识、安全生产知识和安全管理能力，使特种作业人员具备特种岗位作业的专业技能，使班组长（工段长）、车间主任具备一线岗位安全管理的知识和能力，使一线从业人员具备本岗位安全生产和应急处置的基本知识和安全操作技能。

四是通过培训取得资格后才上岗。严格遵守《安全生产法》规定上岗，未经安全生产教育培训合格的从业人员，不得上岗作业。特种作业人员必须按照国家有关规定经专门的安全作业培训并取得相应资格，方可上岗作业。

（二）企业应严格落实风险排查与隐患治理主体责任

"安全自查、隐患自除"为企业指出了安全生产管理工作的切入点，凸显了"预防为主"的重要性。企业应建立安全风险分级管控和事故隐患排查治理机制。

一是加强安全风险辨识管控。企业应严格落实安全风险分级管控和主动报告制度，定期排查、全面辨识、动态更新、严格管控生产工艺、设施设备、作业环境、人员行为和管理体系等方面存在的安全风险，并依据事故发生概率和可能后果，按照有关标准评估确定风险等级，针对不同等级的安全风险制定相应的安全管控措施，逐一明确具体的责任部门、责任人，确保风险可控。

二是加强各类危险源安全管理。企业应对各类危险源进行登记和建档，采用先进技术手段对重大危险源实施现场动态监控，定期检测评估，制定应急预案，完善控制措施。要按照有关规定建立健全安全监测监控系统并与政府安监部门进行联网。对设施设备建立运行、巡检、维修、保养的专项安全管理制度，安排专人负责管理，并设置明显的安全警示标志和事故应急处置卡，定期组织进行体检式安全评估，确保始终处于安全可靠状态。配备消防、防雷、通信、照明等应急器材和设施。

三是加强事故隐患排查治理。企业应牢固树立安全意识，视隐患为事故，建立全员参与、全岗位覆盖、全过程衔接的隐患排查机制和清单管理、动态更新、闭环整改的动态调整机制，持续组织开展事故隐患排查治理；对动态排查出来以及政府主管部门通知整改的安全隐患，应逐条落实整改措施、责任、资金、时限和事故应急预案。要完善举报奖励制度，发动并激励员工主动排查、发现举报事故隐患，达到管理有章可循、纠错立竿见影的效果。

（三）企业应加强安全人员配备并健全全员安全责任制

导致事故的根本原因是"人"，企业内部人员的安全责任重视和落实程度，将决定企业的安全主体责任的落实情况。因此，企业必须加强安全人员配备并健全全员安全责任制。

一是加强安全管理机构和人员配备。企业应依法依规设置安全生产管理机构或者配备专（兼）职安全生产管理人员，企业主要负责人、分管安全生产负责人、安全总监、安全生产管理人员，应具备与本单位所从事的生产经营活动相适应的安全生产知识和管理能力。其中，高危行业企业应设置安全生产管理机构、配备专职安全生产管理人员，危险化学品、矿山、道路运输、建筑施工等重点行业领域内达到一定规模的生产经营单位应配备安全总监、注册安全工程师。

二是建立健全全员安全生产责任制。落实企业安全生产主体责任，推行安全标准化制度，制定安全责任书，对责任制目标进行细化分解，明确落实具体的措施和有效方法，根据工作岗位的性质、特点和内容，明确各岗位的责任人员、责任范围、责任清单，明确从企业主要负责人到一线从业人员的安全生产职责，将主体责任落实到企业每一位员工的职责当中，形成岗位职责要求，并成为工作内容。实现企业安全生产责任全员全岗位覆盖、安全生产责任全过程追溯。

（四）企业应加强安全保障的主体责任

一是认真执行安全生产"三同时"制度。企业新建、改建、扩建工程项目的安全设施投资，应纳入项目建设概算，安全设施与建设项目主体工程应同时设计、同时施工、同时投入生产和使用。高危行业领域建设项目应依法进行安全评价，安全设施设计未经审查合格不得施工建设，未经验收合格不得投入生产和使用。部分早期建设运行、未进行安全设计审核和验收的企业，应请原设计单位或有资质的第三方安全技术服务机构进行安全评估和设计，并按要求进行补充建设，经验收合格后再投入使用。

二是加大安全生产经费投入。企业应将安全生产投入纳入年度生产经营计划和财务预算，足额提取并按规定使用安全生产费用，保障安全生产设备设施、风险辨识管控、隐患排查整治、设备维修保养、安全教育培训、劳动防护用品配备、保险、应急演练、事故救援等方面的安全生产支出。高危行业企业应按照国家有关规定投保安全生产责任险，其他企业应积极投保。

三是加强职工安全防护管理。企业应按规定开展从业人员身体健康检查，定期为从业人员无偿提供和更新符合国家标准或者行业标准的劳动防护用品，督促、教育从业人员正确佩戴、使用，并如实记录购买和发放劳动防护用品情况。劳动防护用品不得以货币或者其他物品替代。企业工会应加强监督检查，贯彻实施工会劳动保护"三个条例"，建立专兼职结合的工会劳动保护队伍。

（五）企业应完善安全生产主体责任激励机制

激励是实现安全的基础，在企业安全生产中有着重要的作用。只有充分调动安全管理工作者和企业员工的安全积极性，主动抓好安全，才能落实好生产活动中的各项安全工作。

一是要建立安全管理规章和流程。安全激励只是安全管理的一部分，不能替代任何其他安全管理措施。如果员工没有得到适当的岗位培训，或者企业没有建立相应的安全管理规章制度，他们在工作中就不知道如何做才符合安全生产的要求。当员工没有能力去识别或处理危险时，盲目激励只能导致员工忽略风险隐患报告。因此，完善安全管理规章和流程是开展企业安全生产激励的依据和前提。

二是在企业内部开展安全绩效评价。为确保企业整体安全目标的实现，客观、公正地评价各部门、车间、员工的安全绩效和贡献，企业应自我开展安全绩效评价，分析存在的安全风险程度，如果发生的事故高于平均水平，就要查找原因，分析是安全管理问题、安全流程失控还是员工个人问题，以此为依据实施激励机制。

三是建立安全责任奖惩激励制度。经济激励措施在很大程度上可以调动企业员工落实安全责任的积极性，在物质激励的同时重视精神奖励，要从满足员工精神需要，特别是从个人发展和成就感等方面的精神需要出发，尊重、理解和关心员工。同时，也必须奖惩结合，让员工知道违反了这些安全法规会受到处罚。要掌握好激励的时机和准则，通过及时的奖惩，最大限度地调动员工的安全生产积极性，及时杜绝身边的风险和隐患，从而促进企业落实安全生产主体责任。

（课题组长：陈旭；成员：钟雯彬、王永明、聂泰民；本报告主要执笔人：陈旭）

道路交通安全事故综合治理

——2018 年甘肃 G75 兰海高速兰临段 "11·3" 重大道路交通事故

摘要：道路交通安全事故综合治理是一项复杂系统工程。本文在对道路交通安全系统构成要素、"瑞士奶酪"模型的基本原理和构造、道路交通安全事故致因模型的基础上，构架了一个由人员、技术、组织管理、外界环境等子系统共同构成的道路交通安全事故致因模型。对 2018 年甘肃 G75 兰海高速兰临段 "11·3" 重大道路交通事故的案例分析表明，该起事故涉及多重致因：在人员子系统方面，主要是肇事司机的违章驾驶、车主的违法行为和装货员的违规装载等不安全行为；在技术子系统方面，主要是车辆、道路环境的不安全状态；在组织管理子系统方面，主要包括主体责任、领导责任、监管责任、工作职责、风险治理、技术资源和宣传教育等方面；在外界环境子系统方面，包括政治、社会、经济等方面的负向影响。在此基础上，本文提出增强驾驶人的安全意识与安全责任以降低防治显性故障（显性危险因素），强化相关主体的责任以降低防治隐性故障（潜在危险因素）的政策建议。

关键词：道路交通安全；综合治理；"11·3"重大道路交通事故

一 案例概述

（一）"11·3" 重大道路交通事故概述

2018 年 11 月 3 日 19 时 21 分许，辽宁籍驾驶人李某驾驶"辽 AK4481"重型半挂牵引车，黑龙江籍车主李某林在副驾驶位置乘坐，牵引"吉 B2870 挂"重型低平板半挂车，装载履带起重机部件，途经甘肃 G75 兰海高速兰临段临洮到兰州方向七道梁长下坡路段时，因制动失灵造成车辆失控，行至距离兰州南收费站 211.5 米处时，与 1 辆重型仓栅式货车发生碰撞后，连续与 13 辆小型客车直接碰撞，所载货物甩出砸中车辆，并导致周围 18 辆小型客车相互碰撞。此次事故共造成 15 人死亡、45 人受伤（其中，重伤 2 人、轻伤 10 人、轻微伤 33 人）、33 辆机动车受损。

事故发生后，兰州市公安、消防以及医疗等相关部门赶往现场救援。当地交通部门立刻组织 260 人的专业队伍赶赴现场开展营救，在第一时间将伤者送到医院救治。

事故发生后，党中央、国务院领导高度重视，做出明确指示批示。甘肃省、兰州市和七里河区三级党委政府立即启动应急响应机制，主要领导第一时间分赴事故现场和医疗救治点指挥救援。时任甘肃省委书记林铎、时任省长唐仁健和省市有关领导分别赶赴现场指挥处置，并到医院组织救治。当地政府部门向卫计委申请派遣专业的医疗专家赶赴现场参与指导和救治。公安部、应急管理部和国家卫健委在事故发生后立刻分别派遣工作组和医疗援助小组赶赴现场开展救援、救治和调查工作。

（二）"11·3" 重大道路交通事故发生的背景

1. 肇事车辆情况①

（1）"辽 AK4481" 重型半挂牵引车。基本信息："辽 AK4481" 重型半挂牵引车，品牌为解放牌，车身颜色为红色，使用性质为货运，准牵引总质量为 40 吨，出厂日期为 2014 年 3 月 24 日。该车初次登记日期为 2014 年 4 月 1 日，2017 年 7 月 7 日转移登记至沈阳建华新物流有限责任公司，实际所有人为李某林，检验有效期至 2019 年 4 月 30 日，发证机关为辽宁省沈阳市公安局交通警察支队。截至事发时，该车有 8 条交通违法记录未处理，其中 5 条为超速违法行为，3 条为不按规定车道行驶违法行为。

经营资质：该车于 2017 年 7 月 7 日取得沈阳市浑南区交通运输管理处颁发的道路货物运输证，证号为"辽交运管沈字 10616805 号"，经营范围为普通货运、大件运输，有效期至 2019 年 4 月 30 日。

车辆综合性能检验情况：该车于 2018 年 3 月 21 日经沈阳市车辆综合性能检测有限公司综合性能检测合格，并出具了《机动车安全技术检验报告》，检验有效期至 2019 年 3 月 21 日。

车辆保险情况：该车在中国人民财产保险有限责任公司辽宁省分公司

---

① 本部分资料主要来自 G75 兰海高速兰临段 "11·3" 重大道路交通事故调查组《G75 兰海高速兰临段 "11·3" 重大道路交通事故调查报告》（2019 年 8 月 19 日）（内部调研资料）。

投保机动车交强险 12 万元、第三者责任险 100 万元、车辆损失险 14 万元，保险终止日期为 2019 年 4 月 2 日。

（2）"吉 B2870 挂"重型低平板半挂车。基本情况："吉 B2870 挂"重型低平板半挂车（以下简称半挂车）系李某林之父李某东于 2014 年 4 月通过宋某宝从江苏徐州易达交通运输设备有限责任公司购买的非法拼装半挂裸车，车身颜色为红色，无车辆中文品牌相关铭牌（车辆后号牌下方标有"徐州易达交通运输设备有限公司"字样，车辆右侧喷涂"徐州易达"字样），购买后未办理车辆入户手续，未取得机动车号牌、行驶证、道路运输证等证件。2017 年 2 月 11 日，李某林非法购买"吉 B2870 挂"号牌后，将该号牌悬挂于该半挂车上。至事故发生时，所购买的行驶证手续显示核定载质量为 25 吨。在此期间，李某林每年向"吉 B2870 挂"登记所有人吉林市意通物流有限责任公司缴纳管理费。

车辆安全技术检验：2017 年 6 月 16 日，该半挂车经吉林市翔鹿机动车检测有限公司检验合格。2018 年 8 月 23 日，吉林省吉林市公安交警支队车管所委托辽宁省鞍山市公安交警支队车管所受理该半挂车年审审验申请，2018 年 8 月 27 日，经辽宁省鞍山市台安东方机动车检测有限责任公司检验合格，出具《机动车安全技术检验报告》，并经辽宁省鞍山市公安交警支队车管所审验合格，检验有效期至 2019 年 8 月。

《机动车安全技术检验报告》显示，仪器设备检验项目共 5 项，检验结果均为合格；人工检验项目共 7 项，其中 6 项结果判定为合格；底盘动态检查内容中制动系未检验。另外，此次检验未检验出半挂车第三轴右轮制动分泵固定螺栓处陈旧性破损问题（事故发生后，经委托甘肃中信司法鉴定所对肇事牵引车和肇事半挂车技术状况进行鉴定证实）。同时，《机动车安全技术检验报告》建议显示：一轴行车制动率已接近标准限值（检测结果为 56.2/2.2，标准限值为 ≥55/≤10）。

半挂车注册登记及手续流向情况：经查，"吉 B2870 挂"号牌对应的原始挂车系吉林省吉林市意通物流有限责任公司所属车辆，原挂车品牌为"陕西"牌，车身颜色为红色，车辆类型为重型低平板半挂车，使用性质为货运，核定载质量为 25 吨，出厂日期为 2007 年 12 月 17 日，初次登记日期为 2009 年 8 月 3 日，实际所有人为尹某林，发证机关为吉林省吉林市公安局交通警察支队。2010 年 4 月 13 日，尹某林办理转移登记，将车辆登记所有人变更为吉林市意通物流有限责任公司，每年向该公司缴纳 1300～

1500 元不等的管理费。之后，尹某林将该车手续转卖给辽宁省沈阳市许某彪（只转卖半挂车手续，并未办理车辆注册转移登记）。2016 年 6 月，许某彪又将该半挂车手续转卖给辽宁省沈阳市的周某。2016 年 10 月，周某将该半挂车手续抵押给辽宁省沈阳市的邢某臣。2016 年 11 月 29 日，辽宁省沈阳市的贾某伟从周某、邢某臣处购买该半挂车手续。2017 年 2 月 11 日，贾某伟将半挂车手续以 7 万元卖给肇事车主李某林。

半挂车原车体流向情况：2010 年 4 月，半挂车所有人尹某林将该车手续转卖给许某彪后，半挂车车体仍由尹某林本人持有。2011 年 2 月，尹某林将半挂车车体卖出，经 4 次转卖后，于 2018 年 8 月 18 日被吉林市龙潭区恩臣收购站收购后解体卖给钢厂。

肇事牵引车和半挂车技术鉴定情况：事故发生后，甘肃中信司法鉴定所接受委托对肇事牵引车和肇事半挂车技术状况进行鉴定，证实，肇事半挂车在事故发生前的制动系统不符合《机动车运行安全技术条件》（GB7258—2017）的相关要求。

（3）肇事车辆装载货物及捆绑情况。肇事车辆实际载运货物为SCC4000 型履带起重机副臂上节臂 1 节、后配重块 2 块、吊钩 2 个、货物搬运小车 1 辆，总重为 28.06 吨，超出行驶证核定载质量 3.06 吨，其中 1 块 10 吨重的后配重块未单独捆绑，4 吨重的起重机副臂上节臂仅用棕绳捆绑。

2. 肇事车辆驾驶人及车主情况

（1）李某，肇事车辆驾驶人，辽宁省沈阳市人，2011 年 2 月 24 日初次领取驾驶证，准驾车型 A2，有效期至 2027 年 2 月 24 日。事发时驾驶证状态为正常。2011 年 3 月 23 日取得道路运输从业资格证，从业资格类别为经营性道路货物运输，有效期至 2023 年 3 月 23 日。经鉴定，排除事发时酒驾、毒驾嫌疑。

（2）李某林，肇事车辆实际所有人，黑龙江省哈尔滨市依兰县人，2012 年 12 月 20 日初次领取驾驶证，准驾车型 C1，有效期至 2018 年 12 月 20 日。事发时驾驶证状态为正常，事发时乘坐于肇事车副驾驶位置。

3. 涉事企业情况

（1）沈阳建华新物流有限责任公司。该公司系“辽 AK4481”重型半挂牵引车登记所有人，2017 年 5 月 31 日注册成立，法定代表人为邵某革，注册地址为辽宁省沈阳市浑南区长青南街 135－1 号；2017 年 6 月 23 日取得沈阳市浑南区交通局颁发的《道路运输经营许可证》，有效期至2021年6月22日，经营范围为普通货运、大型物件运输（一类）。该公司时有5辆重型半挂牵引车，均为挂靠车辆。

（2）吉林市意通物流有限责任公司。该公司系"吉B2870挂"重型低平板半挂车原始车辆登记所有人，2008年5月21日注册成立，注册地址为吉林市船营区越北镇沙河子广场统泰物流中心305室，法定代表人为姚某军，实际负责人为万某舫（姚某军之妻）。2016年7月7日取得吉林市运输管理处颁发的《道路运输经营许可证》，有效期至2020年7月7日，经营范围为道路普通货物运输，大型物件运输（一类）。该公司时有4辆重型半挂牵引车和5辆半挂车，其中公司出资购买牵引车1辆，其余均为挂靠车辆。

（3）海南鑫捷通物流有限公司。该涉事公司于2001年8月13日注册成立，法定代表人王某红。2017年12月13日取得海南省海口市交通运输管理处颁发的《道路运输经营许可证》，有效期至2018年12月12日，经营范围为货物专用运输（集装箱）、货物专用运输（冷藏保鲜设备）、货物专用运输（罐式容器）、大型物件运输、道路普通货物运输。

（4）徐州易达交通运输设备有限公司。该公司系肇事半挂车车体非法拼装企业。注册成立于2007年11月9日，公司地址为江苏省徐州市沛县龙固工业园区，已于2015年停业。

（5）辽宁省鞍山市台安东方机动车检测有限责任公司。该公司系肇事半挂车的检测机构，2005年7月11日注册成立，有效期至2025年7月11日，法定代表人为董某军，注册地址为台安县工业园区，经营范围为机动车检测、机动车环保尾气检测。

（6）吉林市翔鹿机动车检测有限责任公司。该公司系肇事半挂车的检测机构，2009年8月26日注册成立，有效期至2024年8月26日，法定代表人为张某伟，注册地址为吉林市船营区和平路215号，经营范围为汽车性能检验服务。

4. 事发路段情况

（1）道路及环境情况。G75兰海高速公路兰临段起点位于兰州市晏家坪，终点位于临洮县曹家沟，全长为93.037千米。事故现场位于G75兰海高速兰州南收费广场，距兰州南收费站岗亭185米。事发路段为双向4车道，路幅宽24.5米（收费广场南侧道路全宽为65.5米）。该路段设计车速为 80 千米/时，最高限速为小型车辆 100 千米/时、大型货车 70 千米/时。该路段以七道梁为界呈南高北低地势，自新七道梁隧道出口至收费站为 12.19 千米的连续长下坡，平均坡度为 3.83%，最大纵坡为 5.8%，隧道段纵坡为 2.11%。

（2）避险车道设置情况。事发路段在设计阶段未设置避险车道，2004 年底建成通车后，因发生过多起交通事故，2005 年在该路段增设 4 处避险车道，2016 年 10 月又新增 1 处避险车道并对另 1 处避险车道位置进行了调整。事发时，该路段共有 5 处避险车道，分别距新七道梁隧道兰州方向出口 10.855 千米、8.03 千米、6.66 千米、4.91 千米、1.635 千米，每处避险车道前方均连续设置有 4 块警告提醒标志和太阳能照明灯光指引系统。

（3）沿途标志设置情况。事发路段从新七道梁隧道出口至兰州南收费站 12.19 千米长下坡路段共设有标志牌 135 块。其中，禁令标志为 23 块，警告标志为 73 块，指示标志为 37 块，告示标志为 2 块。

（4）兰州南收费站情况。兰州南收费站位于主线直线段，属于主线收费站。收费广场中心的纵坡坡度为 2.9%。收费广场设置 10 个收费车道（4 个入口车道和 6 个出口车道），并设有 1 处紧急通道出口。收费广场实测宽度为 24.5~65.5 米，收费岛间车道宽度实测为 3.2 米，紧急通道宽度为 8.6 米，收费岛宽度为 2.25 米，长度为 42.7 米，收费岛下缘高度为 0.25 米，收费车道的净高为 6 米，收费岛的端部具有一定高度并收敛成楔形，端部有醒目的标记。收费站雨棚中间设置 "紧急通道" 文字提示板，文字规格为 3 米 ×3 米；紧急通道出口处及出口前 100 米各设置一组路面文字标记及导向箭头；在收费站前设置有 42 盏路灯。据兰州南收费站监控视频显示，事发时出口方向 4 个人工收费车道和 2 个 ETC 通道均正常工作；事发后，19 时 25 分 1 条车道开始免费放行，此后其他车道陆续免费放行，19 时 28 分，所有车道均免费放行。

（5）事发路段实地核查及符合性检查情况。受 G75 兰海高速兰临段 "11·3" 重大道路交通事故调查组委托，中交第一公路勘察设计院有限责任公司对事发路段进行了实地核查及符合性检查，所出具的《兰海高速公路事故路段（K4+290－K16+480）实地核查及符合性检查报告》显示：该路段平面指标、纵断面指标、横断面指标、圆曲线段超高取值、5 条避险车道设置满足《公路工程技术标准》（JTJ 001－97）和《公路路线设计规范》（JTJ 011－94）相关规定。中央分隔带的防眩设施、道路轮廓标的设置满足《高速公路交通安全设施设计及施工技术规范》（JTJ 074-1994）和《公路交通安全设施设计规范》（JTG D81-2006）相关规定。根据夜间驾驶调查结果，事发路段的轮廓标设置满足连续性要求，避险车道两侧红色轮廓标能清晰反映避险车道位置和线形。行车道沥青路面抗滑性能满足《公路沥青路面养护技术规范》（JTJ073.2-2001）要求。

兰州南收费广场位于主线直线路段，纵坡坡度为2.9%，通视良好，几何设计指标取值、收费岛及收费车道几何尺寸、收费车道建筑限界、收费广场宽度渐变满足《公路路线设计规范》（JTJ 011-94）相关规定。收费广场东侧大型高照度灯源和5处避险车道照明区域照度符合《公路照明技术条件》（GBT 24969-2010）要求。

5. 事发路段路面巡逻执勤情况

（1）高速交警勤务巡逻情况。11月3日9~17时，兰州市公安交警支队韩家河高速公路大队七道梁中队辅警牟某亮、胡某在七道梁隧道兰州方向出口处执行守点提示勤务。8时30分至12时，韩家河高速公路大队民警马某斌、辅警于某龙、路某在兰州南收费站执行定点勤务；9~12时，民警戴某乐、辅警王某在兰临高速公路K0-K21.5区间执行巡逻勤务；14~17时戴某乐、王某、路某在兰州南收费站执行定点勤务，民警郭某海、于某龙在兰临高速公路K0-K21.5区间执行巡逻勤务；17时30分至19时30分，民警蔡某军、马某斌执行定巡结合勤务，19时辅警蔡某军、马某斌、严某男、于某龙、王某共同开展夜查行动。事故发生后，全体执勤人员第一时间赶到现场。

（2）路政执法管理巡查情况。11月3日9时10分至11时30分，兰临高速公路路政执法管理大队执法人员乘坐路政车"甘AA6275"对G75兰海高速公路K0-K21区间实施了路政巡查，巡查范围内的公路及公路附属设施完好，事发路段无道路施工作业。

6. 事发时的天气情况

根据气象部门提供的天气信息，事发点位为阴天，19时气温为3.2摄氏度，20时气温为3.1摄氏度，无降水，西北风1~2级，能见度为30千米。

（三）"11·3"重大道路交通事故的经过和性质

"11·3"重大道路交通事故发生后，甘肃省立即成立了处置领导小组，兰州市成立了事故调查组，指挥组织开展应急救援、善后处理和事故调查等工作。

1. 事故经过

（1）事故发生。2018 年 10 月 30 日 16 时，肇事车辆车主李某林同驾驶人李某驾驶"辽 AK4481"重型半挂牵引车，牵引"吉 B2870 挂"重型低平板半挂车载运轮胎从沈阳出发。

11 月 1 日到达西宁市卸货后，于 11 月 2 日 6 时 46 分到达甘肃省临夏州广河县。当日在广河县与海南鑫捷通物流有限公司长沙分公司昆山项目部装货现场员翟某国签订运输合同，装载 SCC4000 型履带起重机部分配件运往辽宁省盘锦市。

11 月 3 日上午，在广河县体育场建设工地装载 SCC4000 型履带起重机副臂上节臂 1 节、后配重块 2 块、吊钩 2 个、货物搬运小车 1 辆，总重为 28.06 吨。翟某国在现场监督车辆装载和捆绑，11 时前后装载完毕，翟某国将车辆装载及捆绑情况拍照传回公司审核备案。

11 月 3 日 18 时 5 分，驾驶人李某驾驶肇事车辆驶入康临高速广河收费站，11 月 3 日 18 时 27 分许由康临高速驶入 G75 兰海高速。该车进入新七道梁隧道后按限速行驶（限速 60 千米/时），出隧道后升挡加速，在通过重型货车 70 千米/时限速牌和出隧道 1.2 千米处"长下坡路段低挡行驶"的安全提示牌后，未以低挡低速方式行驶，而是继续加油提速至 10 挡行驶，在出隧道口 2.3 千米后，车速超过该路段 70 千米/时的限速。随后车速继续增加，在通过距隧道口约 5 千米的第二个避险车道时车速达到 98 千米/时。随后，驾驶人连续制动 6 秒，车速降至 89 千米/小时，松开制动后，车辆经过距隧道口 6.6 千米的第三个避险车道时车速又升至 98 千米/时，之后 26 秒驾驶人未制动，当车速达到 100 千米/时后驾驶人连续制动 9 秒，车速降至 94 千米/时。此时，驾驶人发现制动气压不足，降速不明显，车辆制动处于失灵状态。4 秒后车速升至 97 千米/时，驾驶人又连续 7 秒制动后，经过距隧道口 8 千米的第四个避险车道时，车速上升至 103 千米/时。驾驶人发现车辆制动彻底失效，车辆处于失控状态。车辆继续前行 1.5 千米左右后，驾驶人开启了双闪警示灯（此时车速为 112 千米/时），继续行驶 1.3 千米，通过距隧道口 10.8 千米的第五个避险车道时车速达到 114 千米/时。车辆再继续行驶 1.2 千米后，于 19 时 21 分 37 秒以 116 千米/时的速度与兰州南收费广场内正在行进的"甘N25856"重型仓栅式货车发生碰撞，随后连续与13辆车直接碰撞，并导致周围18辆车相互碰撞。事故发生时，肇事车辆装载的货物全部被甩出，其中起重机副臂上节臂直接砸中"甘NX7151"五菱牌小型普通客车，造成小型普通客车内10人全部当场死亡（该车核载7人），在其他散落物和车辆碰撞的共同作用下，造成小轿车"甘AF5Q17"内2人当场死亡、"甘AAT998"小轿车内1人当场死亡、"甘DC2461"小轿车内1人当场死亡、"甘P29210"小轿车内1人经抢救无效死亡。此次事故共造成15人死亡，45人不同程度受伤。

（2）应急救援。一是开展紧急救援。事故发生后，正在兰州南收费站外广场执勤的兰州市公安局交通警察支队韩家河高速公路交警大队民警立即开展现场救援，并紧急通知消防救援、120急救等部门，迅速上报了事故情况。兰州市消防支队紧急调派全勤化指挥组1个大队、3个中队携带破拆装备赶赴现场，兰州市120急救中心紧急派出救护车和医护人员赶赴现场开展医疗救治工作。事故发生后，共有45名伤者被紧急送往医院检查和救治，事故医疗救治医院按照"先救治、后统一结算"的原则，采取一切措施给予积极救治。医院按照救治流程，多学科会诊，全力救治每一位伤员。来自北京积水潭医院的两位权威骨科专家与兰州军区兰州总医院的医生一起对每一位伤者逐一进行会诊，提出治疗建议，指导救治工作。甘肃省还从北京请来两位心理咨询专家与本省心理咨询专家一起，对轻伤患者开展一对一的心理疏导。其中，22人经检查无伤情后于11月4日凌晨离院，23人住院治疗；截至12月22日，受伤住院治疗人员全部出院。

二是进行指导指挥。事故发生后，党中央、国务院领导高度重视，做出明确指示批示。公安部、交通运输部、应急管理部、国家卫生健康委及时派出工作组指导事故调查和应急处置工作。甘肃省政府立即启动重大道路交通事故应急预案，全面开展应急救援工作和事故调查取证工作。甘肃省委书记、省长等领导带领公安、应急管理、交通运输、医疗卫生等部门和兰州市委、市政府主要负责人迅速赶赴事故现场和救治医院，指挥应急处置和医疗救治工作。甘肃省委、省政府召开专题会议，研究部署事故应急处置和调查工作，省政府成立了"G75兰海高速兰临段'11·3'重大道路交通事故调查组"（以下简称事故调查组），省政府为进一步细化工作职责，成立了"兰州市'11·3'重大道路交通事故处置领导小组"和

"兰州市'11·3'重大道路交通事故调查组",指挥组织开展应急救援、善后处理、事故调查及交通整治等工作。①

甘肃省、兰州市两级公安部门立即组织警力实施现场管控、外围交通管制和事故现场勘查等工作。甘肃省交通运输厅养护、收费、路政管理等部门与交警、消防、医疗等部门积极开展伤亡人员抢救转移、事故现场人员疏散、安全作业区域防护、秩序维护、车辆疏导、救援清障等工作。2018 年 11 月 3 日 23 时 30 分许，医疗部门对现场受伤及被困人员抢救转移完毕，消防部门排除了事故车辆油料泄漏危险，交警部门事故现场勘验工作结束。11 月 4 日 3 时 20 分，高速公路兰州清障救援一大队现场清障作业结束。11 月 4 日 11 时许，事发路段交通恢复正常。

（3）通行保障。事故发生后，公路管理部门积极采取措施保通保畅。一是增加公路养护力量。调配养护人员、机械设备和保障物资，加强兰临高速公路、212 国道的养护和保畅工作。二是加密警示提醒设施。在 17 千米连续下坡路段和 5 处避险车道安装高音喇叭、闪光指示带、探照灯，延伸道路灯，昼夜提示行车安全。针对雨雪天气及冬季道路结冰情况，及时采取管控措施。三是优化路网布局。推进兰州市周边出口路段改造，在 2018 年 12 月底前建成兰州南绕城高速公路，通行兰临高速公路的大型货车通过西果园立交桥，分流到南绕城高速公路，不再由兰州南收费站进入市区。兰州南绕城高速公路项目同步由交通运输部公路科学研究院道路安全研究中心进行第三方交通安全性评价，随后根据评价结论优化相应措施。四是举一反三，进行全面排查。组织对全省公路进行排查，对重点路段开展安全性评价，根据第三方评价单位提出的意见建议，有针对性地制定优化完善方案，并加以实施。

（4）善后处理。事故发生后，兰州市政府立即成立事故处置领导小组，设立了 8 个工作组，抽调 200 多名工作人员，按照每位死者 1 个工作小组的原则，一对一负责协调死者善后、家属接待和安抚工作，先期已向每位死者家属预付 10 万元丧葬费，并妥善安排好从外地来兰州的 129 位家属的食宿，临夏州和东乡县两级党委政府积极配合兰州市对当地死者家属

---

① 《甘肃省人民政府成立兰州市"11·3"重大道路交通事故调查组和处置领导小组》，甘肃省政府网站，http：//www.gansu.gov.cn/art/2018/11/6/art_35_412675.html，最后访问日期：2020 年 6 月 16 日。

进行了安抚和慰问。① 截至 2018 年 12 月 3 日，15 名遇难者均已安葬；12 月 22 日，15 名遇难者及 45 名伤者的善后赔偿全部完成。

（5）事故调查。在公安部、交通运输部、应急管理部事故督导组的指导下，甘肃省政府为进一步细化工作职责，成立了兰州市"11·3"重大道路交通事故处置领导小组和兰州市"11·3"重大道路交通事故调查组，依法依规加快推进事故原因调查、善后处理及道路交通整治等相关工作。

一是司法介入。肇事车辆驾驶员李某 2018 年 11 月 3 日晚被公安机关控制，接受调查。兰州市检察院获悉该事故后，于当晚派员赶赴现场了解情况，并主动与公安机关对接。11 月 4 日，兰州市检察院依法提前介入侦查，就案件定性、规范取证等问题向公安机关提出建议。11 月 7 日，肇事车辆驾驶员李某及车主李某林因涉嫌交通肇事罪，被兰州市公安机关依法刑事拘留。11 月 14 日，经兰州市七里河区人民检察院批准逮捕。2019 年 8 月 2 日上午，七里河区人民法院公开审理了此案。8 月 29 日上午，兰州"11·3"重大道路交通事故案一审宣判，两名被告人分别以交通肇事罪被判处有期徒刑七年。②

二是安全评价。兰临高速公路发生重大道路交通事故后，重庆交通大学工程设计研究院有限公司作为第三方，对事故发生路段进行了安全性评价。评价认为，"11·3"重大道路交通事故路段坡长、收费站设置等技术指标以及避险车道、紧急通道、标志标牌、振荡标线、监控设施等交通安全设施均符合规范。③

2. 事故性质

2019 年 8 月 19 日，甘肃省政府批复了甘肃省应急厅《关于上报 G75 兰海高速兰临段"11·3"重大道路交通事故调查处理报告的请示》（甘应急发〔2019〕33 号）。经调查认定，G75 兰海高速兰临段"11·3"重大道路交通事故是一起道路交通生产安全责任事故。

---

① 《兰州市政府关于"11·3"重大道路交通事故善后处置工作的通报》，搜狐网，https://www.sohu.com/a/275710542_470493，最后访问日期：2020 年 6 月 16 日。
② 《兰州"11·3"重大道路交通事故案两被告被判刑七年》，光明网，https://legal.gmw.cn/2019－08/30/content_33120448.htm，最后访问日期：2020 年 6 月 16 日。
③ 《甘肃省交通运输厅关于兰州市"11·3"重大道路交通事故涉及 G75 兰海高速公路兰临路段评估情况的通报》，新浪网，http://mil.news.sina.com.cn/2018－11－18/doc－ihmutuec1289775.shtml，最后访问日期：2020 年 6 月 16 日。

二　案例分析

（一）理论分析工具

1. 道路交通系统构成要素

交通事故的发生往往是多种因素综合作用的结果。根据社会－技术系统理论，可将道路交通系统看成一个复杂的社会－技术系统。该系统可主要划分为四个子系统：人员子系统、技术子系统、组织和管理子系统、环境子系统（见图 1）。

图 1　道路交通系统的构成

人员子系统主要是指交通参与者共同构成的系统（交通管理者属于组织和管理子系统），他们的失误行为会直接导致交通事故的发生。在交通参与者中，又以驾驶员的地位和作用更为重要。随着智能交通系统（ITS）的发展，驾驶员的行车环境正在发生巨大变化，驾驶员在道路交通系统中的地位和作用也有一定程度的变化，但驾驶员在道路交通系统中还是占重要地位。技术子系统主要指车辆、道路环境等一系列技术要素构成的子系统。随着先进技术在道路交通系统中的应用，技术了系统在道路交通系统中的地位也越来越重要。组织和管理子系统主要是指道路交通管理部门，该子系统从宏观上对人员子系统和技术子系统进行管理和调控。这三个子系统的运作都要受环境子系统的影响，包括政治、社会、经济的影响。道路交通系统是一个开放的、能随内外变化而相应变化的灵活的系统。道路交通系统中的这四个子系统之间是相互影响、相互制约的。各个子系统之间协调运作，是保证道路交通系统正常运行的前提条件。因此，交通事故的发生与道路交通系统中各子系统都有一定的关系。

为了预防事故的发生，必须弄清事故发生原因——事故致因因素，通过消除、控制致因因素，防止事故发生。人们通过不断总结经验，逐渐形成了许多事故致因理论，各相关部门也从不同角度采取了各种措施来防止交通事故的发生。

在研究人员子系统时，人们发现，不妥当或违章的个人行为会直接导致交通事故的发生。因此，提高交通参与者特别是驾驶员的可靠性，是防止交通事故发生的有效措施之一。例如，通过驾驶技能培训、安全教育提高驾驶员素质，或制定法律、法规约束驾驶员的违章行为。

从技术子系统的角度来看，车辆、道路环境等硬件的故障，同样会导致交通事故的发生。道路、交通和车辆工程等专业和机构重点研究车辆、道路环境的安全技术，即通过科技手段来提高车辆和道路环境的可靠性和安全性，从而提高交通安全。

根据以上这两种事故致因理论，预防交通事故主要通过改变驾驶员的行为与采用科技手段。这两种方式通过提高道路交通系统中人员子系统和技术子系统的可靠性来提高交通的安全性。虽然这两种事故致因理论对预防交通事故都起到了积极作用，但忽视了人员子系统与技术子系统都要受组织和管理子系统的控制和影响，没有认识到管理因素作为潜在因素在事故致因中的重要作用。

2. "瑞士奶酪"模型的基本原理和构造

曼彻斯特大学心理学教授詹姆斯·瑞森（James Reason）在吸纳海因里希、舒赫曼、菲伦泽、伯德、爱德华兹等学者相关理论的基础上，在其著作《人的差错》（*Human Error*）中提出了"瑞士奶酪"模型，即 Reason 模型。Reason 模型认为，事故通常不是孤立因素导致的，而是系统缺陷共同作用的结果；组织各层次的缺陷不一定必然导致事故，当所有层次的缺陷同时出现时（光线穿透奶酪），系统就会失去多层次的防御保护而发生事故。[1]

该模型认为，事故发生遵循"决策错误，管理不善，形成不安全行为的直接前提，产生不安全行为，防御系统失效"的规律。在 1995 年的后续研究中，瑞森又进一步深化了组织缺陷对系统安全的影响途径，提出了

---

[1] James Reason, "Human Error: Models and Management", *British Medical Journal*, Vol. 320, No. 7237, 2000, pp. 768-770.

组织事故病理学模型（见图2）。① 瑞森将组织错误、作业场所危险因子和个体/群体失误称为事故的贡献因素，认为事故是由组织缺陷经现行失效路径与潜在失效路径对系统安全及纵深防御产生影响而导致的不期望后果。现行失效路径产生于高层决策，通过不同作业场所下错误产生和违章升级的条件，延续至相关人机界面中操作者的不安全行为，最终突破系统防御而引发事故；潜在失效路径则直接产生于组织过程，危及系统的纵深防御机能。

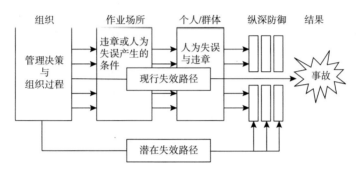

图 2　组织事故病理学模型

资料来源：田水承、徐磊、陈婷：《基于 Reason 模型的煤矿事故致因分析》，《矿业安全与环保》2009 年第 3 期。

Reason 模型的创新点在于其系统观的视野，在对不安全事件行为人的行为分析之外，更深层次地剖析出影响行为人的潜在组织因素。这一模型从一体化相互作用的分系统、组织权力层级的直接作用，到管理者、利益相关者、企业文化的间接影响等角度全方位地拓展了事故分析的视野，并以一个逻辑统一的事故反应链，将所有相关因素进行了理论串联。将 Reason 模型用于道路交通安全事故研究的意义，就在于让我们用系统思维考虑问题，这为我们认识道路交通安全事故的原因及预防事故的发生提供了新的思路。

3. 道路交通安全事故致因模型

基于社会－技术系统理论和 Reason 模型，结合道路交通安全的基本情况，有学者对 Reason 模型进行了一些修正和完善，提出了一个交通事故的显性/隐性故障的交通事故致因模型（见图3）。该模型主要分为人员子系统、技术子系统、组织和管理子系统、环境子系统四个层次。

在该模型中，交通事故的致因分为显性故障与隐性故障。道路使用者

---

① James Reason, "A System Approach to Organization Error", *Ergonomics*, Vol. 38, No. 8, 1995, pp. 17 – 21.

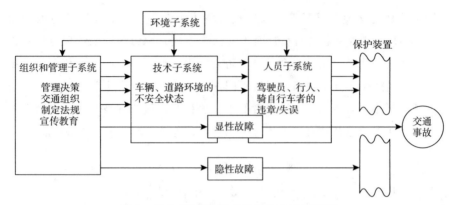

图 3　显性/隐性故障的交通事故致因模型

资料来源：毛敏、喻翔：《道路交通事故致因分析》，《公路交通科技》2002 年第 5 期。

因违章或失误冲破最后一道保护装置而导致交通事故，这是显性故障，是导致交通事故的直接原因。但是，人员子系统要受技术子系统影响，并同时受高一层的组织和管理子系统决策的影响，因此，只看到导致交通事故的直接原因是不够的。隐性故障会使系统中存在导致交通事故发生的可能，增加交通系统的危险性。隐性故障会间接导致交通事故的发生，但是，它的失效是通过人员子系统和技术子系统的失效而表现出来的，因此常常被人们忽视。这里的隐性故障，并不是通常人们所理解的发生在设计、安装、维修阶段的人为失误，而是特指管理错误。虽然交通组织和管理子系统的决策在时间、空间上是远离事故现场的，但这些因素都严重地影响着交通事故发生率。交通组织和管理子系统如果未能从宏观上协调人员子系统和技术子系统的关系，就有可能使道路交通系统中存在导致交通事故的潜在危险。例如，不合理的交通组织方式造成交通阻塞，从而导致交通事故率上升，就属于隐性故障。

交通事故的显性故障告诉人们直接发生了什么，而隐性故障则说明了事故发生的深层根源。显性/隐性故障的交通事故致因模型强调了道路交通系统中最不易觉察到因而危险性最大的隐性故障。

隐性故障对防止交通事故相当重要，这是出于以下两个原因：如果隐性故障没有被消除，类似交通事故的重发率将很高；因一个隐性故障常常可能牵涉多个潜在的错误，所以消除隐性故障是防止交通事故发生的经济有效的途径。

交通参与者的失误是导致道路交通事故的直接原因，但这只不过是深层原因的征兆。这是因为，人的失误不是一种独立、随机的现象，而是交通工作环境的系统结果。合理的组织和管理子系统会使人员子系统与技术子系统协调运作，避免道路交通系统中潜在危险的存在。如果将交通参与者的失误称为战术失误，那么交通组织和管理失误可称为战略失误。因此，只有认识到潜在的事故致因因素，采取有效的措施消除战略失误，才能从根本上有效地防止事故的发生。

4. 本文的分析框架

基于以上对交通事故致因模型的分析，本文提出一个由人员子系统、技术子系统、组织和管理子系统、外界环境子系统共同构成的道路交通安全事故致因模型（见图4）。在人员子系统方面，主要是肇事司机的违章驾驶、车主的违法行为和装货员的违规装载等不安全行为；在技术子系统方面，主要是车辆、道路环境的不安全状态；在组织和管理子系统方面，主要包括主体责任、领导责任、监管责任、工作职责、风险治理、技术资源和宣传教育等方面；在外界环境子系统方面，主要包括政治、社会、经济等方面的负向影响。我们要重视显性故障（显性危险因素），即直接原因，更要重视隐性故障（潜在危险因素），即间接原因。隐性故障会增加交通系统的危险性。如上所述，交通参与者的失误是导致道路交通事故的直接原因，但它们只不过是深层原因的征兆。既要降低和避免事故的发生率，更要降低和避免事故的重发率。同时可以看出，组织和管理机构在提高交通安全方面的作用不容忽视。随着现代先进的信息技术、通信技术、人工智能以及计算机网络技术等在交通领域的应用，交通安全政策的制定、资助及方案的执行，正在从强制措施转变为交通运输系统内部的基本职能。目前，世界各国都在研究发展智能交通系统，其中一个重要目标就是要提高交通安全。要从战略上实现保障交通安全的目标，提高交通安全水平，就应该使道路交通系统中的组织和管理部门协调道路建设、车辆制造、法律执行、公共卫生、事故后处理及公共教育等机构之间的关系，使整个道路交通系统的安全管理各部门相互联系、相互协调。

（二）"11·3" 重大道路交通安全事故致因分析

1. "11·3" 重大道路交通事故原因概述①

（1）直接原因。事故调查表明，驾驶人李某驾驶制动系统不符合安全

---

① 来源于 G75 兰海高速兰临段 "11·3" 重大道路交通事故调查组。

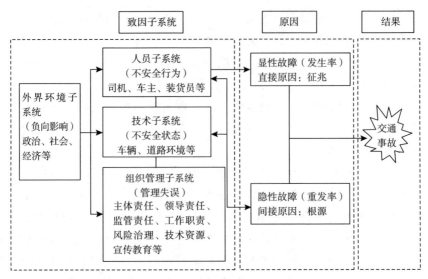

图4 道路交通安全事故致因模型

技术标准且制动储气筒接头处有漏气隐患的半挂车驶入事发长下坡路段，驾驶人李某未按交通标志提示采用低挡低速行驶，而是超速行驶且频繁使用制动，致使牵引车及挂车制动器发热，整车制动距离加大，制动效能减弱，失灵直至失效，并且驾驶人临危处置不当，从发现制动失灵至事故发生行驶约5千米，经过2处避险车道均未驶入避险，也未采取报警求助等其他应急处置措施。

（2）间接原因。一是有关企业安全生产主体责任不落实。沈阳建华新物流有限责任公司和吉林市意通物流有限责任公司安全管理工作流于形式，对挂靠车辆长期挂而不管。海南鑫捷通物流有限公司安全管理相关规定不落实，导致肇事车辆超载运输，装载捆绑不符合规定，致使事故伤亡和损失扩大。二是地方交通运输、公安交管等部门安全监管责任落实不到位。辽宁省沈阳市浑南区、吉林省吉林市交通运输部门履行日常监管职责不到位，对运输企业未认真履行安全生产主体责任的问题执法不严，对企业存在的安全隐患和问题督促整改不力。辽宁省鞍山市、吉林省吉林市公安交管部门履职尽责不到位，对非法改装车辆审验数据审核把关不严。甘肃省兰州市、临夏州公安交管部门工作监管职责落实不力，工作存在纰漏。三是地方政府工作职责落实不力。临夏州东乡县达板镇政府落实道路运输安全监管不到位，未认真落实上级政府对"三类车辆"安全管理的部署。

2. "11·3"重大道路交通事故致因分析

（1）人员子系统致因：主要是肇事司机的违章驾驶、车主的违法行为和装货员的违规装载等不安全行为。该车驾驶员李某和车主李某林身为交通运输从业人员，安全教育培训缺失，安全意识淡薄，严重忽视车辆行驶安全，违反交通运输管理法规。其不安全行为主要表现在：没有参加培训，交通安全意识差；发现肇事机动车制动有问题后未进行检修；超速、超载行驶；频繁使用制动导致其失灵失效；临危处置不当，既不紧急避险，也不报警求救；买卖国家机关证件等。

甘肃省公安厅事故调查的情况通报表明，2018年10月21日，驾驶员李某已发现肇事机动车制动有问题并多次告知并要求车辆实际所有人李某林修理，但直至事故发生，后者都未对制动系统进行检修。① 经鉴定，事故发生前肇事机动车制动系统不符合《机动车运行安全技术条件》（GB 7258–2017）要求。驾驶员李某事发时在长下坡路段频繁使用制动，致使牵引车和挂车制动器发热，制动效能减弱，因挂车制动储气筒接头处肇事前有漏气现象，制动效能进一步减弱，整车制动距离加大，制动失灵，造成车辆失控。在发现该车制动失灵后，在长约5千米的路程中，途经2处避险车道，肇事人并未采取紧急避险措施。肇事机动车有超载违法行为，超出行驶证核定载质量3.06吨；货物装载时捆绑固定存在安全隐患，加剧了事故损害结果。事故调查得知，车主李某林购买非法拼装车辆，非法购买半挂车号牌，未办理车辆入户手续，未取得机动车号牌、行驶证、道路运输证等证件，未办理车辆注册转移登记。

同时，海南鑫捷通物流有限公司长沙分公司昆山项目部装货现场员工翟某国未落实现场监督职责，肇事车辆超载以及所载运货物捆绑不符合要求，导致在事故发生时所载货物甩出，造成12人当场死亡。

甘肃省东乡县人驾驶员马某（在事故中死亡）违规超载拉客，其"甘NX5171"五菱牌小型普通客车核载7人，实载10人（均当场遇难）。

（2）技术子系统致因：主要是车辆、道路环境的不安全状态。

首先是车辆问题。半挂车主要存在非法改装、制动系统不符安全技术标准和制动储气筒接头漏气、违法装载捆绑、超速行驶等问题。

---

① 《甘肃省公安厅关于兰州市"11·3"重大道路交通事故调查的情况通报》，兰州发布微信公众号，https://mp.weixin.qq.com/s/PO9Ff7dPWnLDcEuMSJyJ3w，最后访问日期：2020年6月16日。

从调车辆性能来看，调查显示，"吉 B2870 挂"半挂车系非法拼装半挂裸车；车主李某林之父李某东购买后未办理车辆入户手续和注册转移登记手续。

从车辆制动来看，事故发生后，经相关方调查鉴定证实：肇事半挂车在事故发生前的制动系统不符合《机动车运行安全技术条件》的相关要求；挂车制动储气筒接头处肇事前有漏气现象。事故前相关部门年审《机动车安全技术检验报告》显示：半挂车第三轴右轮制动分泵固定螺栓处存在陈旧性破损问题；一轴行车制动率已接近标准限值。

从车辆速度来看，该车进入新七道梁隧道后按限速行驶（限速 60 千米/时），出隧道后升挡加速，在通过重型货车 70 千米/时限速牌和出隧道 1.2 千米处"长下坡路段低挡行驶"的安全提示牌后，未低挡低速方式行驶，而是继续加油提速至 10 挡行驶，在出隧道口 2.3 千米后车速超过该路段 70 千米/时限速，随后车速继续增加，在通过第二、第三个避险车道时车速达到 98 千米/时，之后驾驶人发现制动气压不足，车辆制动处于失灵状态；经过第四个避险车道时，车速上升至 103 千米/时，驾驶人发现车辆制动彻底失效，车辆处于失控状态，经过第五个避险车道时车速达到 114 千米/时；于 19 时 21 分 37 秒以 116 千米/时的速度与兰州南收费广场内正在行进的"甘 N25856"重型仓栅式货车发生碰撞，随后连续与 13 辆车直接碰撞，并导致周围 18 辆车相互碰撞。

从车辆载货来看，肇事车辆存在超重装载、货物违规捆绑安全隐患。本次事故发生时，肇事车辆装载的货物全部甩出。交警部门认为，重型货车超载超限是事故频发的主因。①

从交通量及行人来看，时值周末返程进城高峰期，兰州南收费站排队等候缴费车辆较多。事故中，33 辆车受损、14 人当场死亡、1 人抢救无效死亡、45 人不同程度受伤。

其次是道路环境问题。总体来看，路段、收费站评估表明虽然符合建设标准规范，但当时舆论质疑事故路段存在一定的安全风险隐患，主要包括道路设计和收费站选址问题、收费技术落后导致的收费站排队拥塞问题、多次发生严重事故而没有得到有效整改问题等。道路本身的缺陷在客观上会给车辆行驶带来一定的风险隐患。

新七道梁长下坡路段坡长路陡：兰临高速公路新七道梁 17 千米长下坡

---

① 根据统计，重载货车失控引发的事故占事故总数的 90% 以上，高达 92%～93%。

路段弯道、坡道多、连续下坡。该路段以七道梁为界呈南高北低的地势，自新七道梁隧道出口至收费站为 12.19 千米连续长下坡，平均坡度为 3.83%，最大纵坡为 5.8%，隧道段纵坡为 2.11%。事发路段为双向 4 车道，设计车速 80 千米/时，最高限速为小型车辆 100 千米/时，大型货车 70 千米/时。事故现场位于 G75 兰海高速兰州南收费广场，距兰州南收费站岗亭 185 米。兰州南收费广场位于主线直线路段，纵坡坡度为 2.9%。

长下坡路段极具事故频发风险：该路段属于长距离、多弯下坡路段，长度达 17 千米，一直属于事故多发路段之一。同时，该路段毗连兰州市区，是公安部和甘肃省多年来重点治理的危险路段。该种路况致使车辆在行驶中面临很高的操控难度，尤其是对重载的大型车辆而言，更容易出现车辆失速、刹车失灵等严重问题。当地交警部门于 2018 年春运期间发布的一份"出行提醒"中提到，兰海高速新七道梁隧道至兰州南收费站有 17 千米的长下坡路段，易刹车失控，过往车辆应低挡低速，减速慢行。"11·3"重大道路交通事故与该路段几年前发生的多起事故成因几近相同。2010 年 12 月 22 日 3 时 38 分，一辆满载萝卜的失控货车一头扎进兰临高速公路兰州南收费站，"抹平"了三号收费岗亭，"扫毁"了二号收费岗亭，并将一辆正在缴费的夏利车撞飞至 100 米远处。那次惨烈的事故造成 1 人死亡，7 人不同程度受伤。2012 年 11 月 7 日晚 8 时许，兰临高速公路兰州收费站前发生一起交通事故，12 辆车连撞，造成 3 人死亡，多人受伤。

兰州南收费站选址存在安全隐患：收费站处于坡下终点位置，过站收费的操作，降低了通行速度，致使车辆滞留严重，加大了两个方面的风险：一是下坡路段车辆动能增大，司机在驾驶过程中，即便采取低挡低速模式也难以避免频繁刹车动作。这种情况会对车辆尤其是大货车的刹车系统造成损害，甚至出现本次事故中刹车失灵实效的危险情况。二是大量车辆滞留，缩小了车辆在紧急情况下的避险空间，也导致潜在的受害人群规模增大。一旦出现极端情况，就很容易造成群死群伤的悲剧。一位长期从事道路桥梁设计的专家认为，收费站引道不能满足车辆等待缴费的需要，易造成主线拥堵，一旦大型货车失控冲入排队缴费的车流，就会造成恶性事故。兰州南收费站修建在市区，一旦发生事故，失控车辆往往直接冲进市区，给前方车辆、行人以及失控车辆本身构成严重威胁。

收费技术落后导致收费站排队拥塞：兰州南收费站位于主线直线段，属于主线收费站，而 ETC 通道仅设 2 个，其车辆收费的技术化水平很低；

另外事故导致 31 车受损，足见排队等候缴费车辆也不少。

多次发生严重事故而道路没有得到有效整改：连续 17 千米的长下坡，紧接着是一个等待缴费排长队的收费站，这样的道路设计所带来的隐患和风险是否需要整改呢？据《中国商报》报道，兰海高速 2004 年开通以来，这段 17 千米的陡坡路段至少造成了 66 人死亡。为此，早在 2013 年，甘肃省交通厅就曾与兰州市政府会商采取了一系列整治举措，但遗憾的是其中并不包括道路基本设计和收费站设置的缺陷所带来的风险治理措施。

（3）组织和管理子系统致因，包括管理决策、交通组织、制定法规、宣传教育等方面。该事故暴露出来的组织错误集中在相关组织主体和个体的"失责缺位"上，主要体现在主体责任、领导责任、监管责任、工作职责、风险治理、技术资源和宣传教育等方面（见图 5）。

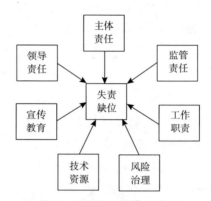

图 5　组织子系统错误致因

一是涉事企业安全生产主体责任缺失。有关企业安全生产主体责任不落实。沈阳建华新物流有限责任公司和吉林市意通物流有限责任公司安全管理工作流于形式，对挂靠车辆长期挂而不管。海南鑫捷通物流有限公司安全管理相关规定不落实，导致肇事车辆超载运输，货物装载捆绑不符合规定，致使事故伤亡和损失扩大。相关企业负责人，对事故发生负有重要领导责任，因其行为涉嫌犯罪，已被司法机关追究相应的法律责任。

二是相关部门监管责任落实不力。有关地方交通运输、公安交管等部门负责人和工作人员安全监管责任和履职责任落实不到位。辽宁省沈阳市浑南区、吉林省吉林市交通运输部门履行日常监管职责不到位，对运输企业未认真履行安全生产主体责任的问题执法不严，对企业存在的安全隐患和问题督促整改不力。辽宁省鞍山市、吉林省吉林市公安交管部门履职尽责不到位，对非法改装车辆审验数据审核把关不严。甘肃省兰州市、临夏州公安交管部门工作监管职责落实不力，工作存在纰漏。有关地方政府工作职责落实不力，临夏州东乡县达板镇政府落实道路运输安全监管不到位，未认真落实上级政府对"三类车辆"安全管理的部署。

三是车辆安全技术检验机构的检测把关不严。事故调查表明，徐州易达交通运输设备有限公司涉嫌非法拼装不符合国家标准的机动车，辽宁省鞍山市台安东方机动车检测有限责任公司、吉林市翔鹿机动车检测有限公司对机动车安全检测把关不严，均对事故的发生负有重要责任。辽宁省鞍山市公安交警支队车辆管理所、吉林市公安局交通管理支队车辆管理所，未认真严格履行车辆审验职责，致使非法拼装车辆审验合格，其负有相关领导和直接责任。

四是事故隐患排查和风险治理不彻底。该路段的安全风险评估，存在重技术规范、轻本质安全的问题。受 G75 兰海高速兰临段"11·3"重大道路交通事故调查组委托，中交第一公路勘察设计院有限责任公司对事发路段进行了实地核查及符合性检查，所出具的检查报告显示，该路段及兰州南收费广场均符合相关设计规范和技术标准。值得注意的是，目前我国的道路安全评价通常将道路是否符合规范当成安全评判标准。课题组认为，是否符合规范只是评判安全的一个方面，实际上道路符合规范和实质安全是两回事。道路符合规范而实质安全不足的情况在实践中并非鲜见，仅以规范作为衡量标准的安全评判，并不是全面客观的安全评价。合理的安全评价应由一个独立的、多学科的、有经验的团队对道路现有的或将来的所有安全问题进行评审，而不只是以是否符合条文规定作为检查评估标准。

该路段的安全风险整治，存在"发现早，处置弱，不彻底"的问题。2013 年 11 月 11 日《兰州日报》曾给出一组数据：自 2004 年 12 月底开通至 2013 年 6 月 15 日，兰临高速新七道梁长下坡路段（此次事故发生路段）共有 240 辆车辆失控，造成 42 人死亡，55 人受伤。其中失控车辆冲入兰州市区引发事故 18 起，造成 31 人死亡，36 人受伤。仅 2012 年该路段就发生 55 起失控事故，造成 9 人死亡。[①] 同时，《兰州日报》也曾对该路段的道路设计和交通安全管理做过专项报道，呼吁当地有关部门采取切实举

---

① 引自《兰海高速事故教训：让司机的归司机，道路的归道路》，网易新闻，https://www.163.com/news/article/DVRD7LTS000187R3.html，最后访问日期：2020 年 6 月 16 日。

措，进一步加强对该路段的安全管理工作。2013年，甘肃省交通厅与兰州市政府针对该事故路段开展了会商和沟通，采取了一系列整治举措，主要是设置避险车道、电子显示屏、提示警示指路牌、仿真警察、紧急通道、发布安全风险提示等，但未改变道路的基本设计和收费站的设置。应该说，有关部门的这些举措还是起到了一定的安全风险预防效果，从2014年初到2018年11月2日，该事故路段的交通运行相对安全（见图6）。

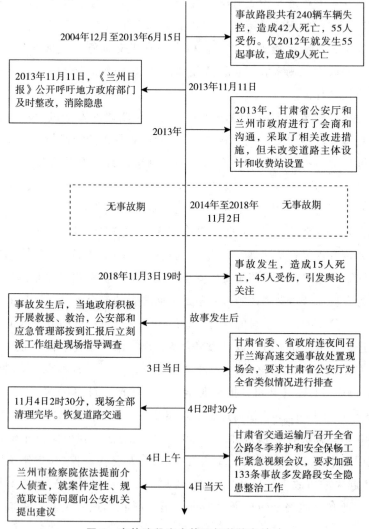

图6 事故路段安全管理相关信息统计

资料来源：谷文杰：《兰州11·3重大交通事故应急管理分析》，腾讯网，https://mp. weixin. qq. com/s/0b3zggMqEobzAq45D - vZiA，最后访问日期：2020年6月16日。

从综合公开资料可以看出，有关部门采取的安全防范措施除了建设避险车道外，都属于驾驶行为管理层面，并未对道路的基本设计和收费站的设置等客观风险因素做出有效调整，忽略了道路本身在客观上对车辆行驶造成的挑战和难度，如不合理的应急减速车道、收费站选址和收费方式、高速出入口等均成为风险隐患。

值得肯定的是，这次事故发生后，长下坡路段的整改治理被再次提上了日程。2019年5月24日，甘肃省交通运输厅对甘肃省公路交通建设集团有限公司《关于兰临高速公路长下坡路段改造处治工程可行性研究报告》做出了批复，在长下坡路段新建货车下坡专用道路，全长为13.562千米，估算总投资为196668万元。对既有兰临高速部分路段的路面、交通安全设施，进行安全性提升改造；增设兰州南、井坪收费站收费车道和劝返站，增设大型车辆服务站和安全检查站。

五是安全技术、资源条件受限，教育培训宣传缺位。一方面，我国长大纵坡存在明显的"车不适应路"的结构性矛盾，我国货车车型大型化趋势十分明显，大型货车整体性能低下是我国当前的实际国情。公路纵坡指标对应的设计对象——货运代表车型已发生了巨大变化，从之前普通的"载重车型"发展变化成为"六轴铰接列车"。

货运主导车型综合性能严重降低（见表1）。对比可见，发动机最大功率增大了3~4倍，但总质量增大了6~7倍，最终整体性能（发动机最大功率与总质量之比）却明显降低了40%以上。而车辆功率重量比的巨大差异，必然引起其在上坡爬坡能力和下坡制动性能方面的巨大变化。

表1　不同时期四种典型研究车型的性能对比

对比车型	2014标准 试验车型	《细则》 研究车型	2003标准 研究车型	1997标准 研究车型
	东风天龙牵引车 DFL4251A9/ 罐式半挂东岳 CSQ9401GYY	东风载货车 EQ5208XXY2	东风EQ1108G6D16/ 东风EQ3141G7D	解放/黄河 载重汽车 EQ-140
总质量（吨） （车货总质量）	49/55	20.9	12.6/14.15	8.0
轴数（个）	6	3	2	2

续表

对比车型	2014 标准试验车型	《细则》研究车型	2003 标准研究车型	1997 标准研究车型
	东风天龙牵引车 DFL4251A9/罐式半挂东岳 CSQ9401GYY	东风载货车 EQ5208XXY2	东风 EQ1108G6D16/东风 EQ3141G7D	解放/黄河载重汽车 EQ－140
发动机最大功率（千瓦）	250	155	118/132	74.4
发动机最大功率（千瓦）	12	6	6	5
功率重量比（千瓦/吨）	5.12/4.55	7.42	9.37/9.33	8.3

资料来源：《透过 11·3 兰海高速公路重大事故，如何看待我国山区高速连续纵坡存在的安全问题？》，知乎，https://www.zhihu.com/question/301378668/answer/525515117，最后访问日期：2020 年 6 月 16 日。

由于高速公路货运车型组成和主导性车型性能条件等的发展变化，引起了高速公路货运代表性车型（六轴半挂式铰接列车）的综合性能不适应山区高速公路纵坡条件和要求，存在明确的"车不适应路"的结构性矛盾，"上不去，下不来"。所谓"上不去，下不来"，是指某类车型不能以高速公路设计的通行条件要求，以合理的速度，高效、安全地上坡和下坡。同时，因地理、地质、线型、坡度、收费站位置设置等因素影响，在短期内全部改造所有类似长下坡隐患路段也是不现实的。因此，"车不适应路"是长大纵坡路段货车制动失效、车辆失控事故较为集中多发、连续上坡路段拥堵等问题的深层次矛盾和根源之一。

另外，涉事企业以及交通运输管理部门对驾驶人、企业负责人和安全管理人员的安全教育培训管理缺失，导致挂靠车辆车主、驾驶人和管理人员安全意识淡薄、安全处置能力低下。

（4）外界环境子系统致因，包括政治、社会、经济的影响。政治稳定、经济发展和社会进步，是做好道路交通安全管理工作的有力保障。甘肃作为西部欠发达省份，经济发展滞后、社会治理能力欠缺，在某种程度上制约着道路交通安全治理体系和治理能力的现代化。

综上所述，交通事故的发生，不只是简单的某个因素影响的结果，而是多因素相互综合作用的结果。在实践中，人们更多关注显性因素而忽略隐性因素。因此，研究事故致因的重点，应该是找出导致交通事故的潜在危险因素，消除预防事故的盲目性和片面性，防止危险因素转化为事故。道路安全问题的根源在于：第一，人的问题，包括责任、意识、形态、道德、社会不和谐等方面；第二，法律、法规、制度问题；第三，科学水平和技术手段问题，包括建设、制造、管理等方面。在这些根源中，"人"是一切安全问题的最终根源。国内外学者对大量事故的深入研究显示：在导致交通事故的原因中，与人有关的原因占93%～94%，与车有关的原因占8%～12%，与道路有关的原因占28%～34%。美国学者的研究结果表明（见图7）：单纯由人引起的交通事故比例最大，达到了57%，人－路、人－车、人－车－路综合引起交通事故分别为37%、6%和3%。由人参与引起的交通事故占到了总数的93%，单纯由道路和车辆引起的交通事故很少。人是事故中的关键因素，对事故的发生起着决定性作用。所以，研究交通事故，就要重点研究人的因素。

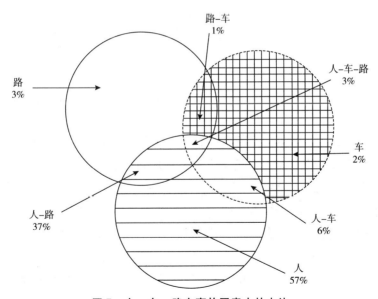

图7　人、车、路在事故因素中的占比

资料来源：席敏：《行人交通违规行为的心理研究与探讨》，《湖北成人教育学院学报》2011年第5期。

三 政策建议

从战术层面来看，要解决交通参与者的失误（显性故障、直接原因）；从战略层面看，要解决交通管理组织的失误（隐性故障、间接原因）。我们既要重视显性故障（显性危险因素），也不能忽视隐性故障（潜在危险因素），管理和组织机构在提高交通安全方面的作用不容忽视。要从战略上实现保障交通安全的目标，提高交通安全水平，就应该使交通系统中的组织和管理部门协调道路建设、车辆制造、法律执行、公共卫生、事故处理及公共教育等机构之间的关系，使整个交通系统的安全管理部门相互联系、相互协调。

这次事故暴露出驾驶员违规驾驶，道路设计和收费站选址、收费技术落后导致的收费站排队拥塞，多次发生严重事故而没有得到有效整改等很多具有代表性的问题。为此，要防治此类交通事故，就必须在战术层面（显性故障）和战略层面（隐形故障）双管齐下，全方位、立体化和综合性施策。

（一）防治显性故障（显性危险因素）：增强驾驶人的安全意识与安全责任

人是一切安全问题的根源。人的安全道德与安全责任是关键中的关键。长久之计是提高全民的安全道德水准，当前之计是加强各种人的责任意识，技术手段、法律法规需逐步完善。总之，"钥匙"就是人。道路交通安全中的人，主要包括交通参与者——驾驶人（司机、飞行员）、乘客、乘车人、行人、骑车人；交通建设者——规划、设计、建设者；交通管理者——政府、部门、岗位人员。着力强化驾驶人的安全意识能力和职业责任，是消除显性故障的根本之策。

1. 提升驾驶培训质量，培养驾驶员的规则意识和安全意识

长下坡公路不是中国独有的。对于危险道路，在国际上，有公认的三个级别的安全对策方法：消除、减轻、警告。也就是说，能消除的一定要消除，消除不了的要设法减轻（在路侧障碍物前增设导轨型护栏就是一种减轻方式），减轻也做不到的就要有充分的警告，让驾驶人能设法保护自己，少犯错误。长下坡路的危险，消除不易，但是减轻和警告，应该是能尽量做好的。

2. 货车驾驶员在出车前，要注意检查"三况"

第一个是了解要走的路的路况和天气情况，冬季要注意下雪结冰路段，雨季要注意湿滑路面；第二个是了解车辆的车况，如刹车系统、淋水系统等；第三个是了解车辆的装载情况，注意有没有超载。如果在车辆行驶过程中，发生刹车热衰退、长时间制动导致刹车片功能丧失、车速不能有效减速等情况，可以通过减挡、间歇性踩刹车来降低车速，并寻找最近的自救匝道，驶入自救匝道可以避免更大的损失。

3. 打造"自诠释道路"，"积极引导"驾驶人做正确的事

自诠释道路，就是要用积极引导的办法，设法在视觉方面吸引和控制驾驶人的注意力，及时告诉驾驶人该怎么做。在此次事故中，制动失效后车速加快，驾驶人惊慌失措，错过了收费站上游最后两个紧急避险车道，导致事故发生。如果提前通过视觉控制与引导告诉司机在哪里要控制车速、车速控制到什么程度、在哪里要控制车距、车距应该控制在多少、在哪里要检查刹车等，事故或许就能有效避免。

4. 尽可能减少会引起驾驶人突然改变驾车状态的因素

很多事故的起因，都与出乎意料的非常规因素打乱了基于心理预期建立起来的一连串自动化动作有关，这种突然出现的状况会导致驾驶人"磕绊"。在持续长下坡、多弯道的路上，有两种非常典型的突发事件就是"变道超车"和"弯道疾驰"，这会使行驶速度和车距发生突然改变，导致前方或后方车辆的驾驶人措手不及，更频繁地使用刹车。解决这两个问题的关键，一是控制车距，二是控制车速，三是抑制危险的变换车道行为。可以利用标志和标线技术，在路面、路侧提供更清晰准确的参照物。抑制超车行为，相关部门就需要在标志标线上做功课，一方面设置禁止超车标志，另一方面改变行车道的标线形式，用实线代替虚线，还可以增加隆声带来强化这种提示。在危险路段前，一定要禁止超车。在限速方面，在设置降速限制时，也要每隔 300 ~ 800 米做一次降速提示，逐级降低车速，以便提示驾驶人，车速逐级降低、路况逐渐复杂，这是道路路况的一种"自诠释"方式。可参考美国的国家标准要求，限速标志要每隔 3.2 千米设置 1 次，以便让驾驶人有持续的限速意识。

5. 结合长下坡等道路情况，加强对货车的积极引导和管理

在实际中，大货车长下坡刹车失灵引发的事故并不鲜见，这些都提醒我们要检视我国当前的货车技术标准要求、监督检查机制以及驾驶培训机制。追求发展速度，不能以牺牲生命为代价。应该设法结合道路条件进行一些改善：一是要在路上提示驾驶人避免刹车过热，尽量使用液力缓速器；二是要在刹车开始过热的路段，设置醒目和容易使用的降温区，强制车辆进行降温；三是国家应该考虑在这类货车上安装刹车系统温度传感器的可行性，以便给驾驶人明确报警提示。在一些特别危险的地方，应考虑设置强制要求大货车进行临时停车降温或检查后再通过的设施，这样做也许会牺牲更多效率，但如果没别的方法，也比冒险更值得。在紧急避险车道之前，应设置充分的预告设施，告诉驾驶人在哪个位置就应该检查刹车了，而不是让驾驶人一路往下开，等错过了紧急避险车道才发现刹车失灵。

（二）防治隐性故障（潜在危险因素）：强化相关主体的责任

1. 严格落实道路运输企业安全生产主体责任

要督促道路货运企业进一步建立完善安全生产管理制度，同时健全安全生产监管机构，严格执行安全生产法规制度和规范技术。要积极推动道路货运企业建立安全风险管控和隐患排查治理双重预防机制，加强风险辨识管控，认真梳理货运车辆装载、捆绑、维修等关键环节的安全风险，及时排查整改安全隐患问题。要加强企业信用管理，落实失信联合惩戒制度，将发生重大生产安全事故和存在严重违法违规行为的道路货运企业和驾驶员纳入"黑名单"管理。要加强货运车辆安全准入，严禁不符合国家标准的非法改装拼装车辆从事生产经营活动，严查非法买卖车辆号牌、行驶证、道路运输证等违法行为。

2. 强化大型货车安全源头管控

要严厉打击非法改装拼装不符合国家标准机动车的行为，加大对非法生产、销售机动车违法犯罪行为的惩处力度，对涉及的企业要移交有关部门依法严肃处理。要严厉打击非法买卖货运车辆相关手续等违法行为，对车辆转移登记过程中只进行手续交易不进行实车交易的违法行为，一律按照涉嫌买卖国家机关公文罪予以调查处理，从源头上震慑和遏制非法生产、销售、改装拼装机动车的行为。

3. 严把车辆安全技术检验关

要加大对机动车安全技术检验机构的管理，督促其认真履行机动车安全检测职责，规范检验行为，做到应检尽检。要严厉打击机动车安全技术检验机构车辆查验审核不严、为不符合国家标准的车辆出具检验合格报告的违法行为。要对机动车检验机构及技术人员进行全面清理整顿，不具备条件的不得继续开展检验工作或者担任检验人员。对检验机构未取得资格许可，或者倒卖、出租、出借检验资格许可证书，超出许可的检验范围开展机动车安全技术检验的，要依法从重处罚。

4. 加强路面管控和巡逻执法检查

要强化路面交通秩序管控，依法严惩机动车违法违规行为。公安交管部门要加强重点路段和重点时段的巡逻执法力度，严肃勤务计划，坚持全时段、全方位联勤联动，严厉查处超速、超载、超员、疲劳驾驶等违法行为，提升路面安全管控工作成效。公安交管、交通运输等部门要进一步健全联合治超机制，规范执行超限超载执法标准，严厉打击货运车辆超限超载等违法行为，有效预防货车道路交通事故。

5. 加强公路通行保障能力建设

要深入开展公路安全隐患排查治理工作，对发现的安全隐患积极采取措施进行整改。要加大风险管控力度，进一步健全公路建设运营全过程的风险辨识与评价制度，系统全面地梳理存在的安全风险点，制定科学有效的管控措施。对存在较大安全风险隐患的公路点段，要纳入整治计划，进行有步骤的改造，不断提升公路安全运营水平。

针对本次事故，有关方面要高度重视并加强兰海高速兰临段公路养护管理和通行保障能力建设工作，组织专业技术力量对公路设施开展全方位安全检查与评估。鉴于兰海高速兰临段与兰州市区距离较近，城市人口密集，要结合我国当前重型货车动力性能和辅助制动性能的实际情况，对该路段采取交通管制、分流和改造升级相结合的方式，逐步解决该长下坡路段坡陡线长的问题。

6. 加强交通事故"三防"防控举措

第一是"路防"，在长下坡危险路段，要设置警示的提示语，同时在路面上设置一些密集减速带。随着危险性增大，减速带设置的距离越短，车辆碾压后会有提示音，提示音的紧促性也逐渐加强，也是通过驾驶员握方向盘的手感来提醒驾驶员危险越来越近，提醒驾驶员提高警惕，减速慢行。第二是"人防"，要在长下坡路段的坡顶设立管控点，一旦在长下坡路段发生紧急情况，管控点立即对长下坡坡底方向路段进行交通管制，避免发生交通事故。第三是"空间防控"，交警和公路部门要建立警情协作机制，如果在监控中发现路面上有交通事故或自救匝道里有车辆驶入，双方要展开联动，交警要在第一时间赶到现场，对路段进行交通管制，待消除安全隐患后再解除交通管制。

7. 加强其他各种人的责任意识

人民群众——提升安全意识：强调安全教育，升华安全意识，提升道德水准，并使这项工作长期、持久、广泛、深入地开展下去，取得长远实效。

岗位人员——强化责任意识：加强岗位培训，提高责任意识，提升业务水平，达到司其职、谋其事、负其责、不推诿、想得到、做得快。

研究人员——注重安全技术：加强技术研究，注重实用实效，积极推进智能交通技术、交通信息化管理技术、监控监督设备、安全设计、安全运营等新技术和新设备的研发和运用。比如，对收费站进行技术改造，鼓励 ETC 交费，实现高速公路人工收费车道移动支付全覆盖。

职能部门人员——加强安全管理：制度规章研究、管理策略研究、方法手段研究，已经做得很好，还需要做得更好。

政府人员——完善法规体系：逐步完善、健全各项交通管理法律制度和管理手段，严格执法、严格落实，如实现客货分离，取消高速公路省界收费站，等等。

（课题组组长：李喜童；主要成员：吴常林、王兴文；本报告主要执笔人：李喜童）

大型活动安全管理

——中国-亚欧博览会安全管理工作

摘要：中国-亚欧博览会是由新疆维吾尔自治区政府主导的国家机制性博览会，是我国与亚欧国家开展国家（地区）合作的重要平台，是建设丝绸之路经济带的重要举措，也是展示新疆形象、推动经济发展的重要窗口。2011~2020年，新疆已成功举办6届中国-亚欧博览会。作为国家级区域性国际展会，其安全管理工作始终坚持"四个坚决防止"和"两个确保"，从未发生过重大突发事件，确保展会各项活动顺利举办并取得预期成果。中国-亚欧博览会已形成较为成熟的安全管理工作机制，为举办其他大型活动提供了宝贵经验，更为今后做好大型活动的安全管理工作带来了深刻启示。进入新的发展阶段，大型活动安全管理工作要实现高质量发展，就必须始终坚持把安全发展理念贯穿于各领域全过程，坚持从源头防范化解重大风险，以标准化管理提升工作质量，并且不断用科技为安全赋能。

关键词：大型活动；安全管理；中国-亚欧博览会

一 中国-亚欧博览会概况

中国-亚欧博览会（以下简称亚博会）是由新疆维吾尔自治区政府、新疆生产建设兵团会同商务部等29个国家有关部委办局、金融机构联合主办，由新疆维吾尔自治区政府主导的大型对外交流合作会议。亚博会是我国与亚欧国家开展国家（地区）合作的重要平台，是建设丝绸之路经济带的重要举措，也是展示新疆形象的重要窗口。截至2020年，亚博会已成功举办了6届，逐步成为水平较高、质量较高、影响力较大的国家层面的对外发展平台，带动了相关经济产业蓬勃发展，对推动新疆经济发展具有重要意义。①

(一) 亚博会的重要意义

新疆与我国周边的 8 个国家接壤。独特的区位优势,决定了新疆是我国西部的战略屏障,是我国对外开放的重要门户。举办亚博会,发挥新疆东引西出、向西开放的地缘优势,将其打造成区域的国际交流平台,对拓展与中亚、西亚、南亚和欧洲各国全方位多领域的经贸合作具有十分重要的意义。

1. 亚博会是进一步推动沿边开放、向西开放的载体

新疆是我国西部的战略屏障,是我国实施向西开放战略的重要地区。在乌鲁木齐举办亚博会,发挥新疆区位优势,将其打造成区域的国际交流平台,对拓展与亚欧各国全方位、多领域的经贸合作具有十分重要的意义,有助于进一步发挥新疆在"一带一路"中的重要作用。

2011 年 7 月 13 日,新疆维吾尔自治区党委宣传部和新疆国际博览事务局联合召开新闻发布会,公布亚博会的会标、吉祥物,并开通其官方网站。会标、吉祥物是亚博会的品牌、标志和象征。

亚博会的会标(见图 1)寓意为"交汇",由字母"a"和"e"组成,分别是亚洲(Asia)和欧洲(Europe)的英文单词首字母,由它们交织而成的字母"X",是新疆的汉语拼音开头字母。会标寓意新疆是古丝绸之路东西方的交汇点,飞舞的丝绸彩带将中国的"中国结"与西方的"蝴蝶结"融为一体,意味着亚博会是中国与亚欧各地相互交流与合作的纽带,体现了亚博会"开放、交流、合作、共赢"的办会理念,同时展示了新疆"开放、自信、和谐、进步"的形象。会标文字部分中"CAE EXPO"为"中国－亚欧博览会"的英文缩写,"XINJIANG"表示会议举办地点。

亚博会的吉祥物是"新新",代表"新疆天马"(见图 2)。马作为古代丝绸之路重要的交通工具,是连接亚欧两地的使者。马又有"马到成功"之意。吉祥物"新新"象征着亚博会是成功、圆满的盛会。"新新"之名来自"新疆"的"新",代表举办地新疆。"新新"胸前绣有亚博会会标,袖口与裤腿上绣着新疆民族花纹,形象可爱、活泼、欢乐、大方,

---

① 关志强、刘蓉、丁宇、马瑛:《节事活动旅游公共服务设施 IPA 评价——以 2018 年中国－亚欧博览会为例》,《西北师范大学学报》(自然科学版) 2020 年第 4 期。

直观地展现了亚博会的特色与举办地新疆的地域特征。欢快跃起的"新新"张开双手表达新疆人民的好客之情,欢迎全世界的人民相聚新疆,参加亚博会盛会。

图 1　亚博会的会标

图 2　亚博会的吉祥物"新新"

2. 亚博会为新疆经济发展提供了重要的平台

亚博会为新疆带了大量的投资和发展机会。从首届亚博会签约总额 1850.56 亿元①增长到第六届亚博会签约总额 2709.43 亿元。② 亚博会为新

① 《首届中国－亚欧博览会内联合作项目签约 1850 多亿元》,中国政府网,http://www.gov.cn/jrzg/2011－09/03/content_ 1939801.htm,最后访问日期:2021 年 5 月 8 日。
② 《第六届中国－亚欧博览会闭幕》,天山网,http://news.ts.cn/system/2018/09/01/035360596.shtml,最后访问日期:2021 年 5 月 8 日。

疆各领域推进项目落实，提供了一个更为广阔和有效的平台。亚博会以经贸交流为主线，同时在科技、旅游、文化等多领域开展交流与合作。参展的各个国家、国内多个省份及新疆各地州各部门通过在亚博会上举办形式多样、内容丰富的系列活动，搭建了一个全面多向交流的商贸、投资、文化、交通、科技互动平台，并通过亚博会所产生的聚合效应，全方位推进新疆的改革开放和现代化建设。

（二）亚博会发展的历程

亚博会的前身为乌鲁木齐对外经济贸易洽谈会（以下简称乌洽会）。1992 年 9 月 2 日，首届乌洽会在乌鲁木齐举行。全国 20 多个省份组成的 68 个交易团、600 多家企业，与 38 个国家和地区的 2000 多位客商云集乌鲁木齐，成就了当时新疆历史上最大的一次经贸盛会。2008 年举办的乌洽会对外统一称"第十七届中国乌鲁木齐对外经济贸易洽谈会"，由商务部、中国贸促会和新疆维吾尔自治区政府共同主办，乌洽会由地方性经贸洽谈会升格为国家级区域性国际展会。

1992～2010 年，乌洽会成功举办了 19 届。2011 年，乌洽会升格为亚博会。经过 19 年的实践，乌洽会已成为以开拓中亚市场为主，与放眼全球市场相结合；以扩大内地省份的经济合作吸引内资为主，与国内商品贸易相结合；以边境贸易为主，与现汇贸易相结合；以出口贸易为主，与鼓励外国进口相结合；以吸引外国地区投资为主，与走出去拓展境外投资相结合的盛会。经过 19 年的努力，乌洽会吸引了来自 70 多个国家和地区的客商参会参展，国内所有省份共 1 万余家企业参展，累计对外经济贸易总成交 396.5 亿美元，国内贸易总成交 1585.06 亿元，外贸进出口总成交 302.7 亿美元，对外经济技术合作项目成交 93.8 亿美元，国内经济技术合作项目成交合同累计 11586 份，总额为 9430.43 亿元。①

亚博会是对乌洽会的继承和升华。把连续举办了 19 届的乌洽会升级成为亚博会，是根据党中央的部署和安排，为新疆区域经济发展搭建的综合平台，是确保新疆实现社会稳定和长治久安总目标得以实现的重要工作，是充分发挥新疆在"一带一路"中核心区作用的重要举措。2011 年 9 月 1

---

① 陈蕾薇：《从乌洽会到中国－亚欧博览会：听开放心跳　逐时代大潮》，《新疆日报》2018 年 11 月 26 日。

日首届亚博会在新疆国际会展中心举办,设置有国际板块、国内板块、新疆板块、专业板块,以及高新技术园区和开发区板块等"4＋2"展示板块。按照党中央对政府主办大型展会活动的有关规定,政府主导型展会进入了以质取胜的新阶段。从 2014 年起,亚博会按照"一会一展"模式举办,逢双年举办博览会,逢单年举办商业性专业展。

(三) 亚博会的概况

1. 场地基本情况

亚博会的主场馆设在新疆国际会展中心。新疆国际会展中心是中国西部地区面向中西亚规模最大、功能最全的国际性会展中心之一,是新疆维吾尔自治区首府乌鲁木齐市的标志性建筑,是集会议、展览、大型庆典活动为一体的综合性场馆。场馆建筑面积为 32 万平方米,中心室内外展览面积达到 16 万平方米,室内有 18 个展厅,可搭设标准展位 3000 余个。场馆内设大型宴会厅、多功能厅、阶梯会议厅等 23 个,主体建筑前设置景观广场,并附设大型停车场、展品储运分拨区。[1]

2. 展会基本情况

亚博会以"一带一路"倡议为重点,加快推进交通枢纽中心、商贸物流中心、文化科教中心、医疗服务中心和区域金融中心建设进程,形成全面开放新格局,发挥亚博会作为国家机制性博览会的作用,推进亚博会与中国－中亚－西亚经济走廊、中巴经济走廊、中蒙俄经济走廊、新亚欧大陆桥经济走廊建设的合作。在亚博会的影响下,新疆积极对接"一带一路"沿线国家,落实政策沟通,与多个国家及有关地区建立了各领域、各层级近 20 个定期对话协商机制、经贸人文交流机制,形成了一批经贸、人文、科技、教育、卫生、资源开发合作成果。[2]

2011～2017 年,新疆已圆满举办 5 届亚博会,累计有 103 个国家(地区)和国际组织参展参会,境内外参展参会客商数量达到 10.3 万人次,累计参观人数达到 201 万人次。[3] 第六届亚博会于 2018 年 8 月 30 日至 9 月

---

① 课题组调研材料。

② 《2018 第六届中国－亚欧博览会》,好展会网站,http://www.haozhanhui.com/exhinfo/exhibition_ jglmj.html,最后访问日期:2021 年 5 月 8 日。

③ 《第六届中国－亚欧博览会 8 月 30 日至 9 月 1 日举办》,华夏经纬网,http://www.huaxia.com/xj－tw/xjxw/2018/06/5790612.html,最后访问日期:2021 年 5 月 8 日。

1 日在新疆国际会展中心召开。该届亚博会展览面积为 7 万平方米，设置了投资合作形象展区、国际及港澳台地区展区、商品贸易展区、精准扶贫成果展区四大展区，涵盖了工程机械及车辆、能源及高新技术装备、旅游产业、医疗器械与医药保健、纺织品服装、教育装备、农产品、食品加工与包装设备、精制食品、金融、绿色建筑建材 11 个展览题材。第六届亚博会首次设置了精准扶贫成果展区，以实物、文字及图片等多种形式集中展示新疆"访民情惠民生聚民心"驻村工作队在推进脱贫攻坚工作中所取得的成果。该届亚博会还以"政策沟通、设施联通、贸易畅通、资金融通、民心相通"为主题，组织了一系列相关产业论坛和投资贸易促进活动，搭建了中外企业贸易洽谈、投资合作的良好平台。

第六届亚博会有 35 个国家和地区的嘉宾及客商参会，包括 704 家国内外企业。微软、戴尔、强生，华为、京东、中联重科等 60 余家世界 500 强、中国 500 强企业和行业领军企业参展。从数量和规模来看，都是历届亚博会之最，体现出亚博会国际化、品牌化水平进一步提高。该届亚博会共签订内联、外联合作合同项目 162 个，涉及节能环保新材料、装备制造、文化旅游、纺织服装、商贸物流等 11 个重点领域，签约总额为 2709.43 亿元，比上一届增长了 11.98%。其中，世界 500 强企业签约金额为 519.4 亿元，中国 500 强企业签约金额为 1171.35 亿元。新疆 25 家重点企业与"一带一路"沿线 13 个国家的 29 家企业签订了 29 个外贸合同、协议，贸易总额为 104.88 亿元；签订外联项目 2 个，金额为 28.96 亿元。① 合作领域涉及铁矿石、纺织品等传统外贸项目以及跨境电商、供应链金融服务类等。此外，为拓展新平台，还启动了亚博会网上博览会，搭建起"3 天 + 365 天"交易服务平台，持续扩大成交量，拓宽展会服务功能。

第六届亚博会以中国－亚欧经济发展合作论坛为主论坛，并举行"一带一路"纺织服装产业发展论坛、"一带一路"国际物流合作论坛、"一带一路"工商论坛、"一带一路"兵团开放主题日活动，还举办"贸易及投资促进活动"和"境外贸易及投资促进活动"4 场平行论坛、22 场贸易及投资促进活动，取得了丰硕成果。② 同期还举办了第三届亚欧出版博览会、

① 《第六届中国－亚欧博览会闭幕》，天山网，http：//news.ts.cn/system/2018/09/01/035360596.shtml，最后访问日期：2021 年 5 月 8 日。
② 《第六届中国－亚欧博览会闭幕》，天山网，http：//news.ts.cn/system/2018/09/01/035360596.shtml，最后访问日期：2021 年 5 月 8 日。

第四届亚欧电影展等，为务实做好各类贸易投资促进活动，促进丝绸之路经济带沿线国家在经济、贸易、农业、科技、文化等领域的交流与合作提供了广阔的平台。亚博会以经贸交流为主线，同时开展科技、文化、交通、旅游等多领域交流与合作。以展会为平台，举行由各国首脑、工贸部长、旅游部长出席的不同层次峰会，商议本区域及次区域经贸、科技、文化、交通、旅游等各领域合作的重大问题；并由我国和周边国家相关部门联合主持各类专题论坛，邀请政府官员、专家学者、商会（协会）会长和大企业高管等与会，推动各领域双边和多边交流与对话。

二　亚博会安全管理过程及基本做法

新疆在连续举办了19届乌洽会后，又成功举办6届亚博会，针对此类大型活动的安全管理工作形成了一套比较完善的做法，积累了丰富的经验。

亚博会邀请国家领导人、外国政要以及其他省份的省部级嘉宾等重要人士出席，参展人员决定了会议的级别和安保系数。从历年亚博会邀请的国家领导人和外国政要来看，亚博会安保级别为一级警卫。这就要求亚博会的安全管理更加从严从紧部署，做到"四个坚决防止"和"两个确保"。①

每一届亚博会的筹备和举办过程都会经过多个层级、多个部门的周密部署和反复演练，制定方案，形成机制，确保万无一失。本文从亚博会办展流程的会前、会中和会后三个阶段来梳理和分析亚博会的安全管理过程及基本做法。

（一）会前预防与准备

1. 风险防控机制

（1）场地风险防控。亚博会举办主场馆是位于乌鲁木齐市的新疆国际会展中心。该中心一期、二期工程建筑面积为32万平方米，中心室内外展览面积达16万平方米，内设23个会议厅，是集会议、展览、大型庆典活

---

① "四个坚决防止"：坚决防止发生影响国家安全和政治稳定的重大事件；坚决防止发生严重暴力恐怖事件；坚决防止发生造成重大影响的群体性事件；坚决防止发生社会反映强烈的重大恶性案件和治安事件。"两个确保"：确保参会的党和国家领导人、重要外宾的绝对安全；确保亚博会成功、圆满。

动为一体的综合性场馆。① 该场馆场地宽阔，道路宽广，容纳参观人员数量也非常大，往往存在人员拥挤、踩踏风险。场馆内设施复杂，展区多展台多，也加大了办会场地的风险。对此，主办方采取了以下措施。

一是消防部门全程参与场馆布展设计，施工期间进行现场监督检查和防火巡查，对布展装饰材料进行监督送检，及时整改火灾隐患。由于展会邀请了外地嘉宾、代表，住地安全也需保障，因此提前一个月对参展人员住地宾馆进行全面排查，督促整改存在的隐患和问题。提前半个月对所有涉及博览会的场馆、要人住地的电气线路、燃气管线、消防设施、疏散通道、功能用房、厨房油烟道开展一次全面彻底的消防安全检查，严查彻改火灾隐患。对即将展出的展品进行风险评估，尤其是对易燃展品的数量和展台位置进行科学规划，签订消防安全承诺书，落实专人看守与巡逻检查，如果发生火灾，确保在3分钟内形成第一处置力量到场扑救。

二是从展会布展开始，公安部门对场地内的基础设施（包括电力、水、燃气等各种潜在的危爆物品）进行排查，并进行标识管控与区域管控，排查后没有问题的区域会贴上相应的安全标识，人员必须持相关许可证件才允许进入。对参展人员住地同样进行排爆检查，合理安排警力，结合"网格化"巡控工作，做好24小时巡逻防范，维护好住地周边的治安秩序。

三是建设部门对场地各类展台建筑、灯架音箱做好加固处理，防止倒塌砸伤人群；对展台、楼梯、出入口等容易发生跌倒、拥挤、踩踏的部位做好硬隔离防范。

（2）人员风险防控。从安全管理工作人员来看，亚博会是大型涉外会展活动，参与人员自身构成较为复杂，安全管理工作需要由公安机关和民间安保力量共同负责。从参展人员构成来看，既有本国嘉宾，也有外国政要；既有参观人员，也有工作人员、服务员；既有党政要员，也有平民百姓。

会场内人员的年龄、工作领域、教育背景等各不相同，而不同的人员结构就会给活动安全管理工作带来不同挑战。比如，在陌生环境遇到突发事件时，不同人群可能产生截然不同的应激反应，从而导致人们的行为也会不同。而且，由于文化素质、思想观念、宗教信仰等方面存在差异，也

---

① 课题组调研材料。

大大增加了活动过程中人员之间发生冲突矛盾的概率。因此，必须加强展馆内各类人群的安全引导、空间区隔与风险防范等。

具体安全防范措施包括：依托便民警务服务站增加外围巡逻密度和频次，预置必要的机动力量；严格出入场馆的安检措施，参观者到达一定数量时要及时进行人流导控，保持场馆内人群密度在安全范围内；发挥群防群治力量，加强可疑人员管控，防止盗窃、打架等治安事件发生。同时，做好境外媒体记者管理，准确掌握境外媒体记者住宿分布、行动轨迹、隐藏身份入境等情况，对其实施的违反规定、危害中国国家安全的行为，及时采取措施。

（3）社会面风险防控。社会系统是由复杂的人、事、物、信息所组成的组织系统，其相互之间的作用关系容易导致社会面风险事件发生。而亚博会这类大型活动因其本身的特殊性，具有重大的社会影响力，甚至是国际影响力，故而容易被各种不法分子或者敌对势力所利用，制造事端和干扰活动进程，从而对社会治安秩序和社会稳定产生不利影响。

以第六届亚博会为例，公安部门在办会前期对社会面风险进行综合评估，分析其危害程度，梳理出六个方面的不稳定因素并逐一排查化解。2020年第七届亚博会因新冠肺炎疫情的影响而延期。这也警示我们，社会风险中依然存在一些难以预见的重大风险，必须做好研判和准备。

针对风险评估出来的主要风险因素和要求，相关部门进行了源头治理、综合治理。公安、消防、街道社区等相关部门做好社会面风险防控工作，加强街面巡逻、治安卡点查控、消防和道路交通管理、危爆物品安全管控，还包括网络管控。特别是，抓好重点单位、重点部位、重点人员的安全防范，突出反恐维稳，强化重点要素管控，确保展会期间社会大环境安全有序。

2. 应急准备机制

（1）高效的指挥体系。为明确亚博会安保工作指挥职责，确保指令畅通、指挥有序，在举办亚博会期间设立安保工作总指挥部、前方指挥部、现场指挥部三级指挥体系。总指挥部负责统筹协调全面工作以及区域内的后勤保障；前方指挥部负责亚博会的各项安全保卫工作，下设办公室、情报信息和风险评估组、社会治安管控组、现场安全保卫组、要人警卫组、住地安保组、道路交通安全组、通信保障组、警务督察组、宣传报道组、后勤保障组、机动处突组等。各组实行组长负责制，各司其职；现场指挥部设在场馆内，在展会现场实时指挥调度。三级指挥体系的建立有助于统一指挥、统一部署，有效协调各方面的资源和力量。

（2）完善的方案预案。为了做好亚博会各项安全管理工作，确保参会国家领导人和外国政要绝对安全，确保亚博会安全管理工作圆满完成，新疆维吾尔自治区党委和政府，乌鲁木齐市委、市政府及公安部门坚持"活动服从安全，确保万无一失"和"从严从紧与便民利民相结合"的原则，科学谋划，周密部署，制定了一系列安全保障、应急处突的方案、预案，为风险防控和应急处突提供了重要制度保障。以第六届亚博会为例，国家层面、自治区层面、市级层面、区级层面都分别制定了不同范围的安全管理工作方案和预案，形成了严密的安全网（见表1）。

表1　第六届亚博会安全管理工作部分方案和预案

	部分方案和预案
1	乌鲁木齐市公安局第六届亚博会安全保卫工作总体方案
2	乌鲁木齐市公安局关于第六届亚博会情报信息报送和安全风险评估工作实施方案
3	乌鲁木齐市公安局第六届亚博会期间社会面防控工作方案
4	乌鲁木齐市公安局第六届亚博会期间防范处置"低空慢速小目标"飞行器（物）工作方案
5	乌鲁木齐市公安局技侦支队第六届亚博会安全保卫工作方案
6	乌鲁木齐市第六届亚博会期间来乌外籍人员服务管理工作方案
7	乌鲁木齐市第六届亚博会期间公共交通行业安保实施方案
8	关于进一步加强第六届亚博会期间实有人口管理工作实施方案
9	乌鲁木齐市第六届亚博会境外参展人员服务管理工作方案
10	第六届亚博会新疆国际会展中心现场安全保卫工作方案
11	乌鲁木齐市公安局第六届亚博会布/撤展期间现场安全保卫工作方案
12	第六届亚博会消防安全保卫工作总体方案
13	第六届亚博会论坛活动安全保卫工作方案
14	第六届亚博会网上安保工作方案
15	第六届亚博会嘉宾住地安全保卫工作实施方案
16	第六届亚博会新疆国际会展中心现场交通安保工作方案
17	第六届亚博会通信保障工作方案
18	乌鲁木齐市公安局反邪教处第六届亚博会安保工作方案
19	第六届亚博会新疆国际会展中心现场突发事件处置预案
20	2018年亚博会安全保卫工作专项督察实施方案

续表

	部分方案或预案
21	第六届亚博会安保工作后勤保障方案
22	第六届亚博会新闻宣传工作方案
23	亚博会期间外媒服务管理工作方案
24	水磨沟区公安分局第六届亚博会中心现场突发事件处置预案
25	水磨沟区公安分局第六届亚博会开幕式暨主论坛安全保卫实施方案
26	米东分局 2018 年亚博会现场周边封控安保工作方案

资料来源：课题组根据调研材料整理。

（3）有力的资源保障。亚博会是中国与其他国家和地区首脑外交的重要平台，是提升新疆品牌影响力的重要窗口，党中央和新疆维吾尔自治区领导都高度重视，投入了大量的人力、物力以及资金。公安、消防、安全、部队、武警、兵团保安、医疗等多个部门按照职责分工加强人员、经费、装备、食品和应急的保障；全力保证党中央和新疆维吾尔自治区领导以及外方政要的安全；在开放日引导现场参观的群众安全有序参展；街道社区工作人员、志愿者等也配合公安部门加强街面巡逻和馆内服务。各方力量和资源的全程参与、协同配合，确保了亚博会期间社会治安大局持续稳定。

（4）正向的舆论氛围。亚博会宣传文化工作部门专门负责亚博会期间的新闻宣传工作。各新闻媒体、主要新闻网站及所属新媒体平台通过开设专栏、组织专题、安排专访等形式，综合运用直播、评论、言论、综述、消息、通讯、图片、图标、超文本 5.0 等多种报道体裁，营造良好的舆论氛围。针对可能发生的突发事件，做好新闻发布准备工作，制定舆情应对预案。遇到突发状况和舆情事件，能够妥善处置，有效应对。此外，针对境外媒体来新疆采访，相关部门按照职责分工，各司其职、密切配合，提前做好分析研判，做好相关服务与管理，防止出现不实报道。

（二）会中监测与部署

在亚博会正式开始前，相关部门着手就各方面、各环节进行应急预案和工作方案的设计与准备，并且进行多次全方位、全过程的演练，最大限度地消除亚博会期间可能出现的风险。在会中阶段通过现场、网络、交通三个方面的安保机制同时发挥作用，确保亚博会举办过程中不出现突发事件，或者一旦发生突发事件能够快速科学有效地予以处置。

1. 现场稳控机制

在前方指挥部的统一领导下，成立亚博会现场安保组，在新疆国际会展中心设立现场指挥部，按现场稳控机制的要求发挥作用。搭建通信指挥网络平台，确保现场指挥部设备正常运行，并通过三维实景地图实时分析会场情况，进行统筹调度。按照工作方案，明确职责，科学配置力量，确保新疆国际会展中心现场各项活动安全顺利进行。

根据分级分类的原则，现场安保区域分为四个区。每个区的工作重点和人员布控都有所侧重。

（1）核心区主要是展厅区域，安保部门做好通道和贵宾馆沿线管控任务，保障公众与嘉宾的安全。

（2）警戒区主要是整个会展中心区域，安保部门做好维护参观群众的秩序，处置社会安全事件，水、电、燃气设施的管控，安防设备的检查，现场信息收集与研判，境外媒体记者和外商的安全管理，入场车辆、人员、物品的安检，周边商贩的清理整治等工作。

（3）控制区主要是警戒区以外1000米范围内的区域，安保部门负责沿线巡逻排查风险点、处置会展中心周边突发事件、实施重点线路交通管制等工作。

（4）疏导区主要是控制区之外1000米范围内的区域，安保部门负责区域内车辆的交通疏导和分流、防范化解群体性事件和重大案（事）件发生的风险、严控低空飞行物升空等。

2. 交通保障机制

由于亚博会具有非常广泛的社会关注度，展会期间在短时间内聚集大量的人员和车辆，对周边交通环境造成较大压力。为最大限度地保障重要参会嘉宾的出行安全，减轻对周边市民和单位出行造成的影响，交警部门成立了现场保卫组与交通警卫组，来负责重要嘉宾交通安保工作；成立交通秩序管控组，对活动区域和周边一定范围进行分区域限流，在必要时采取交通管制措施。同时，合理控制进入乌鲁木齐的车辆，减轻市区通行压力。交通保障机制确保了良好的道路交通秩序，为亚博会成功举办创造了畅通安全的道路交通环境。

3. 网信安保机制

为保证亚博会期间社会大环境安定有序，公安部门通过网信安保机制在网上、网下同时推进工作，牢牢掌握互联网监管的主动权。一是综合运用多种技战法，切实加强网络反恐情报侦控工作，防止办会期间发生涉恐案件。二是24小时全天候监控网络舆情，及时发现负面炒作情况，做到及时回应和处理。三是加强涉网案件侦查和网上追逃工作，及时消除影响社会稳定的安全隐患。四是加强网络信息系统安全防护，对亚博会场馆网站、办公网络、无线网络安全使用情况等进行日常巡查，发现问题及时进行处置。

（三）会后收尾与恢复

亚博会展览期一般为一周，最后一天展会结束后要有序撤展。安保部门就撤展期间工作同样制定了详细的方案，安排好警力、安保人员和医护人员，保障人员、道路、展品安全有序，做好各项应急维稳工作。撤展工作全部结束之后，反复查验，确保不留安全隐患，各工作部门依次有序撤岗。亚博会结束后，相关部门还将进行工作总结与绩效评估，查漏补缺，进一步完善工作机制和流程。

三 亚博会安全管理工作的特点与反思

对大型活动的安全管理，我国始终坚持"预防为主、安全第一"的原则。作为一项系统性的管理活动，大型活动的安全管理是对主办方、承办方以及参会方的一次全方位、立体式的考验，具有政治敏锐性强、涉及警种多、消耗警力大、管理过程时间长和社会影响非常大等特点。[1] 一旦大型活动安全管理出现任何问题或漏洞，都会带来难以估量的影响。作为新疆维吾尔自治区规格层次最高、具有国际影响力的重大展会，亚博会的安全管理工作更是人们关注的焦点。

（一）亚博会安全管理工作的特点

总体来看，亚博会安全管理工作与其他省份的大型活动的安全管理活动相比较，主要存在以下几个方面的显著特点。

1. 从中央到地方高度重视

2011年，举办了19届的乌洽会升格为亚博会，实现了由地方性展会

---

[1] 马雯、曹清旭、董霁：《西安全运会大型活动警务保障策略研究——基于SWOT - PEST分析法》，《价值工程》2019年第26期。

向国家机制性展会的飞跃。亚博会由 29 个部委主办，由商务部和新疆维吾尔自治区政府具体承办，还专门成立了新疆国际博览事务局，作为亚博会常设工作机构。以上种种变化，都充分彰显出亚博会与其他普通展会的不同。伴随展会规格升级和规模增大，与之相配套的安全管理工作也必须适应变化，要更加严格规范。

（1）分工明确。正是由于亚博会的规格为国家级机制性展会，所以展会的安全管理工作也是由中央到地方两个层级来共同开展的。根据参会领导的级别不同，配备的安保力量是由不同的部门和人员承担的。

（2）指导协作。为了确保亚博会安全管理工作的效果，中央和地方相关部门在各负其责、各司其职的基础上，中央的安保部门还会根据亚博会安保的需要，对新疆安保工作进行必要的指导，以便达到最优的安保效果。

2. 运转协调、特色鲜明的机制

对于任何一项具体工作而言，机制都起着基础性、根本性的作用。基于理想状态的运行良好的机制，甚至可能具备自我调整的能力，以便在外界条件发生不确定变化时，调整原定的策略和措施，实现对目标的优化。通过前文所总结的亚博会安全管理工作所采取的风险防控机制、应急准备机制、现场稳控机制、交通保障机制以及网信安保机制等，可以看出这是一整套运转协调、特色鲜明的机制。

（1）刚柔并济，重在服务。作为我国向亚欧开放的重要的国家机制性展会，亚博会对国家而言是国家出口战略的重要组成部分，对新疆而言是一个全面多向交流的商贸、投资、文化、交通、科技互动平台。因此，亚博会肩负着推动对外开放新格局、促进国际经贸合作与发展、推进和密切亚欧各国经贸关系、进一步加快区域经济合作进程的重大使命。这样的展会目标定位，使其安保工作一定要具备"刚性执法"和"柔性服务"两大基本职能。

一是刚性执法。从国际惯例及其他展会安保工作的经验来看，严格执法是确保展会安全的必要前提和基础。为了确保亚博会安全进行，展会安保部门及人员必须提前根据展会的需要和特点，有针对性地制定安保应急预案及工作方案，然后严格按照安保具体预案及工作方案开展各项安保工作，绝不能有所变通或擅自精简。如出现相关人员违反工作规定的情况，必须依法依规严格处理。

二是柔性服务。作为一个具有涉外性质的国家级展会,不仅要确保展会安全,还要做好服务,营造热烈祥和的会场氛围,以达到预期的目的。因此,亚博会的安保工作采取场内与场外相结合、专业力量与社会力量相结合、网上和网下相结合的办法。通过细致周密的管理,特别是全方位、全过程的公共安全服务,让参展人员感到安心与舒心。展会各项活动顺利开展,也为展会营造了轻松平和的气氛。

(2)点面结合、抓大放小。一是点面结合。对亚博会安全管理工作而言,最为核心的"点"就是确保人员的安全管理。而这个"点"又是社会治安这个"面"的一部分。要想做好"点"的安全,就不能就"点"论"点"。只有确保"面"的安全,"点"的安全才能实现。因此,会前必须高度关注社会"面"的风险防控,做到点面结合,才能确保亚博会安全管理工作落到实处。

二是抓大放小。尽管在现有的社会经济政治条件下,不可能从根本上彻底消除一切危害公共安全的各类违法犯罪活动,但是在特定时间、特定地点、特定条件下实现"局部安全"是具有现实可行性的。作为国家级展会,亚博会参展人员多、财物集中度高、社会影响面大,因此它所面临的风险更多、更复杂,必须抓住主要矛盾和矛盾的主要方面,才能确保总体安全。

与平常的社会治安管理相比,亚博会安全管理的重点是要抓主要矛盾,提前排查有可能影响展会正常开展的关键性因素,如暴恐活动、间谍活动,以及水、火、电、气、网络、交通、物流等方面出现的风险,并开展系统综合整治,确保不出现问题。对一些偶发性、非关键性安全管理影响因素,则秉承第一时间、尽快平息的原则,以保障人员安全和正常秩序为最高目标。在亚博会期间,曾经出现过个别打架闹事、盗窃等轻微的治安事件,相关部门根据应急处突预案第一时间到位,在最短的时间内平息事件,消除不良影响。

3. "三位一体"社会治安防控体系

2015年4月13日,中共中央办公厅、国务院办公厅印发了《关于加强社会治安防控体系建设的意见》(以下简称《意见》)。《意见》指出,要"创新立体化社会治安防控体系,依法严密防范和惩治各类违法犯罪活动,全面推进平安中国建设"。党的十九届四中全会也强调:"坚持专群结合、群防群治,提高社会治安立体化、法治化、专业化、智能化水平。"①

2020 年平安中国建设工作会议强调，要紧盯影响社会稳定的重大风险，打造源头防控、排查梳理、纠纷化解、应急处置的社会矛盾综合治理机制，有效维护社会大局稳定。要坚持以人民安全为宗旨，着力提高对影响群众安全突出问题的精准打击力、对动态环境下社会治安的主动防控力、对安全生产风险隐患的综合治理力，努力为人民群众创造安业、安居、安康、安心的良好环境。②

建设社会治安防控体系，就要真正做到重点要素"全掌控"，治安业务"全覆盖"，标准数据"全采集"，社会资源"全共享"，警务能力"全提升"。既要提高安全管理工作的效率、维护社会的安稳，也要增强人民群众的安全感与幸福感。因此，从本质上来说，立体化的社会治安防控体系就是多主体、多维度、多层次的治安防控体系。

近年来，新疆紧紧围绕"社会稳定和长治久安"工作总目标，大力推动了"四化"（庭院化、信息化、网格化、社会化）和"三防"（人防、物防、技防）有机融合，努力构建全社会共同参与、人防物防技防三位一体、天网地网齐头并进的立体化社会治安防控体系。③ 亚博会的安全管理工作按照国家和新疆维吾尔自治区的部署，形成了自己的特色，即"三个三位一体"④ 有机结合的防控体系。通过全要素、全方位、全周期安全治理，织密了维护社会安定、确保展会安全的公共安全网。

4. 多层级多方面多地域联动模式

虽然亚博会的具体举办地在乌鲁木齐市，但从展会的筹备、演练到正式开展再到展会结束，从来都不是单层次单主体单地域的一项活动。所以，在这一系统工程中，离不开各层级各方面的协调联动。

（1）多层级联动。亚博会的主办及承办方有国家 29 个部委和新疆维吾尔自治区党委、政府，具体执行工作主要依托乌鲁木齐市党委、政府，

---

① 《中共中央关于坚持和完善中国特色社会主义制度 推进国家治理体系和治理能力现代化若干重大问题的决定》，《人民日报》2019 年 11 月 6 日。

② 《郭声琨：深入学习贯彻党的十九届五中全会精神 努力建设更高水平的平安中国》，中国共产党新闻网，http://cpc.people.com.cn/big5/n1/2020/1113/c64094-31930227.html，最后访问日期：2021 年 5 月 8 日。

③ 王雅娟：《围绕总目标，完善乌鲁木齐市立体化社会治安防控体系的思考》，《中共乌鲁木齐市委党校学报》2017 年第 2 期。

④ 即军警民＋海陆空＋人防物防技防三位一体的立体化安全防控体系。

最终还要落到会展中心所在辖区——水磨沟区政府，甚至各个街道社区。各级党委和政府都在亚博会的筹办过程中发挥各自的积极作用，联动配合，形成了强大的合力。

（2）多主体参与。正是由于亚博会的规格高、影响大，因此不仅主办方及承办方涵盖范围广，而且从参展主体来看也是丰富多元：既有前来寻求市场的参展商，也有前来逛展会的群众；既包括新疆本地的商户和群众，也包括来自全国各地乃至世界各地的人员。特别是近年来对口援疆的兄弟省份积极参与，也成为展会上一道不可或缺的靓丽风景。

此外，为了确保展会安全有序进行，公安、特警、武警、消防、交通、卫生防疫、食品安全、后勤保障等各职能部门都以不同的角色参与到展会安全管理工作之中，还有不少社会组织和志愿者也都积极参与，发挥着越来越重要的作用。

（3）多地域协同。在亚博会举办过程中，不仅有国内各省份参与，还有多个国家和地区的参与；不仅有乌鲁木齐市参与，还有新疆各地州市参与。亚博会展出、交流的产品及服务早已超越了地域和国界，走向了世界。从一件商品的生产、运输、保管再到它的展示及销售，每一个环节都需要有严格的安全管理工作跟进。例如，通过海关时的检验检疫，货品运输过程中的安全保障，产品进展会前的安检消杀，以及在展会中的存储销售，每一个环节都离不开各地各部门的严格安全管理。

5. 面临的社会领域风险较为突出

新疆由于特殊的区情和地理位置，长期面临突出的社会稳定风险。自第二次中央新疆工作座谈会以来，经过各方面艰辛努力，新疆工作取得了重大成效。新疆以社会稳定和长治久安为工作总目标，始终高度重视民生建设，抓好脱贫攻坚和促进就业两件大事，打造共建共治共享的社会治理格局，全面强化社会治安防控体系建设，筑牢社会基础。特别是在安全惠民方面，新疆在健全防灾减灾救灾体系、加强食品药品安全监管、严格落实安全生产责任制、坚决遏制重特大安全事故发生等方面做了一系列工作，取得了显著成效。新疆经济社会发展和民生改善取得了前所未有的成就，各族群众的获得感、幸福感、安全感不断增强。总的来看，新疆呈现出社会稳定、人民安居乐业的良好局面，为迈向长治久安奠定了坚实基础。亚博会前期的大量安全管理工作都围绕着防范化解社会领域的突出风险来开展，与国家安全工作高度关联，需要有关部门协调联动，做好大量的基础性专业性工作，确保社会面安全可控，才能保障大型活动顺利举办。

（二）亚博会安全管理工作的反思

以我国《大型活动安全要求》（GB/T33170-2016）来看，当前在大型活动安全管理工作方面，重点考虑的是安全评估、人员管控、场地布局与安全导向标识、临建设施指南、安保资源配置这五个方面的内容。而从办展流程来看，一般分为会前、会中、会后三个阶段。下面笔者将这五个要素融入三个阶段，来反思亚博会安全管理工作中存在的薄弱环节。

尽管从已经举办的 6 届亚博会来看，其安全管理工作是可圈可点的，取得了非常显著的成绩，从未发生重大突发事件，确保了大型活动的安全运行，但与国际先进经验和国内发达省份大型活动的安全管理工作相比，仍然存在一些需要进一步完善和提升的方面。

1. 安全评估未能实现全覆盖

从国外以及国内多个发达省份的大型活动安全管理工作的实践来看，活动的组织方事先都会邀请专业的第三方来对活动进行安全评估，这是大型活动安全管理的重要保障。安全评估的对象应该覆盖有可能对活动顺利进行造成影响的各个方面：预案和工作方案评估、信息报送、场馆安全、人群规模及流动规律、现场安保人员的部署、组织的安全有效性、场内的安全风险点、可能出现的突发事件、配备的应急能力及装备等。专业的安全评估机构通过对这些方面进行评估，针对大型活动梳理出客观存在的风险点，如安保点位的部署、工作流程或者具体事项上存在的问题等，向主办方提出改进意见建议。

从亚博会的应急预案来看，大部分领域的安全评估工作是由政府部门自行开展的，在信息报送、人员安全等领域已开展第三方安全评估，但还有一些领域没有被评估到。例如，在展会开始之前，公安部门和消防部门会重点针对承办亚博会的室内外场馆的安全隐患进行全面排查，逐一进行科学评估，并给出整改方案，为展会顺利进行提供保障。如果将职能部门的评估与第三方评估有机结合起来，就将有利于进一步织密安全网。因此，还是有必要全方位引进第三方安全评估，填补目前还存在的安全评估薄弱环节，查漏补缺，防微杜渐，彻底消除安全隐患，夯实亚博会的安全管理基础。

2. 专业人员培训及技能水平还需加强

海恩法则认为，再先进的技术、再完美的制度，也无法取代人自身的素质和责任心。要确保大型活动安全，除了要借助高科技的装备仪器来提升排除隐患、科学预警的水平和能力外，提升专业人员的安全管理素养和水平也是至关重要的，否则就会成为影响展会安全的最大短板。

从以往针对展会安全管理工作的督导情况来看，还是存在个别人员技能水平不足的情况。针对这一问题，最有效的对策就是加强人员规范化培训，建立统一的安全管理力量勤务培训标准和考核规范，确保每个安全管理人员都能胜任岗位工作，不至于出现因人员变动而导致不同的后果。在安全管理人员的培训中，需要分专业进行针对性培训和演练。例如，从交通疏导、反恐防暴、专业指挥、安检排爆、信息传递等方面分领域开展培训，在培训过程中可邀请各行业的专家进行指导。[①]

3. 法律法规政策保障体系不完善

国内关于大型活动公共安全管理的法规政策，主要分为三类。

一是国家层面的行政法规。2007年9月14日，国务院颁布了《大型群众性活动安全管理条例》（国务院令第505号）。这是我国第一部规范和加强大型群众性活动安全管理工作的行政法规，也是当前用于指导国内大型活动公共安全管理工作的最高准则。

二是行业部门法规。近年来，公安部出台了一系列事关公共安全管理的法规政策，如《跨省、自治区、直辖市举办大型群众性活动安全许可服务指南》《全国公安机关加快社会治安防控体系建设行动计划》《全国公安机关社会治安防控体系建设指南》《社会治安防控体系实战业务应用系统技术规范（草案）》《大型活动安全要求》等。除了公安部，国家质量监督检验检疫总局国家标准化管理委员会也出台了《社会治安综合治理基础数据规范》（GB/T31000－2015），应急管理部消防救援局组织制定了《大型商业综合体消防安全管理规则（试行）》，等等。

三是地方性法规条例。我国绝大多数省份制定了与大型活动安全管理相关的地方性法规，甚至有的地方性法规比国家层面的规章制度出台得更早。以北京市为例，北京市政府1984年下发《北京市人民政府办公厅关

---

① 刘艳芳、赵欣：《我国大型活动安保工作存在的问题及对策》，《中国公共安全》（学术版）2008年第1期。

于加强大型群众文化体育活动安全工作的通知》（京政办发〔1984〕145号）；1986年下发《北京市人民政府关于展览展销安全保卫工作的暂行规定》（京政发〔1986〕125号）；1999年出台《北京市大型社会活动治安管理规定》（市政府33号令）；2001年北京市公安局制定《改进大型社会活动治安管理工作实施意见》；2005年11月1日起正式施行《北京市大型社会活动安全管理条例》。北京市在全国范围内首次将大型活动安全管理纳入法制化建设轨道。这些措施对大型活动的安全管理起到了积极的促进作用。① 除此以外，还有《上海市大型群众性活动安全管理办法》《河北省大型群众性活动安全管理办法》《广东省大型群众性活动安全管理办法》《青海省大型群众性活动安全管理办法》等。有些省份出台了落实《大型群众性活动安全管理条例》的意见，如《陕西省人民政府办公厅关于实施〈大型群众性活动安全管理条例〉的意见》。

新疆审批和开展大型活动的法律依据，主要是《行政处罚法》和《大型群众性活动安全管理条例》。从举办亚博会以来，新疆陆续出台了《新疆公安机关贯彻〈保安服务管理条例〉和〈公安机关实施保安服务管理条例办法〉实施意见》（新公通〔2010〕286号）等文件，但没有出台针对大型活动安全管理的细化条例或办法。

综上所述，亚博会在领导体制、运行机制、防控体系、联动模式、突出风险方面形成了鲜明的特点。同时，我们也要客观认识到，在亚博会安全管理工作中还存在一些薄弱环节，必须高度重视，尽快补短板、强弱项、堵漏洞，进一步健全完善大型活动安全管理的体制机制。

四 亚博会安全管理工作的经验与启示

党的十九届五中全会对"十四五"时期我国发展做出了系统谋划和战略部署，强调"必须立足新发展阶段、贯彻新发展理念、构建新发展格局"。② 习近平总书记指出："进入新发展阶段，国内外环境的深刻变化既带来一系列新机遇，也带来一系列新挑战，是危机并存、危中有机、危可转机。我们要辩证认识和把握国内外大势……努力实现更高质量、更有效

① 何祎、董寅、肖翔：《国内外大型活动公共安全管理标准研究述评》，《经济论坛》2012年第12期。
② 《中华人民共和国国民经济和社会发展第十四个五年规划和2035年远景目标纲要》，《人民日报》2021年3月13日。

率、更加公平、更可持续、更为安全的发展。"① 随着我国新型城镇化步伐的加快，城市将会举办越来越多的大型活动，所涉及的人员、行业、领域、地域等都会更加多元，在面临新机遇的同时必然面临新的风险。因此，必须更有预见性和主动性地做好工作，从根本上消除隐患，"以高质量应急管理服务经济社会高质量发展"。②

截至 2020 年，新疆已经成功举办了 6 届亚博会，形成了较为成熟的安全管理工作机制，从未发生重大突发事件，确保了人员、场所、活动等方面的安全。这为举办其他大型活动提供了宝贵经验，也为今后大型活动安全管理工作带来了深刻启示。

亚博会已进入新的发展阶段，要实现其安全管理工作高质量发展，就必须在总结既有经验的基础上，立足于新的发展形势和要求，深入思考如何在新的形势下做好发展与安全的平衡与共进，用高质量的安全管理工作保障亚博会高质量发展。

（一）理念：坚持把安全发展理念贯穿各领域和全过程

像亚博会这样的大型会展活动，必须坚持把安全发展理念贯穿各领域和全过程。一方面，要深刻领会习近平总书记关于安全发展重要论述的丰富内涵和重大意义；另一方面，要深入思考在理论和实践中如何将安全发展理念贯穿始终、不留死角。

1. 把握安全发展的内涵与意义

习近平总书记高度重视安全发展，发表了一系列重要论述。例如，2015 年 5 月 29 日，习近平总书记强调："各级党委和政府要充分认识维护公共安全的重要意义，牢记公共安全是最基本的民生的道理，自觉把维护公共安全放在维护最广大人民根本利益中来认识，放在贯彻落实总体国家安全观中来思考，放在推进国家治理体系和治理能力现代化中来把握，努力为人民安居乐业、社会安定有序、国家长治久安编织全方位、立体化的公共安全网。"③ 2017 年，习近平总书记在党的十九大报告中明确提出：

---

① 习近平：《在经济社会领域专家座谈会上的讲话》，人民出版社，2020，第 4 页。
② 《黄明在应急管理部党委会上强调：以极端负责的精神狠抓落实　以高质量应急管理服务高质量发展》，应急管理部网站，http://www.mem.gov.cn/xw/yjyw/202102/t20210219_380097.shtml，最后访问日期，2021 年 2 月 28 日。
③ 《习近平关于总体国家安全观论述摘编》，中央文献出版社，2018，第 138 页。

"树立安全发展理念，弘扬生命至上、安全第一的思想，健全公共安全体系，完善安全生产责任制，坚决遏制重特大安全事故，提升防灾减灾救灾能力。"① 党的十九届五中全会提出："把安全发展贯穿国家发展各领域和全过程，防范和化解影响我国现代化进程的各种风险，筑牢国家安全屏障。要加强国家安全体系和能力建设，确保国家经济安全，保障人民生命安全，维护社会稳定和安全。"②

习近平总书记指出："领导干部要胸怀两个大局，一个是中华民族伟大复兴的战略全局，一个是世界百年未有之大变局。"③ 当今世界百年未有之大变局正进入加速演变期，经济全球化遭遇逆流，国际经济、科技、文化、安全、政治等格局都在深刻调整，我国发展的外部环境日趋错综复杂，不稳定性、不确定性明显增加，我国安全发展面临重大挑战。同时，中华民族伟大复兴也正处于关键时期，我国已转向高质量发展阶段。虽然我国仍然处于发展的重要战略机遇期，具有多方面优势、条件和潜力，但发展不平衡、不充分的问题仍然突出。习近平总书记一再告诫我们："前进的道路不可能一帆风顺，越是前景光明，越是要增强忧患意识，做到居安思危。"④ 我们必须从有效维护国家安全的战略高度，深刻认识我国社会主要矛盾发展变化带来的新特征、新要求，深刻认识错综复杂的国际环境带来的新矛盾、新挑战，增强机遇意识和风险意识，统筹好发展和安全两件大事，既要善于运用发展成果夯实国家安全的实力基础，又要善于塑造有利于经济社会发展的安全环境，努力在危机中育先机、于变局中开新局。

"备豫不虞，为国常道。"⑤ 站在新的历史方位，维护各领域的国家安全也要顺应新时代的新要求，全面贯彻落实总体国家安全观，统筹发展和安全两件大事，加强国家安全体系和能力建设。我们要坚决贯彻落实好党的十九届五中全会精神，在"十四五"时期切实把安全发展理念贯穿经济社会发展各领域和全过程，坚持两手抓、两手都要硬，协调推进发展与安

---

① 习近平：《决胜全面建成小康社会 夺取新时代中国特色社会主义伟大胜利——在中国共产党第十九次全国代表大会上的报告》，人民出版社，2017，第49页。
② 《中共十九届五中全会在京举行》，《人民日报》2020年10月30日。
③ 《习近平谈治国理政》第3卷，外文出版社，2020，第77页。
④ 《习近平谈治国理政》第3卷，外文出版社，2020，第217页。
⑤ 《习近平关于总体国家安全观论述摘编》，中央文献出版社，2018，第14页。

全，努力实现更高质量、更有效率、更加公平、更可持续、更为安全的发展。

2. 将安全发展理念贯穿筹备和举办大型活动的全过程

我们要着重在思维层面和实践层面，将安全发展理念贯穿筹备和举办大型活动的全过程。

在思维层面，要坚持底线思维，强化风险意识，提高战略思维、历史思维、辩证思维、创新思维、法治思维、底线思维能力。科学的思维引领科学的行动。在科学思维的指导下，坚持系统治理、综合治理、依法治理和源头治理，从全方位多层面推进安全治理，打造安全稳定的社会环境。只有如此，在承接和举办各类大型活动时才能后顾无忧。

在实践层面，要系统考量和统筹协调各个安全领域，并且不断完善和创新安全发展体制机制。在城市中举办大型活动，不仅要关注活动场所的安全，还要关注周边环境甚至整个城市系统的安全；不仅要关注人员和物理空间的安全，还要关注网络信息空间的安全；不仅要关注事前事中的各种风险防控、应急处突、舆情引导，还要关注事后的学习总结、反思提升。

（二）基础：以市域社会治理现代化夯实安全基础

"城市是人类文明的结晶，文明是一座城市的灵魂，城市现代文明不仅要有鲜亮富丽的文化地标、整洁清新的优美环境，更要有底蕴深厚的安全文化，而安全发展是其根本体现，是安全意识与安全行为的统一，是安全规划与安全建设的统一，是安全运行与安全管理的统一。要切实把安全发展作为城市现代文明的重要组成部分，以有力的制度措施，加快实现城市安全发展治理能力和治理体系的现代化，夯实城市持续健康发展的稳固基石。"[1] 近年来，我国城镇化进程明显加快，2019 年末我国城镇化率已突破 60%。[2] 城市的人口、功能和规模不断扩大，发展方式、产业结构和区域布局发生深刻变化，新材料、新能源、新工艺广泛应用，新产业、新业态、新领域大量涌现，城市运行系统日益复杂，城市面临的安全风险不

---

① 王玉普：《着力打造安全发展型城市》，《人民日报》2018 年 2 月 5 日。

② 《国家统计局：2019 年中国城镇化率突破 60% 户籍城镇化率44.38%》，中国经济网，ht-tp：//www. ce. cn/xwzx/gnsz/gdxw/202002/28/t20200228_34360903. shtml，最后访问日期：2021 年 2 月 20 日。

断增大。与此同时，一些城市安全基础薄弱，安全管理的理念、水平与现代化城市安全发展的要求不适应的问题比较突出。城市已经成为一个多风险综合体。城市是"重大矛盾风险的产生地、聚集地，市域风险隐患防控处置不及时，潜在的问题就会变成现实的风险，区域性风险就会酿成全局性风险"。① 把每一座城市都建设成为有可靠安全保障、高度安全文明的现代化都市，才能让人民的获得感、幸福感和安全感更有保障、更可持续。

2021 年，新疆将加快推进实施以人为核心的新型城镇化，全面提升城镇化质量。按照"一圈一带一群"的城市发展格局，新疆着力培育乌鲁木齐都市圈，加快推进农业转移人口市民化，持续推动常住人口公共服务均等化，推进城乡融合发展，实施城市更新行动，充分发挥新型城镇化在促进乡村振兴和产业升级、推动区域协调发展、扩大内需拉动增长中的重要作用。到 2025 年，新疆常住人口城镇化率将达到 60% 以上。②

原定于 2020 年 9 月 3 日举办的第七届亚博会首次由乌鲁木齐市政府承办，这意味着亚博会进入了一个新的发展阶段。对乌鲁木齐市而言，承办亚博会既是机遇也是挑战。乌鲁木齐是新疆的政治、文化、经济中心，也是"一带一路"核心区。《新疆维吾尔自治区 2019 年国民经济和社会发展统计公报》显示，2019 年末全区常住人口为 2523.22 万人，比上年末增加 36.46 万人。其中，城镇常住人口为 1308.79 万人，占总人口比重（常住人口城镇化率）为 51.87%，比上年末提高 0.96 个百分点。③ 2019 年末，乌鲁木齐市常住人口为 355.2 万人。④ 随着对外开放的不断扩大以及西部大开发战略等的不断推进，新疆从相对封闭的内陆变成了对外开放的前沿，在加快构建新发展格局、促进国际国内双循环中发挥着越来越重要的作用。未来，乌鲁木齐都市圈将被建设成为我国面向中亚、西亚、南亚地

---

① 《加快建设更高水平的平安中国　助推"中国之治"再创新奇迹》，搜狐网，https://www.sohu.com/a/427425246_120207617，最后访问日期：2021 年 2 月 20 日。

② 雪克来提·扎克尔：《政府工作报告——2021 年 2 月 1 日在新疆维吾尔自治区第十三届人民代表大会第四次会议上》，《新疆日报》2021 年 2 月 7 日。

③ 《新疆维吾尔自治区 2019 年国民经济和社会发展统计公报》，中国统计信息网，http://www.tjcn.org/tjgb/31xj/36346.html，最后访问日期：2021 年 2 月 20 日。

④ 《2019 年乌鲁木齐市国民经济和社会发展统计公报》，新疆维吾尔自治区人民政府网站，http://www.xinjiang.gov.cn/xinjiang/xjjyw/202006/d22a4bd999d3497f9fc30d7f63ac802e.shtml，最后访问日期：2021 年 2 月 20 日。

区的国际性商贸中心、文化交流中心和区域联络中心，我国西北地区重要的能源综合利用基地、新兴工业基地、旅游集散中心，新疆区域经济和科技创新中心。乌鲁木齐市必将承接更多的涉外大型活动，对新疆经济社会高质量发展带来深刻影响。因此，必须扎实推进新疆市域社会治理现代化，推动经济社会发展，创造高品质生活，才能在社会稳定和长治久安的基础上实现公共安全治理体系和治理能力的高质量发展。

（三）先手：防范化解重大风险，推进城市安全发展

习近平总书记指出："各种风险往往不是孤立出现的，很可能是相互交织并形成一个风险综合体。"[1] 特别是在风险高度聚集的城市空间里，必须高度重视城市安全发展，"全面开展城市风险点、危险源的普查，防止认不清、想不到、管不到等问题的发生"。[2]

作为国际化的大都市，上海市成功举办过诸多大型活动，具有丰富的经验。然而，2014 年却发生了"12·31"外滩陈毅广场拥挤踩踏事件，造成重大伤亡和恶劣影响。悲剧发生的原因就在于活动变更所产生的一系列风险评估和管理不到位，预防准备严重缺失，事发当晚预警不力、应对措施不当等，最终酿成严重后果。这警示我们，风险作为一种客观存在，时时刻刻伴随着人类社会的发展运行，而且各种可以预见和难以预见的风险越来越多、越来越复杂。在各种风险连锁联动的现代风险社会，必须推进应急管理工作关口前移、重心下沉。特别是在城市这个风险综合体当中，更要高度重视防范化解重大风险，做好风险管控。

《国务院安委会办公室关于印发〈国家安全发展示范城市建设指导手册〉的通知》指出，要加强城市安全风险的评估与管控。第一，开展城市安全风险辨识与评估工作。评估内容包括城市工业企业、公共设施、人员密集区域、自然灾害风险等方面；推动风险监测系统建设，实现安全风险实时监测和智能防灾预警"一张图"。第二，加强城市安全风险管控，建立横向联动、纵向衔接的重大风险联防联控机制，有效应对城市重大风险；编制城市风险清单。第三，加强城市安全监管执法的规范化、标准

---

[1] 《习近平谈治国理政》第 2 卷，外文出版社，2017，第 82 页。
[2] 《习近平李克强对加强安全生产和汛期安全防范工作作出重要指示批示》，中央人民政府网站，http://www.gov.cn/xinwen/2016-07/20/content_5093211.htm，最后访问日期：2021 年 9 月 10 日。

化、信息化。第四，提高城市安全保障能力，加强科技创新应用和专业技术服务；重视城市社区安全网格化管理；重视城市安全知识宣传教育，加快建设安全文化教育体验基地或场馆；提升居民安全意识。

（四）保障：以标准化管理保障安全，提升工作质量

标准是经济活动和社会发展的技术支撑，是国家治理体系和治理能力现代化的基础之一。不完善的工作流程会对工作过程产生错误的引导作用，从而降低工作效率；完善的标准化的工作流程，对工作可以起到科学指导和保驾护航的作用，有助于提高工作效率。而在标准化建设过程中，不仅要有技术标准，还要有管理标准、工作标准等，要建立起一个完整的标准化体系。2015年国务院办公厅发布《国家标准化体系建设发展规划（2016—2020年）》，部署推动实施标准化战略，加快完善标准化体系，全面提升我国标准化水平。该规划对我国农业农村、工业、服务业等及经济建设、社会治理、文化建设、生态文明、政府管理等方面的标准提出了明确要求。标准化战略全面实施后，标准的有效性、先进性和适用性显著增强。

2012年，全国清理和规范庆典研讨会论坛活动工作领导小组办公室发布《关于调研博览会（展会）举办情况的通知》，把展会纳入专项治理工作范围，重点规范各级党政机关和人民团体主办、财政出资、领导（党和国家领导人、国内部级负责人、国外部级以上政要）出席的展会。商务部在广泛调研，听取有关单位意见建议的基础上，提出了"五个规范""一个引入"的工作思路：规范举办单位分工与责任；规范国家领导人和外国政要参会邀请；规范商务部负责人与司局级干部参加展会活动；规范商务部领导干部在展会中任职及为展会发贺信、贺电、题词、剪彩等行为；规范经费管理，并且引入展会举办成效评估机制，提倡由第三方进行科学评估。经历19届乌洽会和6届国家级展会的历练，亚博会安全管理等各项工作进一步走向规范化、标准化，专业招商、专业布展、专业服务……以专业的力量，按专业的水准，办专业的事情，达到专业的水平。这显然有助于亚博会未来的步伐走得更坚实、更长久。专业化、标准化也是国际会展业的发展趋势。在展会发展过程中，准确定位主题、用好会展技术、组建专业团队、实施差异化运作、依托第三方评估等，都要依托专业化团队和标准化管理，在展会策划、整体推介、招展招商、场馆布置、安全保障、

配套服务等方面进行分工合作、协同配合，对展会的顺利举办和健康发展起到了重要的支持与推动作用。

为了推动"一带一路"沿线展会互联互通、形成合力，使区域（次区域）会展要素向战略支点高度集聚，2017 年 1 月 5 日，在全国博览（会展）局长座谈会上，由政府主导型品牌展会组成了中国机制性品牌展会联盟，并共同发起了倡议：其一，编制中国机制性品牌展会年度发展报告，为做好中国机制性品牌展会的顶层设计提供依据；其二，构建"一带一路"中国机制性品牌展会格局；其三，建立中国机制性品牌展会标准体系；其四，形成互展和人才交流机制。① 这使全国各省份的机制性展会共同迈上了更高台阶，而且搭建了交流互通的平台。亚博会依托这一平台将发挥更大的作用。

（五）创新：创新思维和机制，用科技为安全赋能

伴随着中国经济快速发展，我国各行业展会从无到有，一大批种类繁多的展览（交易）会纷纷发育起来。同时，办展的理念、方式等也在不断演进和创新。亚博会在筹备和举办的过程中，不断创新管理理念和机制，积极运用新的科技手段，不断提高展会的质量。

2013 年，第三届亚博会为国际展区的每个国家都设计了一个二维码标签，直接链接该国政府网站，让与会者能即时从手机上查阅该国相关信息，一方面节省了参观者获取信息的时间，另一方面让观展更加充分，也更有互动性。这是该届博览会最大、最贴心的技术革新。同时，为了把国际展区打造得更加国际化，并体现环保理念，还引入声、光、电方面的一些新技术，让参观者有耳目一新的感觉。

随着我国网络普及率的不断提高，亚博会也在探索"互联网＋博览会"的创新形式。2018 年 9 月 1 日，第六届亚博会网上博览会在新疆国际会展中心正式启动，这是该届展会的一项重要内容，展会正式进入"线上＋线下"、展示全天候、交易全天候、永不落幕的全新"数字会展"发展阶段。亚博会网上博览会平台主要包括展品特卖、展会推广、展会商机等功能。展品特卖板块为参展企业开启了线上交易功能，同时承接聚贸平台客户线上订单，实现线上线下相结合；展会商机板块直通聚贸商机库，

---

① 《中国机制性品牌展会联盟成立》，《黑龙江日报》2017 年 1 月 6 日。

提供来自全球 150 多个国家和地区的商品供求信息，同时提供超过 55 万个全球采购商库，帮助参展商开拓国际市场。① 通过叠加整合各方优势资源，平台逐步实现了更多功能，可以提供 "24 小时×365 天" 全方位、专业化、一站式的商务服务。按照建设规划，亚博会网上博览会在现有功能的基础上将不断完善和拓展，未来将建设成为集外贸综合服务、展会综合服务、数字化大数据展示等功能为一体的新疆数字贸易促进服务平台，为塑造新疆产业品牌、推动产业发展、推进本地展会国际化，进而助力丝绸之路经济带核心区建设提供数据和平台支持。亚博会网上博览会有力地提升了亚博会的综合服务水平和影响力，增强了外贸新动力，拓展了经贸互联新空间，为商贸物流中心建设、开放性经济发展提供了新动能。

在新冠肺炎疫情全球蔓延的背景下，全球会展业几乎陷入 "停摆"。2020 年 11 月 4 日在上海举办的第三届中国国际进口博览会，给各类外国企业带来了销售增长的信心，为全球会展行业按下了颇有力道的 "重启键"。2020 年 11 月 7 日，陈健在出席第三届中国会展业国际经贸论坛时指出，会展业应当开始思考如何与数字经济相结合。在第三届进博会上，"网络直播" 成为让很多外国客商惊叹的 "中国特色"。国外不少大客商积极运用创新的方式，通过直播与中国客商云连线谈生意，通过直播接受记者 "云采访"，等等。国家会展中心（上海）对 5G 网络进行了优化，增加了更多 5G 网络布点，上网速度更稳定，使用体验也更流畅，满足了媒体融合报道的技术要求。新闻中心还在三层设置 "云采访" 区域，通过视频连线方式，帮助中外记者采访因疫情影响无法来沪参加进博会的跨国企业首席执行官或海外负责人。②

在疫情防控常态化的背景下，第三届进博会始终把安全放在首位，抓实抓细各项工作，专门制定出台了《第三届中国国际进口博览会住宿场所疫情防控管理指引》，确保举办一届安全、精彩、富有成效的进博会。受疫情影响，在第三届进博会期间，国家会展中心仅承载日常承载量 30% 的人流量。但是，该届进博会采取线上线下同时办展的形式，成为社会关注

① 《中国 - 亚欧博览会网上博览会平台上线》，搜狐网，https：//www.sohu.com/a/251516633_114731，最后访问日期：2021 年 2 月 20 日。

② 《第三届进博会新闻中心试运营　迎接 3000 多名记者参会报道》，新华网，2020 年 11 月 3 日，http：//www.xinhuanet.com/world/2020 - 11/03/c_ 1126693017.htm，最后访问日期：2021 年 1 月 20 日。

的一大亮点。在参展人数限制的情况下，第三届进博会仍然有 40 万个采购商报名要来"买买买"。在这些采购商中，年营业额达 10 亿美元以上的有 2238 家，年进口额达 1 亿美元以上的有近 1400 家。在特殊时期举办的第三届进博会交出了亮眼的成绩单：按一年计，累计意向成交额达 726.2 亿美元，比上届增长了 2.1%。这一成绩令人振奋，数字彰显信心。① 在新冠肺炎疫情的影响下，第三届进博会的盛况，是创新理念和机制、全面细致做好各项安全保障工作的成果，也是世界对中国的统筹发展与安全投出的信任票，为全球经济复苏注入了正能量。

第七届亚博会原计划于 2020 年 9 月举办，主题为"共商共建共享　开创美好未来"。该届亚博会原计划围绕"一港""两区""五大中心""口岸经济带"建设，设置投资合作、丝绸之路经济带核心区建设、产业新动能、国际贸易创新、商品贸易、对外开放全域合作、精准扶贫成果 7 大展区，涉及 12 个展览题材，并举办 8 场部长级论坛，展会总面积达 10 万平方米。② 然而，2020 年新冠肺炎疫情发生后，经审慎考虑，第七届亚博会被决定推迟举办。令人期待的是，2021 年新疆维吾尔自治区《政府工作报告》中已明确提出："在常态化疫情防控前提下，办好 2021 年（中国）亚欧商品贸易博览会。"③ 可以看到，展会名称发生了变化，其主题、展区设置、活动安排可能都将调整，这必然对安全管理工作提出更新更高的要求。

在充满不确定性的风险社会，如何在复杂风险下办好大型活动，如何推进城市安全发展，如何统筹发展与安全两件大事，是新时代给我们出的考题。习近平总书记强调："时代是出卷人，我们是答卷人，人民是阅卷人。"④"要清醒认识面临的风险和挑战，把难点和复杂性估计得更充分一些，把各种风险想得更深入一些，把各方面情况考虑得更周全一些，搞好统筹兼顾。"⑤

---

① 《新华微评：进博会成绩单令人振奋》，新华网，http://www.xinhuanet.com/world/2020 - 11/10/c_ 1126723159. htm? baike，最后访问日期：2021 年 2 月 20 日。
② 《第七届中国 - 亚欧博览会 2020 年 9 月举行》，《新疆日报》2019 年 12 月 23 日。
③ 雪克来提·扎克尔：《政府工作报告——2021 年 2 月 1 日在新疆维吾尔自治区第十三届人民代表大会第四次会议上》，《新疆日报》2021 年 2 月 7 日。
④ 《习近平谈治国理政》第 3 卷，外文出版社，2020，第 70 页。
⑤ 《习总书记三次座谈透露"十三五"发展三大指针》，新华网，http://www. xinhua-net.com//politics/2015 - 10/28/c_ 128368802. htm，最后访问日期：2021 年 9 月 9 日。

进入新的发展阶段，必须将经济社会发展与疫情防控、安全生产、维护稳定等各项工作有机结合，下好先手棋，打好主动仗，善于"善于在危机中育先机、于变局中开新局"。① 在习近平新时代中国特色社会主义思想的指导下，坚持贯彻新发展理念，才能以高质量的行动实现高质量发展。只有坚持底线思维和系统思维，增强忧患意识，始终坚持以人民安全为宗旨，扎实防范化解重大风险，做好思想准备和工作准备，不断推进应急管理体系和能力现代化，才能筑牢安全防线，实现人民安居乐业、社会安定团结、国家长治久安。

（课题组组长：姜禾；课题组成员：艾玲、胡婷、金晶；本报告主要执笔人：姜禾、艾玲、胡婷、金晶）

---

① 《中华人民共和国国民经济和社会发展第十四个五年规划和 2035 年远景目标纲要》，《人民日报》2021 年 3 月 13 日。

自然灾害应急救援协调

——内蒙古"7·19"极端强降雨洪涝灾害

摘要：应急救援协调是重特大自然灾害管理的重要内容。本案例以内蒙古"7·19"极端强降雨洪涝灾害为例，研究自然灾害应急救援协调取得的成绩和存在的问题。研究表明，内蒙古自治区各级党委、政府的救援协调，最大限度地降低了灾害造成的损失，有效保障了灾区群众的生产生活；同时也暴露出重大自然灾害应急准备能力不足、重大自然灾害预警机制不健全、重大自然灾害应急联动体系运行不畅、重大自然灾害应急管理善后工作不到位等问题。在此基础上，本文提出大力提升重大自然灾害应急准备能力、建立及时准确的自然灾害预警体系、强化应急联动体系建设、做好灾害应急管理善后工作等政策建议。

关键词：自然灾害；应急救援协调；"7·19"极端强降雨洪涝灾害

一 灾害基本情况[①]

（一）雨情、水情

2018年，内蒙古自治区全年防汛抗旱形势不容乐观。春季以旱情为主，中西部地区降水量较常年偏少20%~90%。7月以后出现旱涝急转，全区出现多次明显的降水天气过程，且连续21天均出现覆盖全区大部分地区的降水过程。其中，以7月19日极端强降雨引发的洪涝灾害最为严重。

2018年7月19日，内蒙古自治区降雨主要集中在大青山沿线，降雨从巴彦淖尔市乌拉特中旗陆续向东推进。强降雨覆盖巴彦淖尔市、包头市

[①] 本研究有关"7·19"极端强降雨洪涝灾害的资料，主要来自内蒙古自治区防汛抗旱指挥部相关防汛抗旱简报，2018年内蒙古自治区防汛抗旱工作总结，巴彦淖尔市、包头市抗洪救灾工作情况汇报，课题组在当地的调研访谈以及媒体公开报道。

大青山沿山地区，以及鄂尔多斯市、乌兰察布市和呼和浩特市局部。据气象统计，7月18日20时至21日8时，全区有13个旗县41个站降雨量超过100毫米，46个旗县342个站降雨量超过50毫米。其中，18日晚至19日上午，巴彦淖尔市乌拉特前旗、乌拉特中旗，包头市固阳县、达茂旗普降大到暴雨，暴雨中心固阳县杨六乞卜村降雨量为175.3毫米，乌拉特前旗明安镇降雨量为135.3毫米，乌拉特中旗德岭山镇降雨量为113毫米，均为大暴雨级。

受强降雨影响，内蒙古自治区巴彦淖尔市、乌兰察布市、包头市、鄂尔多斯市、呼和浩特市境内的多条河流发生了较大的洪水。巴彦淖尔市乌拉特前旗乌苏图勒河广生隆站（增隆昌水库入库站）2018年7月19日11时45分洪峰流量为1890立方米每秒，乌苏图勒河大余太水库（入库）站7月23日17时40分洪峰流量为1770立方米每秒，包头市达茂旗艾不盖河百灵庙站7月19日16时6分洪峰流量为1040立方米每秒。这三大洪峰流量均为有实测资料以来第一大洪水，为超百年一遇洪水。多条中小河流暴发洪水，多条乡间公路被冲毁，个别水文设施被冲坏。乌拉特前旗增隆昌水库出险，水位暴涨，水库水位超过校核洪水位，在超标准洪水作用下，大坝副坝溃口，主坝背水坡塌陷。

在2018年7月19日之后的一周内，内蒙古自治区大部分地区降雨量持续偏多。7月22～23日，内蒙古自治区大部分地区出现降雨，部分区域出现大到暴雨，局部出现大暴雨。内蒙古自治区气象局23日10时发布包头市固阳县暴雨红色预警，固阳县红泥井站最大降雨量为99.2毫米。巴彦淖尔市乌拉特前旗、乌拉特中旗，包头市固阳县、达茂旗再次遭到暴雨洪水袭击，强降雨致使19日发生洪水的河流再次暴发洪水。乌拉特前旗乌苏图勒河大余太水库站（入库）洪峰流量为1770立方米每秒。

内蒙古自治区气象台《雨情公报》（第235期）显示，2018年7月16日8时至25日8时，全区有8个站累计降雨量超过250毫米：包头市赵碾房村降雨量为319.4毫米、杨六乞卜村降雨量为311.8毫米、坝梁村降雨量为297.8毫米，巴彦淖尔市明安镇降雨量为283.1毫米，包头市协和义村降雨量为261.2毫米，兴安盟满族屯镇降雨量为259.4毫米，包头市西斗铺镇降雨量为255.4毫米、兴顺西镇降雨量为251.5毫米。

由于黄河上游来水及各支流来水量偏多，黄河干流内蒙古段汛期来水量为历年同期的1.1～1.7倍，黄河内蒙古段入境站石嘴山站汛期来水量为历年同期的 1.18 倍，出境站头道拐站汛期来水量为历年同期的 1.65 倍。黄河内蒙古段从 2018 年 7 月初开始以一直大于 1000 立方米每秒的流量运行（巴彦淖尔市正常年份主汛期平均流量：巴彦高勒 524 立方米每秒、三湖河 588 立方米每秒），防汛形势严峻。

（二）灾情及特点

2018 年，内蒙古自治区全区洪涝灾情中以此次"7·19"极端强降雨洪涝灾害损失最为严重。2018 年全区 12 个盟市 85 个旗县 397 个乡镇 131 万人因洪涝灾害受灾，其中"7·19"洪涝灾害造成 65.5 万人受灾，占全年洪涝灾害受灾人口的 50%。全区因灾死亡 21 人，失踪 1 人，其中"7·19"洪涝灾害造成死亡 12 人（呼和浩特市 1 人、包头市 9 人、鄂尔多斯市 2 人），失踪 2 人（包头市）。损坏中型水库 5 座、小型水库 16 座，损坏堤防 2018 处 218.2 千米，堤防决口 2 处 640 米，损坏护岸 164 处，损坏灌溉设施 17 处、机电井 930 眼，乌拉特前旗增隆昌水库、巴彦淖尔市部分淤地坝受损，其中水利设施直接经济损失为 4.85 亿元。截至 2018 年 7 月 25 日，"7·19"极端强降雨单次洪涝灾害损失情况如下（见表 1）。

表 1　截至 2018 年 7 月 25 日内蒙古"7·19"极端强降雨单次洪涝灾害损失情况

盟　　市	受灾人口（人）	因灾死亡人口（人）	因灾失踪人口（人）	因灾伤病人口（人）	紧急转移安置人口（人）	农作物受灾面积（公顷）	因灾死亡大牲畜（头）	因灾死亡羊只（只）	倒塌房屋（间）	损坏房屋（间）	直接经济损失（万元）
全区总计	654498	12	2	1	98943	228422	1802	28691	2032	7360	294754
呼和浩特市	14136	1	—	1	6	6882	—	498	—	4	3550
包头市	228815	9	2	—	11807	56365	1793	8764	1406	2795	101017
呼伦贝尔市	5670	—	—	—	—	3786	—	—	—	—	807
兴安盟	19356	—	—	—	122	9701	—	40	7	124	2719
通辽市	377	—	—	—	—	410	—	—	—	—	187
赤峰市	25430	—	—	—	2	2871	—	—	—	3	1728
锡林郭勒盟	57	—	—	—	29	—	—	—	8	25	16
乌兰察布市	23314	—	—	—	1337	9006	3	111	595	2924	10798
鄂尔多斯市	13569	2	—	—	—	18894	6	373	—	—	10516

续表

盟　市	受灾人口（人）	因灾死亡人口（人）	因灾失踪人口（人）	因灾伤病人口（人）	紧急转移安置人口（人）	农作物受灾面积（公顷）	因灾死亡大牲畜（头）	因灾死亡羊只（只）	倒塌房屋（间）	损坏房屋（间）	直接经济损失（万元）
巴彦淖尔市	315737	—	—	—	85486	119920	—	18905	11	1350	162797
乌海市	1230	—	—	—	122	533	—	—	1	131	516
阿拉善盟	807	—	—	—	32	54	—	—	4	4	103

注：单次灾情截至 2018 年 7 月 25 日。
资料来源：内蒙古自治区民政厅。

在内蒙古"7·19"极端降雨洪涝灾害中，以包头市和巴彦淖尔市损失最为严重。此次强降雨在包头市境内呈现范围广、历时长、强度大的特点，成灾集中，破坏性大，暴发山洪陡涨陡落，抢险难度大。其中，从 7 月 19 日 4 时到 21 日 7 时，降雨范围覆盖包头全市。气象部门统计测报显示，有 131 个站点出现降雨，其中大暴雨 17 个站，暴雨 78 个站，大雨 23 个站，中雨 8 个站，小雨 5 个站。此次降水在包头市境内各大山洪沟均发生不同量级山洪，山洪导致包头市境内多个旗县区受灾，其中固阳县、达茂旗受灾严重。

固阳县西斗铺镇、兴顺西镇、怀朔镇在洪峰来临时有 11 个村庄被洪水围困，西斗铺至坝梁的部分铁路线路被洪水淹没，致使白云鄂博开往包头东站的 6854 次列车滞留在了西斗铺车站，150 多名旅客被困。达茂旗百灵庙镇城区、黄花滩新村、南黄花滩村、西河乡德宝庄村和明安镇莎如塔拉嘎查受灾严重，洪水造成百灵庙镇移动通信信号中断近 5 个小时。

据统计，截至 8 月初，在此次灾害中包头市受灾人口为 271987 人，死亡 10 人，失踪 1 人，转移安置群众 15024 人，其中需紧急生活救助人口 5473 人。倒塌房屋 1947 户 3464 间，严重损坏房屋 2458 户 4222 间，一般损坏房屋 2926 户 6938 间。农作物受灾面积为 60836.16 公顷，其中成灾面积为 37894.25 公顷，绝收面积为 22429.92 公顷，死亡大牲畜（牛、马、猪等）1896 只，死亡羊 9632 只，死亡家禽 9216 只，公路损坏 1233 千米，农林牧渔业直接经济损失为 88220.23 万元，水利设施直接经济损失为 33181.46 万元，总直接经济损失为 187879.11 万元。

此次强降雨在巴彦淖尔市境内持续时间长、降雨量大，成灾严重，历史罕见。巴彦淖尔市乌拉特前旗、乌拉特中旗、五原县共 2256 户 7898 人不同程度受灾，75 条山洪沟口发生山洪，6 座水库溢洪，山洪冲毁部分道路、滴灌管道、淹没机井 12 眼，特别是乌拉特前旗小佘太镇增隆昌水库副坝发生溃坝险情。巴彦淖尔市境内 8 处险工段出现冲淘、滑坡险情（南套子、黄河二八社、马场地六八社上延段、谢拉五、皮房圪旦、白音赤老、四科河头、南吴祥）。乌梁素海周边地区，受山洪影响，进水被淹 2 个村、7 个自然社，涉及人口 1720 户、4312 人；进水村最深水深在南昌组，为 1.2 米，猪场组为 1 米；受灾死亡牲畜 4800 只、农田 4.2 万亩，经济损失为 6617 万元（截至 2018 年 7 月底初步统计）。

2018 年内蒙古自治区洪涝灾害含此次"7·19"极端强降雨洪涝灾害的主要特点如下：一是旱涝急转，重旱区遭遇了超历史纪录降雨，包头市固阳县、巴彦淖尔市乌拉特前旗多年来是严重干旱地区，7 月 19 日开始的降雨过程，在几天时间内就出现了当地常年一年的降水量，形成了严重的洪涝灾害。二是洪灾损失重，全年直接经济损失达 95.22 亿元，接近 5 年全年直接经济损失均值（20.168 亿元）的 5 倍，全区因洪涝受灾人口、死亡人口、农作物受灾面积、倒塌房屋、直接经济损失、水利设施直接经济损失等主要洪涝灾害指标为近 5 年来最高。三是灾情主要分布在中西部地区，因山洪灾害死亡失踪 19 人，因洪涝灾害直接经济损失 78.35 亿元。此次"7·19"极端强降雨洪涝灾害发生的中西部地区常年缺水干旱，当出现旱涝急转时，造成重大人员伤亡和财产损失。

二 灾害应急救援协调情况

（一）国家及内蒙古自治区应急救援协调情况

为了深入贯彻落实习近平总书记重要指示、李克强总理重要批示精神，贯彻落实国务院、国家防总和内蒙古自治区党委、政府关于做好防汛抗旱工作的安排部署，内蒙古自治区防汛抗旱指挥部第一时间向国家防总汇报自治区雨情、灾情。国家防总于 2018 年 7 月 11 日 18 时启动防汛Ⅲ级应急响应，7 月 11 日 19 时启动黄河防汛Ⅲ级应急响应。内蒙古自治区防汛抗旱指挥部 7 月 12 日组织召开全区防汛抗旱工作视频会议，同日 10 时启动自治区防汛Ⅳ级应急响应，印发《关于加强黄河防汛工作的通知》和《关于做好强降雨防范工作的通知》。从 7 月 13 日起，内蒙古自治区分管副主席带队深入包头市土右旗河段，鄂尔多斯市达拉特旗、杭锦旗河段，巴彦淖尔市乌拉特前旗、临河河段沿河检查了黄河堤防、险工、蓄滞洪区及防守情况。内蒙古自治区气象台预报，7月18~21日，自治区自西向东将出现一次强降水天气过程，决定启动暴雨Ⅳ级应急响应。7月18日发布雷电黄色预警信号，19日4时20分继续发布雷电黄色预警信号，19日5时40分发布暴雨蓝色预警信号，要求各有关单位和人员做好防范准备。

党中央、国务院高度重视全国降雨情况。2018年7月19日，习近平总书记和李克强总理分别对防汛抢险工作做出重要指示批示。洪涝灾害发生以后，从7月19日起，国家防总、水利部、应急管理部先后派出专家组深入内蒙古自治区受灾地区和抗洪一线指导抢险工作。7月22日，水利部长主持防汛工作会议，会上对内蒙古强降雨防御工作提出了明确要求。

一是灾情发生后，内蒙古自治区党委、政府高度重视。内蒙古自治区党委书记和自治区主席分别对强降雨防范和抢险救灾做出批示，要求做好防汛抢险救灾各项工作，确保人民群众生命财产安全。

二是内蒙古自治区党委办公厅、自治区政府办公厅印发《关于认真贯彻落实习近平总书记重要指示精神，全力以赴做好防汛抢险救灾工作的通知》《关于全力做好防汛抗洪工作的通知》，对防汛抗洪工作做出部署。2018年7月24日上午，内蒙古自治区党委办公室召开会商会议，通报强降雨情况，强调各部门要注意信息报送的时效性、联动性、准确性。内蒙古自治区水利厅、民政厅、气象局等相关部门参会。

三是国家防总高度重视内蒙古防汛抗洪工作，及时派出多个工作组深入内蒙古降雨一线，督促指导强降雨防范工作。国家防总派出的第一批工作组2018年7月19日深入乌拉特前旗受灾一线，第二批专家组21日赴增隆昌水库指导工作，并对副坝溃口洞修复给予会商意见，并检查淤地坝运行管理情况。国家防总专家组25日在包头市检查黄河防汛工作，随后前往黄河宁蒙水文局了解近期黄河水情。

四是从2018年7月21日开始，应急管理部派出由一位副巡视员带领救灾、应急办、消防局、减灾中心四个部门相关人员组成的工作组，深入呼和浩特市、包头市、巴彦淖尔市检查指导防汛救灾工作，听取抢险救灾和安全防范工作情况汇报，实地调研救灾物资储备、消防官兵执勤奋战、黄河险工段防守等方面的情况，对抢险救灾和安全防范工作给予现场指导。

五是2018年7月19日接到灾情报告后，内蒙古自治区一位副主席带领水利部门负责人深入巴彦淖尔市受灾第一线，指导当地开展抢险救援工作。同日，内蒙古自治区水利厅派出水利专家组赶赴巴彦淖尔市乌拉特前旗，会商研判水库险情，指导地方开展水库排查除险工作；水利厅召开会商会议，分析研判雨水情，安排部署防灾减灾工作。

六是就 2018 年 7 月 18 日以来的强降雨过程，内蒙古自治区防汛抗旱指挥部在 18 日夜间降雨前印发多个通知：《关于进一步做好强降雨防范工作的通知》，对强降雨防范工作提出要求；《关于加强山洪灾害防御的通知》，再次要求各地各有关部门高度重视，密切关注雨情水情，密切监测山洪、泥石流等自然灾害，举一反三地开展工作，务必提前转移受威胁地区人民群众，确保人民生命安全；《关于做好水利专网通信保障工作的通知》，要求确保山洪灾害监测预警系统正常运行和水利专网的畅通。18～21 日，内蒙古自治区防汛抗旱指挥部共印发通知 6 份、简报 16 期，水旱灾害报告已由周报加密为日报，同时联合通信部门、新闻媒体发布山洪预警。按照《内蒙古自治区防汛抗旱应急预案》有关规定，经内蒙古自治区防汛抗旱指挥部研究决定，自 7 月 19 日 18 时启动自治区防汛Ⅲ级应急响应，向国家防总、流域委防总、自治区党委政府汇报洪涝灾害信息。关注水情雨情灾情，向国家防总办公室以及内蒙古自治区党委值班室、政府值班室报告相关情况。降雨发生前后，内蒙古自治区防汛抗旱指挥部办公室积极做好应急值守，由水利厅领导带队，内蒙古自治区防汛抗旱指挥部办公室主任和值班人员双岗值班，密切监测雨情、水情、工情的发展变化。

七是组织协调军队武警、专业救援队伍、社会组织及企业参与救援。在接到乌拉特前旗明安镇陶来口新村有群众被洪水围困无法救援的消息后，内蒙古自治区防汛抗旱指挥部协调内蒙古军区，经请示北部战区同意派直升机救援，分 3 批次成功解救出 20 名被困群众。乌拉特前旗大余太镇 8 名电力工人被洪水围困在高压电线塔上，现场情况复杂，救援难度大。内蒙古自治区防汛抗旱指挥部接到消息后，协调直升机前往营救，最终因天气原因无法实施，几次更改救援方案，均未成功。后协调包头市一机集团出动装甲车参与营救，8 名被困人员被全部救出，无人伤亡。内蒙古自治区防汛抗旱指挥部还从自治区物资库调配气垫船参与抢险救灾，向受灾地区调拨防汛抢险物资，支持地方抢险。

（二）巴彦淖尔市应急救援协调情况

在进入汛期后，巴彦淖尔市委、市政府召开会议进行安排部署，启动防汛Ⅳ级应急响应，落实各级防汛责任，做好防洪防汛各项工作。

一是进行安排部署。强降雨引发灾情后，巴彦淖尔市委、市政府研究部署，下发了《关于做好当前防汛工作的紧急通知》，要求各地完善工作预案，加大巡查力度，强化应急值守，加大信息反馈，全力开展抗洪救灾工作，千方百计降低洪灾损失，最大限度地保障人民群众生命财产安全。2018年7月19日晚，巴彦淖尔市委召开全市防汛抢险救灾专题会，学习贯彻习近平总书记关于防汛抢险救灾工作重要指示要求，落实内蒙古自治区党委书记、自治区主席的批示要求，安排部署黄河防汛、沿山水库、山洪沟口抢险加固、受灾群众转移安置等工作。并成立应急指挥部，下设9个专项工作组（综合协调、群众转移安置、水利工程抢险防洪防护、应急抢修、物资保障、宣传信息、安全保障、监督考核、机动抢险），明确牵头领导、责任部门，细化完善防灾、抢险、撤退、救援各项措施，落实资金物资保障准备，将Ⅳ级应急响应提高到Ⅲ级。各旗县区召开党政联席会议和防汛专题会议，研究部署防洪应急工作。

二是开展抢险救灾。灾情发生后，市、县两级启动实施市级重大气象灾害应急预案、防汛应急预案、救灾应急响应。市、旗县区主要负责人及相关部门负责人赶赴现场，组织开展抢险救援。水利、气象等部门24小时坚守工作岗位，密切关注雨情水情和汛情险情，轮班日夜巡堤，做好排查工作。乌拉特前旗转移疏散水库下游5个村庄15个组8500多名群众，成功营救被困人员（动用直升机救出被困洪水中的明安镇陶来口子村新村社8户18名群众；全力搜救出被洪水冲走的1名群众，被救人员意识清楚，身受轻伤，无生命危险），无人员死亡。乌拉特中旗对部分路段实行交通管制，对部分水库进行泄洪，因下游排水压力过大，莫楞河流域乌不浪口下泻困难，德岭山靠近前旗段2个村进水，600人已转移完毕。2018年7月25日，水库水位开始下降，险情得到一定控制后继续加固堤坝。转移群众得到妥善安置，卫生防疫、食品保障等方面的工作跟进及时。

三是排查安全隐患。相关部门组织力量对巴彦淖尔市全市灾害隐患（重要山洪沟口、黄河重点堤段、沿山工矿企业、尾矿坝、淤地坝及重要电力设施）进行排查处理，推进河道清障工作，保障行洪畅通。水利部门和城建部门加大排水沟道和扬水站维修养护力度，防止形成农田及城市内涝。做好水毁工程的抢修恢复工作，保障交通、电力、通信的畅通。

四是做好灾情核查。相关部门指导群众开展生产自救，加大农田排水排涝力度，并派出专业技术人员深入乡镇村组、田间地头，指导群众做好被淹农田的补种改种工作。争取上级救灾支持，协调保险公司做好灾情核查和理赔工作，最大限度地降低灾害损失。

（三）包头市灾情及应急救援协调情况

灾情发生后，包头市各级党委、政府重视抗洪抢险工作，进行相关安排部署，做好抢险及善后工作。

一是启动 III 级应急响应。根据包头市气象台及水文局 2018 年 7 月 19 日 11 时发布的雨情、水情公报，按照《包头市防汛抗旱应急预案》有关规定，包头市防汛抗旱指挥部于 7 月 19 日 14 时启动防汛 III 级应急响应，要求各旗县区防汛抗旱指挥部按照《包头市防汛抗旱应急预案》规定，全面安排部署，防汛责任人及时上岗到位，靠前指挥，加强应急值守、汛情监测、堤防巡查，提前转移受威胁区域人员，及时将防汛抢险救灾工作情况上报当地政府和包头市防汛抗旱指挥部办公室。

二是领导靠前指挥。发生灾情后，包头市委主要领导于 2018 年 7 月 19 日上午在灾情最严重的固阳县西斗铺镇指挥调度救灾工作，在救灾抢险一线现场成立由一名副市长担任组长的固阳县抢险救灾指挥部，进行现场指挥调度，切实做好抢险救灾工作；受灾地区的党政主要领导、分管领导也赶赴受灾一线，靠前指挥，组织各乡镇、各部门开展抗洪抢险工作。达茂旗转移安置被洪水围困的西河乡德宝庄村、黄花滩新村、南黄花滩村 3 个村及百灵庙镇沿河居民 540 余人。固阳县将被洪水围困群众转移到安全地带。白云矿区在得知 6854 次列车被困的消息后，区委相关负责人到达固阳县西斗铺镇，接返被困在西斗铺火车站 6854 次列车上的 150 余名旅客，所有旅客全部被安全接返。

三是进行组织抢险。强降雨导致包头市各大山沟暴发洪水，各级政府和防汛抗旱指挥部启动预案，组织抢险救援。全市各级水务部门共出动抢险救灾人员 4296 人，投入挖机、推土机、工程车等大型抢险机械 155 台（辆），水泵 10 台，发电机 15 台，编织袋 7.8 万条，排污水泵 20 套，大型泵车 1 台，大型排污泵 5 台，铁锹 3200 把，发电机组 3 台，铅丝 1.2 吨，救生衣 80 套。同时，为扎实做好全市防汛抗洪抢险工作，由包头市水务局牵头成立防汛抗洪抢险应急工作组，下设技术服务组、巡查督导组，为全市防汛抗洪抢险工作提供技术服务和工作指导。

四是做好灾情管理工作。为掌握洪涝灾害造成的损失情况，以便更加科学合理地开展救援，包头市成立了由市民政局牵头的灾情核查工作组，负责组织指导各受灾旗县区开展灾情调查工作，受灾地区的民政干部赶赴受灾现场统计受灾人口数量、转移受灾群众、核查受灾农作物、牲畜损失程度和住房损坏程度等灾害情况，并严防次生灾害发生。同时，对特殊困难家庭、房屋倒塌家庭、其他困难家庭进行细致的摸底排查，逐户核查灾情，并严格开展灾情审定工作，对所有统计报表实行领导审签报送责任制。按照《自然灾害情况统计调查制度》要求，各级民政系统严格做好初报、续报、核报工作。

五是合理调度，及时泄洪。受降雨影响，昆都仑水库上游多条山沟均有洪水发生，到2018年7月19日20时，昆都仑水库创历史最高水位，库容量增加了1101.71万立方米，已超过汛限水位。为确保昆都仑水库大坝安全，包头市防汛抗旱指挥部按照《包头市昆都仑水库大坝安全管理应急预案》要求，向包头市水库管理处下达汛令，要求昆都仑水库于20日3时开始泄洪，确保库区水位降至安全水位以下。为确保昆河水生态及下游行洪安全，采取小流量、长时间泄洪的办法，适时调峰调量，通过近33个小时泄洪，水位降到安全高度，水库蓄水为440万立方米，共泄洪约950万立方米。此次泄洪安全平稳，无险情发生。

六是加强城区主要河流的防汛工作。针对昆河、二道沙河、四道沙河和东河等城区主要河流，包头市防汛抗旱指挥部监测水情汛情变化，传递洪水预警信息，保障城市河道周边人民群众和工矿企业安全，在2018年7月20日凌晨昆都仑水库泄洪前，与下游的昆区、九原区、高新区政府协同配合，调整下泄流量，保证泄洪期间河道内的各种工程安全，在水库泄洪期间未发生大的工程损毁和人身伤亡事件。

七是开展灾害救助工作。相关部门共下拨上级自然灾害救助资金2651万元，用于固阳县、达茂旗等受灾地区恢复重建和冬令春荒期间受灾群众的生活救助。各级民政部门共下拨受灾群众救助资金和困难群众救助资金90余万元，调拨帐篷1372顶、棉被6840条、棉大衣6000件、折叠床3420张、铁锹1500把、雨具1300套、发电机16台、应急照明设备16套，并购买了充足的方便面、矿泉水等生活必需品，在不具备做饭条件的受灾村庄，安排了流动餐车，以保证受灾群众的基本生活需要。全市民政系统认真做好社会捐助工作，组织动员社会各界积极捐资捐物，共接收价值约为 1900 万元的各类物资和现金。

（四）内蒙古其他盟市应急救援协调情况

根据气象预报，2018 年 7 月 18～21 日，内蒙古自治区自西向东将出现一次强降水天气过程，内蒙古自治区象局决定启动暴雨 IV 级应急响应，呼和浩特市气象局、包头市气象局、呼伦贝尔市气象局、锡林郭勒盟气象局、乌兰察布市气象局和鄂尔多斯市气象局等相关部门根据实际情况，研判保持或调整相应的应急响应。

按照《内蒙古自治区防汛抗旱应急预案》有关规定，内蒙古自治区防汛抗旱指挥部研究决定，自 2018 年 7 月 19 日 18 时启动自治区防汛 III 级应急响应，相关盟市防汛抗旱指挥部按照《内蒙古自治区防汛抗旱应急预案》规定，全面安排部署，防汛责任人上岗到位，靠前指挥，加强应急值守、汛情监测、堤防巡查，提前转移受威胁区域人员，并将防汛抗旱工作情况上报当地政府和自治区防汛抗旱指挥部办公室。

三 关键问题分析："7·19"极端强降雨洪涝灾害救援协调的短板和不足

灾情就是命令，灾情就是考验。"7·19"极端强降雨洪涝灾害发生后，各级党委、政府始终把人民群众的生命安全放在第一位，靠前指挥、沉着应对；基层党组织和广大党员干部率先垂范、奋力拼搏，充分发挥了战斗堡垒和先锋模范作用；各级各部门、社会各界团结一心、众志成城，始终与灾区群众心连心、共患难；解放军指战员、武警官兵、民兵预备役和公安干警勇挑重担、不畏艰险，始终冲在前、干在前。通过各方的救援协调工作，最大限度地降低了灾害造成的损失，有效保障了灾区群众的生产生活。同时，在这次极端强降雨洪涝灾害救援协调过程中也暴露出一些问题，值得我们思考和重视。

（一）重大自然灾害应急准备能力不足

1. 极端洪涝灾害防御能力薄弱

近年来，内蒙古极端洪涝灾害防治成效十分显著，大江大河等干流防洪工程体系得到逐步完善，但由于治理河段长、任务重、资金有限，加上干流（特别是黄河）具有洪水持续时间长、凌汛频繁发生且对工程破坏力强、河道淘涮和泥沙淤积严重等特点，防洪工程体系总体还比较薄弱，沿黄经济带仍然面临洪水威胁。河套平原以及部分城市的排涝工程体系不健全，排涝能力低下，部分地区内涝频发。中小河流和山洪沟未设防段落占比仍然较大，未形成完整的防洪减灾体系。蓄滞洪区未达预期规模，病险水库、水闸除险加固以及城市防洪排涝工程的建设进程较慢。部分水利工程年久失修、建设标准偏低、安全隐患大，安全度汛风险高，部分水库、水闸、淤地坝病险问题较为突出，特别是中小型水库和水土保持淤地坝安全隐患多。全区有2200座淤地坝，其中鄂尔多斯地区有1600多座，由于淤地坝本身建设标准普遍偏低，往往存在蓄水能力差、调节能力弱的情况，很容易造成"穿糖葫芦"式灾害。

在此次"7·19"极端强降雨洪涝灾害中出现险情的增隆昌水库，是一座以防洪为主，集灌溉、养殖和旅游为一体的中型水库。该工程始建于1959年，于1961年拦洪蓄水。历经40多年的运行，病险情十分严重。2018年7月19日14时相关人员发现副二坝险情，17时发现主坝渗漏塌陷险情，后经科学救援协调，保证了增隆昌水库主坝和副一坝的安全，紧急转移群众，避免人员伤亡事件的发生，为做好下游水库防汛应对工作赢得了宝贵时间，确保了下游水库大坝的安全。

2. 重大自然灾害应急预案编制水平不高、演练不足

在应急管理机构改革之后，内蒙古自治区坚持"立改废释"并举，制定、修订了一批自然灾害应急预案。但是，在实际工作中，重大自然灾害应急预案编制水平不高、演练不足。

一是自然灾害应急预案编制水平不高。有的预案照搬上级部门预案的成分过多，预案编制修订程序还不够科学严谨，实用性和可操作性不够强；有的预案编制修订过程中缺乏通盘考虑，没有形成体系，上下脱节、不对应，与其他部门预案不衔接、难以配套；有的预案编制修订太过于原则化，忽视地方的实际情况，可操作性不强。在调研中发现，内蒙古的中小水库以公益性为主，经营性收入少，水库应急预案的编制一般由水库管理方或水利局承担，已有的水库应急预案大部分没有严格参照《水库大坝安全管理应急预案编制导则》的具体要求编制，缺乏可操作性，无法达到技术要求。在此次"7·19"洪涝灾害中部分出现险情的水库的应急预案中没有涉及出现极端暴雨、溃坝垮坝、道路阻断等情况后的应急处置措施，当灾害发生后在应急响应、应急物资、人员调动等方面出现了许多问题。

二是极端洪涝灾害应急演练不足。极端洪涝灾害的应急演练开展频次不高，且大多数应急演练缺乏针对性和实效性，特别是检验预案可操作性和实效性的演练不多，许多演练过程中又存在操作不到位的现象，演练存在一定的盲目性，而且没有对应急演练过程中发现的问题和经验进行及时的反思总结。同时，在已有的洪涝灾害应急演练中，主要是以应急管理部门、水利部门、救援队伍为主组织开展专项应急演练，缺乏各部门、各地区之间有效及时沟通和高效衔接的应急演练，致使演练的协同性、系统性不强；加之此类协同演练次数不多、规模不大，演练层次不够深入，应急演练难以达到预期目的。

3. 防灾减灾基础设施不足

一是防汛应急抢险救援物资储备严重短缺。各级防汛指挥部门防汛物资储备库建设数量不足，防汛抢险物资储备品种不全。很多旗县区已有防汛应急抢险物资储备的种类和数量严重不足，科技含量高、技术先进适用的设备基本上没有，缺乏大型和特种专业装备，且各部门应急物资缺乏统筹管理，储备方式单一，暂时未形成有机协调的综合应急机制。

二是应急救援的基础条件薄弱，各旗县区、乡镇基本上没有建立专业的应急抢险救援队伍，应急救援联动力量薄弱。应急管理机构改革后，应急管理部门须尽快掌握防汛抗旱协调指挥和抢险救援应急处置能力，全面提升防汛决策指挥水平和风险防控处置能力。

三是防灾减灾基础设施落后。内蒙古自治区地域辽阔，基础设施建设难度大，交通、通信、电力等领域部分基础设施灾害抵御能力有待加强，"城市高风险、农村不设防"的状态尚未得到根本改变。基础设施建设投资大、见效慢，是一项长期的系统工程。出于种种原因，基层政府在工作统筹中容易忽视监测站、防洪坝等用于预防和应对突发公共事件的基础设施建设，基层防灾减灾基础设施薄弱。

4. 公众防灾减灾意识不强

一些旗县区、苏木乡镇针对极端洪涝灾害的危机意识还不够强。据水务部门有关领导和专家评测，此次洪灾可以说是千年一遇，当地百姓几代人生活在这里，在当地从未见过也未听说过这样大的洪灾，部分群众对汛期情况认识不足、思想麻痹，存在侥幸心理。伤亡人员大多是在山洪暴发时受到山洪冲击或强行过水而导致的。固阳县死亡9人，就是由挤占河道建房、从事生产活动，破坏原有河道而导致的。部分老年人对转移安置有抵触心理；部分受灾群众思家心切，担心自家房屋、财产受损，不打招呼私自返回，造成安全隐患。

部分政府决策者在洪灾已经发生的情况下才意识到事态的严重性。有的决策者没有真正树立忧患意识和危机意识，未对洪涝灾害在思想认识上给予足够重视，在工作中存在侥幸心理和等靠思想；一些从事洪灾应对处置的工作人员没有牢固树立依法处置、预防的思想观念，在应急响应工作中表现出的综合素质不高。对洪涝灾害发生重视程度不够，会造成事件发生后花费大量人力、物力和财力来进行救援抢险和恢复重建，其所造成的损失远大于预防所需成本。

应急管理宣传培训工作在农村牧区还没有深入开展，应急管理的内容没有完全纳入各类学校课程，应急管理知识没有在基层地区全面开展宣传，应急管理类的培训教育工作也处于起步阶段，造成全民防灾、全民减灾的意识不强。

（二）重大自然灾害预警机制不健全

1. 重大自然灾害监测预警智能化水平总体不高

随着相关基础设施的建设和完善，内蒙古自然灾害监测预报能力不断强化，山洪和洪水灾害、地质灾害、地震灾害监测预警能力不断提升。但是，此次"7·19"极端强降雨洪涝灾害暴露出了内蒙古自然灾害监测预警体系中的许多问题。

一是监测预警系统覆盖不够全面，水情监测预警系统存在大量空白。内蒙古各类自然灾害点多面广，监测战线长，监测站点密度小，不能对全部危险区域进行有效监控，自动检测站点布设不合理，自然灾害依然存在监测预警盲区，难以有效捕捉局地或局部的极端自然灾害。对一些突发性、极端性暴雨洪水的预报时效性不强。江河防洪调度系统还不完善，洪水调度风险调控能力有待加强。旱情监测预警系统建设和抗旱物资储备体系建设严重滞后。此前，内蒙古有山洪防治任务的地区共为90个旗县，已完成了76个旗县的山洪预警系统建设，还有14个旗县未开展山洪预警系统工作。此次"7·19"极端强降雨洪涝灾害中就暴露出没有及时准确预警上游来水情况和山洪险情，出现了人员伤亡的情况。

二是监测数据实时共享程度低。截至2018年7月，自然灾害风险监测分布在气象、地震、水利、水文、自然资源、林业等相互独立的部门之中，数据共享程度较低，内蒙古自治区应急管理厅与地方应急管理局缺乏有效的监测预警手段和措施，没有整合各个行业和部门的监测预警系统，缺乏综合的监测预警信息平台。

2. 信息报送机制仍有缺陷

信息上报是自然灾害应急管理工作的重要内容。内蒙古制定了突发公共事件信息报送制度，从信息组成要素、报送时间等方面提出了信息报送要求。但是，在实际工作中，由于技术设备、基础工作和工作人员素质等方面的限制，还不能完全适应快速处置突发公共事件时的信息传递需要。

在"7·19"极端强降雨洪涝灾害发生后，一些受灾地区不能在第一时间上报灾害发生的具体信息，这对赢得宝贵的救援救灾时间产生了影响。这充分说明，部分地区和部门信息报送体系还不够健全，不能及时有效地收集上报各类气象灾害事件信息，信息报送还存在迟报、缓报等问题。同时，信息渠道不广泛、对信息工作不重视、技术手段不够先进，特别是对信息的深层次综合分析、研判及预测能力不强，信息报送质量难以保证，直接影响了领导部署处置自然灾害和先期处置队伍救援工作的开展。

3. 舆情信息发布不够及时准确

自然灾害发生后，由于人们对灾害认识不深，信息沟通会存在不对称问题。随着互联网等新媒体技术的普及，如果正式沟通渠道不畅，缺乏正确的舆论引导，一些谣言和不可靠信息就会加速传播，导致小道消息满天飞，使谣言或流言迅速传播开来，出现民众恐慌、盲从、失控现象。这样不仅会侵害公众的知情权，还会对社会秩序与社会心理的稳定造成极大影响。

舆情信息公布不及时、不准确，还会使相关政府部门的决策出现偏差，延缓、耽误政府的应急救援行动，对应急救援工作造成严重的负面影响，并在一定程度上造成并加剧社会的混乱。此次"7·19"极端强降雨洪涝灾害发生后，一些地区舆情信息没有及时准确跟进发布，在一定程度上造成了受灾民众心理恐慌，并延误了政府组织开展救援工作。

(三) 重大自然灾害应急联动体系运行不畅

1. 应急联动体系还不完善

建设能够高效快速地响应处置自然灾害的联动体系，是一项基础性工作。这对建立健全功能齐全、统一指挥、运转高效、反应灵敏的应急机制，预防和应对自然灾害，降低突发事件造成的损失和影响，具有十分重要的意义。

"7·19"极端强降雨洪涝灾害发生之时，内蒙古还未成立应急管理厅，没有专门的应急响应部门，水利、消防、水务、农牧、民政等部门各自为战，互相之间缺乏足够的联动配合，在一定程度上影响了救灾效率。按照机构改革要求，内蒙古于2018年11月12日挂牌成立了应急管理厅，负责全区应急管理工作，初步完成建立以内蒙古自治区应急管理厅为协调指导单位的综合防灾减灾救灾体制。由于专职的应急管理部门成立时间短，与其他具有应急响应职能的部门机构还处于磨合期，各部门还需加强协调联动配合。应急管理部门和相关部门的职责分工与协同合作需要在实践中进一步明确与加强，以减少职责不明、互相推诿的现象。

应急管理部门与相关厅局和部门的跨部门协同工作需要进一步制度化，自然灾害综合防灾减灾救灾体制机制需要进一步完善。内蒙古的盟市、旗县（市、区）机构改革和自治区机构改革的有机衔接需要进一步强化。只有统筹设置党政机构，整合优化力量资源，实现职能有机统一，才能更好地发挥机构效能和优势。

2. 应急救援力量和技术装备还不能满足现实要求

一是应急救援力量组成比较单一。目前，内蒙古全区各个盟市虽然组建了应急管理局，形成了专职应急队伍体系，但应急管理人员和应急救援人员数量不多，基层应急管理部门防汛力量薄弱，缺乏专业工作人员。社会公益力量参与度明显不足，与先进发达地区和实际应急救援要求有差距。

二是应急技术装备配备还不够强。应急装备包括图像和数据通信设备、个人防护装备、应急工作所必需的现场记录设备和后勤保障装备等。应急装备及技术对应急工作的质量与效率有着直接的影响。目前，应用性和基础性的应急技术研究在内蒙古还比较薄弱，重点领域重特大事故战术研究基础理论、救援和防范技术还不够先进，救援作战技术含量低，应急技术装备水平不高，特别是先进、配套的救援装备相对不足，一些专业性的应急救援设备比较缺乏。

3. 重大突发事件应急决策指挥系统不完善

在重大灾害应急管理过程中，应急管理决策在应急管理体系中占有非常重要的位置，政府应急管理决策的水平直接影响着决策的质量和效果。应急管理决策层的素质、决策手段及对灾害真实情况和发展态势的掌握，与应急管理决策水平有十分紧密的联系。

在此次"7·19"极端强降雨洪涝灾害中，政府决策过程对政府机构和所属部门的依赖性强，特别是基层政府，对群众和非政府组织在决策中发挥作用的认识不足，在对灾害紧急事件进行处置时，缺少专家咨询、专业知识指导，行政命令和经验主义色彩浓重，造成应急决策主体掌握信息不够全面。在"7·19"极端强降雨洪涝灾害应急救援过程中，巴彦淖尔市、包头市还未成立专业的应急管理部门，不能统筹指挥调度各类应急救援力量，承担应急管理职责的消防、水务、公安等职能部门各自相对独立，在应急救援中有时会出现互相工作衔接不到位、沟通协调不畅等情况，客观上造成联动响应滞后、合成指挥不力等问题。

（四）重大自然灾害应急管理善后工作不到位

在重大自然灾害发生之后，受灾群众的身心都受到一定的创伤，所以在灾害发生之后，应采取积极的应对态度，促进灾后群众的心理康复，积极为受灾群众进行心理干预，帮助他们更好地走出心理低谷，这样能使他们积极面对社会、适应生活。有效的心理恢复干预可以帮助人们确立正确的态度，减轻灾后不良心理反应，起到稳定社会的作用。

灾害发生后开展群众心理恢复干预，体现了以人民为中心的发展思想和政府对人民群众的关心，有利于社会治安的稳定。

从内蒙古自治区针对"7·19"极端强降雨洪涝灾害的应急管理过程来看，仍旧缺乏对受灾地区群众的心理恢复干预。另外，对灾害应急管理过程的调查评估机制不够完善，灾害发生后的灾情核查、后续救助、维修经费、河道整治等工作遗留了很多问题。对灾害应急响应处置过程是否顺畅有效、应急管理结构体系是否合理、应急决策指挥是否得当、应急管理过程中是否失误等，都需要进行反思和总结。

在传统政府危机管理惯性的作用下，仍存在"重处置、轻管理"的应急管理方式，危机过后，一般只进行正面的宣传奖励，而对危机准备、危机处置过程中的问题往往是轻描淡写，没有专门机构对整个应急过程进行评估审核。

四 结论与政策建议

针对内蒙古"7·19"极端强降雨洪涝灾害应急救援协调过程中暴露出的问题和薄弱环节，相关部门需要继续深入贯彻落实党中央、国务院加强防灾减灾救灾工作的决策部署，进一步推动"十四五"时期综合防灾减灾救灾事业发展，提高综合防灾减灾救灾能力，全面推进我国自然灾害应急救援协调体系和能力现代化，有效维护人民群众生命财产安全和社会稳定。

（一）大力提升重大自然灾害应急准备能力

1. 全面提升干旱地区防洪抗旱减灾能力

近年来，受厄尔尼诺现象影响，气候变化多样，我国西南地区、东北地区、中原地区持续干旱少雨，抗旱已成为各地防汛抗旱部门必须面对的新课题、新挑战。与此同时，常年干旱的西北地区，汛期局部暴雨多发，极易引发山洪泥石流灾情，带来惨重损失。各地应打破传统的工作套路，适应新气候，制定新策略，不断增强防汛抗旱减灾能力。

一是要加强防洪工程体系建设。各地要实现大江大河三级以上堤防全面达标，扩大中小河流治理实施范围，建成流域控制性骨干工程并发挥其防洪效益，切实提高抵御洪涝灾害的能力。

二是增强蓄滞洪能力建设。各地要实现蓄滞洪区布局合理、工程完善，提高洪水防御水平，特别是提高应对平常险情和超标准洪水及重大突发险情的能力。

三是增强城市防洪排涝能力。各地要以增强内部调蓄、扩宽自排通道、提高抽排能力为重点，梳理确定城市排涝工程措施，完成重要防洪城市的防洪工程达标建设。

四是加大山洪灾害防治力度。各地要采取工程措施与非工程措施相结合的办法，形成综合防御体系，新建和加高加固堤防、护岸等河道治理工程，巩固提升山洪灾害重点防治区综合防御体系。

五是除险加固病险水库。各地要通过大坝加固整治、坝体坝基防渗处理、溢洪道水毁修复整治、输（放）水设施改造、金属结构及启闭设备更换、增设监测设施等措施，除险加固病险水库，并根据需要安排淤地坝除险加固和水库降等与报废。

六是压实地方各级政府责任。各地要加强小型水库的运行管理，定期开展隐患排查，确保运行管理的资金渠道和人员队伍稳定。

2. 建立完善重大自然灾害应急预案体系

各级政府要按照"居安思危、思则有备、备则无患"的工作思路，制定和修订各级自然灾害类应急预案，落实责任和措施，强化动态管理，不断完善自然灾害应急预案体系，修订完善各级政府总体应急预案和专项应急预案，制定区域防汛抗旱应急预案和重要工程设施方案，持续提高预案的针对性和可操作性。

一是科学制定修订应急预案。各级应急管理部门应根据自然灾害应急管理工作的实际情况，根据辖区和职能范围内的气象、水文、水利、重要险工险段的基础情况，在认真总结经验、立足实际的基础上，进一步修订完善各类专项灾害应急预案。要着重从指挥体系、监测预警、事件处置、抢险救援等环节入手，组织各领域专家学者对各类灾害应急管理预案进行科学细致的修订和完善，确保应急抢险救援工作落到实处。

二是增强预案的可操作性。各级政府要重点完善相关应急预案中关于应急响应责任、抢险救援、预警方式、避险措施、转移撤离路线、队伍和物资调配储备等内容。

三是强化日常的应急演练。各级政府要重点开展旱灾、洪灾、风灾、冰雹、雪灾等重大自然灾害的专业应急演练，保证在灾害突然发生时能够科学、快速、高效地开展应急救援。自然灾害易发区域所在政府、高危行业企业、生命线工程以及人员密集场所管理单位的应急预案，要经常组织开展针对性应急演练。实行应急演练评估制度，及时评估预案执行的协调性、合理性及可操作性，并加以修正。

四是加强应急演练的实施。各级政府要特别重视专职应急管理部门和其他承担应急管理职能的部门之间的联合演练，这是因为各类灾害的抢险救援往往需要政府各部门之间互相密切配合。在条件允许的情况下，要定期开展桌面推演等跨区域、跨部门的综合性应急演练，甚至要开展模拟真实情境的类实战演练，达到检验预案、磨合机制、锻炼队伍的目的，以此来进一步提高灾害应急管理能力。

3. 提升基层综合防灾减灾能力

一是健全基层防灾减灾体系。各地应建立苏木乡镇（街道）防灾减灾工作组织体系，实现有机构、有场所、有人员，管理运行规范化；积极推进社区等基层安全风险网格化管理，加强社区层面减灾资源和力量统筹，深入创建综合减灾示范社区，开展全国综合减灾示范县（市、区、旗）创建试点；支持和引导居民开展风险隐患排查治理和监督，加大举报奖励力度，筑牢安全风险的人民防线。

二是健全城市安全制度体系。各地应大力提高城市住房和公共设施的设防标准和抗灾能力；充分利用公园、广场、学校等公共服务设施，因地制宜地改造和建设应急避难场所，增加避难场所数量；加快推进海绵城市建设，修复城市水生态，涵养水资源；加快补齐城市排水防涝设施建设的短板，增强城市防涝能力；加强农业防灾减灾基础设施建设，提升农业抗灾能力。

4. 加强公众防灾减灾教育

一是实现防灾减灾教育的多方参与。政府部门、社会力量和新闻媒体等要统筹开展灾害预防宣传教育工作，形成相互联动的良性工作机制，推进相关知识和技能进学校、进机关、进企事业单位、进社区、进农村牧区、进家庭；将防灾减灾内容纳入国民教育计划，建立防灾减灾救灾教育的长效机制；将防灾减灾救灾纳入当地教育体系，实现在校学生全面普及。

二是创新防灾减灾教育的多元方式。各地要开发具有当地文化特色的防灾减灾救灾科普读物、教材、影视动漫等宣传教育产品，充分利用好新媒体的传播效能；加强科普宣传教育基地建设，打造各类宣传平台，推进科普宣传教育基地、网络虚拟教育平台、数字图书馆、灾害遗址纪念馆、主题公园等建设；坚持以人民为中心的发展理念，加大防灾文化作品的创作；充分发挥"互联网＋防灾减灾"传播平台优势，推动防灾减灾文化精品走进千家万户。

三是开展综合减灾示范区和示范社区创建。各地要定期开展社区防灾减灾救灾宣传教育活动，组织居民开展应急救护技能培训和逃生避险演练；鼓励和支持以家庭为单元储备救灾应急物资，提升公众应急避险和自救互救的能力。

（二）建立及时准确的自然灾害预警体系

1. 做好灾害风险点排查工作

一是开展全国自然灾害综合风险普查。各地要利用第一次全国自然灾害综合风险普查工作的契机，对地震灾害、地质灾害、气象灾害、水旱灾害、森林和草原火灾等主要自然灾害类型，开展主要自然灾害致灾调查与评估，人口、房屋、基础设施、公共服务系统、三次产业、资源和环境等承灾体调查与评估，历史灾害调查与评估，综合减灾资源（能力）调查与评估，重点隐患调查与评估；完成主要灾害风险评估与区划以及灾害综合风险评估与区划，编制灾害综合防治区划图，汇总普查成果。

二是检查相关工作落实情况。各级政府要及时组织应急、水务、气象等相关部门，对本辖区内的水利工程、易受灾地区及城乡防灾设施进行拉网式排查，主要检查责任落实、预案可操作性、抢险队伍组建、抢险物料储备等情况，尤其要对中小型水库的行政、技术、巡查"三个责任人"上岗到位、履职尽责情况和监测预报、运行调度和应急抢险方案"三个重要环节"的落实情况进行重点检查，确保安全。对排查中发现的问题和隐患要及时开展评估和风险分析，建立整改台账，明确责任人、整改措施、整改期限，实行动态管理；要采取应急措施，确保灾害多发时期的平稳安全。

2. 提升自然灾害综合监测预警能力

一是健全监测预警体系。相关部门应完善日常分类监测预警，健全应急监测预警，建立健全自然灾害分类监测和分级预警制度，建立自然灾害综合监测预警信息共享和报送制度，建立自然灾害风险形势研判评估制度，健全自然灾害预警信息发布和预警响应制度。

二是利用现代科学技术。相关部门应加强自然灾害监测站网建设，在传统的监测基础上，充分利用遥感、无人机、卫星、物联网等技术，构建智能感知网，初步构建起"空天地"一体化的水利立体感知监测体系，持续提升气象、水旱、地震、地质、林草等灾害监测预报预警能力；利用遥感、无人机等前沿感知技术，建立智慧遥感数据库；利用无人机上搭载的高光谱成像仪、专业航拍相机等获取高清影像资料，为应急管理提供补充监测信息，为违法取证和应急指挥等工作提供技术支撑；充分利用手动采集设备、移动终端等设备，补充社会公众数据，实现应急管理业务信息全感知。

三是构建监测预警平台。相关部门应完善各级自然灾害综合风险监测预警平台，强化多灾种和灾害链综合监测、重大风险早期精准识别。完善多部门共用、多灾种综合、多手段融合、"省-市-区-街道"四级贯通

的突发事件预警信息发布系统，推进自然灾害监测预警信息化建设，提高
预警信息发布的时效性和精准度。

3. 加强信息报送和发布工作

一是加强应急值守。各地区、各有关单位和部门要安排好自然灾害预
警值班，设立专线值班电话，全面落实领导带班、技术人员值班和 24 小时
值守制度，确保遇有险情时能够及时处置。

二是强化信息共享。各地应充分利用气象、水文部门的监测站点，密
切监视天气变化状况，准确发布信息，为应对极端天气导致的灾害争取时
间。气象部门要着力提高中短期天气预测预警水平，特别要加强对极端灾
害性天气事件的监测，提高预报的前瞻性、准确性；水文部门要密切观测
雨情和水文变化情况，准确研判河流上下游和各类重大水利工程的水位变
化，为抢险救灾提供可靠数据。

三是主动做好信息公开工作。各地应健全重特大灾害舆情应对机制，
强化信息公开，拓展信息发布渠道，充分发挥主流媒体作用，扩大受众面
和影响力；加强舆情监测和引导，及时发布信息，积极回应社会关切，及
时依法依规对不实报道和信息进行处理。

（三）强化应急联动体系建设

1. 完善各部门应急联动体系建设

一是全面落实责任制。各地应强化以行政首长负责制为核心的责任体
系，各级党委和政府要按照"党政同责、一岗双责、齐抓共管、失职追
责"的总体要求，实行各级政府行政首长负责制，统一指挥、分级分部门
负责；要建立以行政首长负责制为核心的行政区域责任制（包括乡镇、村
组责任制）以及防洪工程和重要设施的防汛责任制；要增强主体责任意
识，把责任落到自然灾害应急管理的全过程、各层级；责任人要清楚主要
风险隐患，熟悉重要方案预案，掌握抢险队伍和物资情况。

二是完善应急联动机制。各议事协调机构及其办公室要充分发挥好应
急管理部门综合优势和各相关部门专业优势，注重处理好"统"和"分"、
"防"和"救"的关系，进一步明确"一委三部"组成单位的职责分工，
确保责任链条无缝对接，形成齐抓共管的整体合力。省、市县（旗、区）
三级应急管理部门和其他承担抢险救灾职能的部门要加快工作磨合调整，
加强统一指挥决策调度。

三是形成抢险救灾的强大合力。按照整体合力原则，各地应建立起以各级党委政府为核心，由武警公安、人防安保、防洪抗旱、气象水文、城建交通、供电供水、网络电信、卫生防疫等专业力量参与组成的综合应急指挥工作体系，在遭遇重大自然灾害时，统筹指挥全区各方面的力量，迅速实施防御、抢险、救护等工作；应急管理专职部门要与水务、气象、水文等相关部门加强配合，密切协作，合力抗灾，切实提高抢险救灾防御性基础工作水平；要建立专防与群防相结合的应急队伍体系，完善军民联防、警民联防的工作机制，强化与军队、武警的协调联动，实时互通信息，提早谋划部署，充分发挥人民解放军、武警部队在抢险救灾中主力军和突击队的作用。

四是动员社会各方力量。各级基层政府要积极探索创新，转变防灾减灾理念，不断创新工作机制和工作方法，充分发挥和动员驻地各大企事业单位、社区街道、人民团体组织、苏木乡镇和志愿服务者队伍，依靠社会各界力量，切实形成一套指挥统一、反应灵敏、行动迅速、运转高效、协调有序的社会化应急管理机制，确保抢险救灾工作不脱节、不断档。

五是提升应急处置科技水平。各地要不断引进和吸纳先进的监测、预防、预警和应对处置技术设施和手段，充分发挥好专家队伍和专业人员的联动作用，进一步加强公共安全领域的技术开发和科学研究，以技术手段为支撑，努力提高应对处置气象灾害的综合指挥能力；要加强基层防办队伍建设，使盟市、旗县级防办设备配置更加现代化，进一步提升其应急能力。

2. 不断完善灾害应急物资保障体系

一是做好应急物资储备。各地区和各职能部门要根据工作实际，针对抢险救灾薄弱环节，特别是险工及险情易发地段，优化救灾物资储备布局，科学合理布局储物地点，合理扩大储备规模和种类；开展重要应急物资产能摸底和提前储备，健全应急物资兜底收储制度，积极培育应急产业链，提升应急物资产能保障能力；对应急物资储备进行长远规划，丰富物资种类，加大对科技含量高、技术先进的装备的采购储备，确保满足抢险救灾需要。

二是强化应急物资管理。各地要成立自治区层面的应急物资保障领导协调指挥机构，建立"统一领导、权威高效、权责一致"的应急物资储备保障管理架构，统一协调自治区应急物资保障工作；要健全自治区、盟市、旗县（市、区）、苏木乡镇物资保障分级响应机制，明确事权边界；健全应急物资保障跨部门、跨地区合作机制；构建与各有关部门职责兼容衔接的合作机制。

三是做好非政府物资的征用。各级政府要与相关大企业、社会组织建立联系制度，一些专用性强、储存保管难的应急物资和设备，以及大型工程机械设备，财政负担较重的地区没必要采用政府储备的方式，在有应急需要时可以采取就地就近征用的方式解决。

四是完善应急资金保障。各级财政要确保在年度预算中安排紧急应急资金，用于启动应急救援队伍、周转应急装备物资采购金、现场抢险救援、启动紧急生产、非政府物资资产的征用赔偿补偿、受灾民众的救济补助和安置等，相关机构要对资金使用管理情况予以检查，坚决杜绝将该资金挪作他用。

3. 建立科学高效的应急管理决策指挥系统

一是建立灾害应急管理决策中心。在灾害发生时如何做出科学合理的决策，是应急管理的核心问题之一，灾害处理的成效和事态的控制水平与决策是否科学正确密切相关。决策中心应由相关市领导、各领域的专家以及智库组成，其任务是选择灾害应对处置方案，确定控制防范灾害的原则、目标，调度资金、人员和应急物质。灾害的形式、规模、发展趋势、强度、诱因和根源这些决策信息，应急管理机构的决策者并不一定全部占有。只有充分发挥各种专家和智囊机构的作用，才能保证决策者正确制定应急救援计划，收集与处理信息，以及科学筛选备选方案。要加快与决策程序和责任相关的立法进程，做好相关配套建设，建立健全新闻监督和听证制度，用网络技术等手段提高危机决策的程序化、公开化、透明化程度，用法制化的方式明确危机决策各方的责与权。

二是建立科学的应急管理指挥架构。指挥系统是处置自然灾害的核心和中枢，其责任重大，任务艰巨。根据目前实际工作需要，该组织构成应分为三个层次：第一层次，决策层，即在地方党委书记或行政首长直接领导下的应急处置管理委员会；第二层次，指挥层，即具体开展灾害应急处置组织协调调度运行工作，发挥中枢指挥作用的应急指挥中心；第三层次，实践层，即在事发一线处置灾害的专业队伍及职能部门。该系统是一个多层次的网络体系，地方党政首长直接领导下的应急管理委员会、应急指挥中心、各专业队伍和职能部门是网络体系中的多层核心。在灾害突发的状态下，应急处置管理委员会在应急指挥中心具体进行应急指挥作业，对突发事件的规模性质进行研判并启动相应等级的应急预案，统筹组织调动协调指挥各大企事业单位、武警或驻地部队、相关地区和职能部门迅速调集专业力量，实施处置和救援行动。

（四）做好灾害应急管理善后工作

1. 建立和完善灾害应急管理善后处置体系

一是恢复重建生活、生产设施。在恢复重建过程中，公共财产的恢复和重建一般由政府负责，私有财产的恢复重建工作一般是由当事人承担，政府给予技术、资金、政策等方面的支持和帮助。但是，在灾害等级高、规模大、范围广、危害程度高、受灾严重的情况下，灾民几乎没有能力进行恢复重建，此时政府应加大帮扶力度，采取特殊措施，建立和完善更加有力的援助体系，明确援助的对象、标准、范围。

二是做好精神的恢复重建。相对于物质的恢复重建，精神上的恢复和重建更不容忽视。灾害发生后，相关部门要及时对公众进行正面的教育和引导，抚平受灾群众的心理创伤，消除心理阴影，减少负面情绪，使其尽快恢复生产、生活信心。

2. 建立和完善灾害应急管理过程评估机制

评估灾害应急处置过程，对总结经验、吸取教训具有重要意义，可以及时纠正在灾害应急管理中出现的失误和漏洞，排查潜在的隐患，以提高应急处置能力。一是要对灾害应急管理整体系统中的各个子系统配合协调情况进行评估；二是要对应急管理部门发挥作用的效果进行评估，根据评估结果不断对应急管理程序进行调整和优化；三是要对灾害应急处置过程中所采取的措施进行评估，主要是评估在处置过程中，做出决策是否科学，采取措施是否果断及时，实施过程中措施的执行是否有力；评估相应的预案在突发事件出现时，对应处置措施的可操作性有多强，指导性有多大，是否有漏洞、有偏差，并及时修正。

3. 建立灾害应急管理监督机制

建立和完善监督检查机制，对检验灾害应急管理决策的落实情况和各部门联动运行效果至关重要。监督检查工作分为决策领导的检查监督和专门的督查部门的监督检查两个方面。在做出应急管理决策后，相关领导要尽量深入基层一线了解情况、指挥救援，当发现应对措施与实际情况不符或者有新的状况出现时，要及时做出新的调整。当领导确实由于时间有限、分身乏术，不能进行督促检查时，就要有人专门去检查落实。此外，也可以按照领导指示，成立临时工作组，深入突发事件现场检查监督应急管理工作。除此之外，还应该充分调动和发挥人大、政协、大众、新闻舆论对公共突发事件应对处置工作的监督检查作用。

（课题组组长：莎日娜；成员：田瑞华、包笑、拓俊杰、尚永贞；本报告主要执笔人：莎日娜）

邻避型群体性事件风险防控

——鞍山腾鳌垃圾焚烧发电项目邻避型群体性事件

摘要： 近年来，我国不少地方发生了邻避型群体性事件，已成为影响经济发展和社会稳定的重大障碍。邻避型群体性事件的发生发展有特殊规律，其防范化解有特殊要求。本文以鞍山腾鳌垃圾焚烧发电项目邻避型群体性事件为例，深入考察事件发生发展及应急处置全过程，总结经验教训。研究发现，邻避设施的负外部性特征、公众关于邻避的心理认知因素和政府的决策偏差，是诱发邻避型群体性事件的主要因素。在此基础上，本文提出了科学消减邻避设施的负外部性、确保项目安全可控，加强风险沟通、舒缓公众邻避情绪、加强利益补偿及公众参与、强化公益认同等对策建议。

关键词： 邻避型群体性事件；风险防控；应急处置

一 案例概况：涉环保项目邻避型群体性事件

2018 年 11 月底至 12 月中旬，在对位于辽宁省鞍山市海城市腾鳌镇的生活垃圾焚烧发电项目进行环境影响评价征求公众意见的过程中，发生了多人聚集的事件，并出现有部分人员试图封堵高速公路以向政府施压的极端行为，一些聚集群众与维护秩序的民警发生了对峙冲突，导致一辆警车被掀翻。事发中心的腾鳌镇还一度出现沿街店铺关门、学生不去学校上课以示抗议等情况。

（一）事件背景

辽宁省鞍山市总面积为 9252.35 平方千米，其中城区面积为 233.9 平方千米；常住人口为 359.8 万人，其中城镇人口为 259.99 万人。鞍山市城区每天产生生活垃圾 1500 吨，集中存放地点在羊耳峪生活垃圾卫生填埋场

（1998 年投入使用，以下简称"垃圾场"）。垃圾场设计标准为 20 年，极限库容为 1100 万吨，已经服役 22 年，有效库容仅余 160 万吨，预计 2 年内将达到临界点①，届时鞍山市将面临城市生活垃圾无法处理的严峻形势，破解瓶颈问题、早日开工建设垃圾焚烧发电项目已成当务之急。

鞍山市将生活垃圾焚烧发电项目作为全市重大民生工程，从 2011 年开始推进，2014 年通过建设－经营－转让（BOT）模式与重庆三峰环境集团股份有限公司合作进行建设。项目最初选址在鞍山经济开发区达道湾镇城昂堡村，但因项目社会稳定风险评估过程中遭到辽阳市群众反对，后于 2018 年改址为腾鳌开发区化工园区。腾鳌开发区位于辽宁省鞍山市海城市北部，是省级经济开发区、省级高新技术产业开发区，总面积为 184 平方千米，下辖腾鳌镇和腾鳌温泉管理区街道，其中腾鳌镇下辖 22 个村、10 个社区，总人口为 12 万人，城镇建成区（含工业园区）为 9 平方千米，城区人口为 9 万人。

此项目最终选址确定在鞍山市腾鳌化工园区，预计占地面积为 8 万平方米，总投资为 7.1 亿元，配置 3 台 500 吨/天机械炉排炉和 2 台 15 兆瓦汽轮发电机组，项目烟气排放指标达到欧盟 2010 年标准，日处理生活垃圾 1500 吨。2014 年，该项目由鞍山市政府组织进行公开招标，重庆三峰环境集团股份有限公司中标。2018 年开始项目推进工作，计划 2019 年开工建设，2020 年建成运营。

（二）事件发生发展过程

在鞍山腾鳌垃圾焚烧发电项目征求民意的过程中，腾鳌经济开发区管委会 2018 年 8 月组织所涉的 7 个村进行了公众问卷调查，共收集调查问卷 168 份，公众支持率为 100%。但是，在 2018 年 11 月 29 日晚进行项目第二次环评公示过程中，腾鳌有人开始在微信群中散布抵制垃圾焚烧发电项目的负面舆情；12 月 1 日，开始出现抵制项目的群众性聚集；12 月 1～4 日，平均每天聚集者在 100 人左右，主要聚集在腾鳌首座广场等地。从 12 月 5 日开始，情况恶化，当天 9 时聚集了 1000 余人。他们在镇内沿街游走，并封堵鞍山至腾鳌的主要干道和腾鳌高速公路出口；临近中午时，

---

① 除特殊标明外，本报告所涉数据均来自课题组调研材料《鞍山市人民政府关于腾鳌垃圾焚烧发电项目"邻避"问题化解情况的汇报》（2019 年 4 月 16 日）。

许多群众在腾鳌高速公路出口、鞍羊线高速公路下穿桥、腾鳌中街交通岗集聚，这 3 个地点聚集群众最多时达 200 人以上。持续至 15 时之后，人员陆续撤离。

按照时间划分，整个事件可以分为五个阶段（见表 1）。

（1）2018 年 11 月 26 ~ 30 日，为事件萌芽期，网上一篇帖子被腾鳌镇群众热议，有 40 ~ 50 人欲聚集上访。

（2）2018 年 12 月 1 ~ 4 日，为事件初始期，平均每天有 100 余人（最多时达 200 余人）聚集，并通过沿街游行、呼喊口号等方式，制造影响，向政府施压。

（3）2018 年 12 月 5 ~ 8 日，为事件爆发期，其中 5 日聚集人数最多时近 2000 人，其主要诉求是取消垃圾焚烧场建设，出现了部分群众封堵沈大高速公路的趋势，并造成道路拥堵，一度发生警民冲突。6 ~ 8 日，每日有 300 余人聚集，同时部分学校学生出现旷课情况，部分沿街商铺停止营业。

（4）2018 年 12 月 9 ~ 10 日，为事件降温期，每日聚集人数减至 40 余人，学生出勤正常，关闭停业的店铺陆续恢复营业。

（5）2018 年 12 月 10 日后，为事件平缓期，没有发生聚集性事件，群众依法依规表达诉求，心中疑虑逐渐消除，社会大局保持稳定。

表 1　鞍山腾鳌垃圾焚烧发电项目邻避型群体性事件发生发展进程

阶　段	时　期	聚集人数	行为表现
2018 年 11 月 26 ~ 30 日	萌芽期	40 ~ 50 人	发帖跟帖、聚集上访等
2018 年 12 月 1 ~ 4 日	初始期	100 余人	沿街游行、呼喊口号等
2018 年 12 月 5 ~ 8 日	爆发期	300 余人（5 日最多时近 2000 人）	游行、罢课、停业、欲封堵高速公路、发生警民冲突、掀翻警车等
2018 年 12 月 9 ~ 10 日	降温期	40 余人	聚集
2018 年 2 月 10 日以后	平缓期	—	秩序恢复正常

资料来源：课题组根据调研和公开资料整理。

二　事件处置的具体举措

群众大规模聚集性事件发生后，辽宁省委、省政府高度重视，辽宁省委书记和省长多次做出批示指示，辽宁省委政法委、省委宣传部、省公安厅、生态环境厅、信访局、住建厅等多个部门积极参与，迅速建立指挥体系，完善社会网格化管理，广泛调动各方力量，组织入村入户，开展大量群众工作，特别是下大力气宣传普及垃圾焚烧发电科学知识，依法进行事件现场处置，依法惩处违法人员。经过一系列有针对性的工作，事态基本平稳，涉环保项目"邻避"问题化解效果明显，腾鳌地区群众情绪稳定、生活有序。在第三次测评过程中，通过村民代表大会开展项目社会风险稳定评估问卷调查，有2个村同意率达到100%，另有2个村同意率分别达到92%和97%。

（一）迅速建立指挥体系，全力维护稳定

2018年11月29日，发现有人在网上散布垃圾焚烧发电项目负面信息后，海城市公安机关立即启动应急预案，全力开展网上管控、研判预警、警力备勤等工作。11月30日，获悉有群众将在12月1日上街聚集的信息后，海城市委、市政府在第一时间向鞍山市委、市政府报告的同时，组织海城市政法委、宣传部、公安局等相关部门全力以赴做好稳控和应急处置准备工作。鞍山市委书记和市长接到报告后，第一时间赶赴现场，成立以市委书记为组长的现场总指挥部，建立了应急处置组、舆论引导组、综合协调组、应急管组控、思想疏导组、宣传报道组、协调接待组和问责组8个工作小组（见图1）。

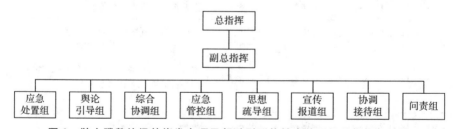

图1　鞍山腾鳌垃圾焚烧发电项目邻避型群体性事件现场总指挥部结构
资料来源：课题组根据调研和公开资料整理。

针对这起垃圾焚烧发电项目邻避型群体性事件，海城市委、市政府制定了群众工作、舆论引导、维稳处置、思想政治和科普方面的工作方案；完善了信息报送、每日调度、督查督导和保密制度，构建起了上通省里、下连基层、统筹全局的指挥体系。公安系统发挥了中流砥柱的作用。辽宁

省公安厅从周边兄弟城市调集 1000 余名警力予以支持，共计出动 2500 名
警力，全力开展应急维稳工作，成功处置聚集事件 24 批次，涉及 3800 余
人，特别是成功处置了 12 月 5 日近 2000 名群众围堵 G15 高速公路鞍山南
站出入口 5 小时的聚集性事件，有效防止了冲击高速公路等更为严重的事
态。同时，公安机关迅速成立专案组，针对造谣煽动、篡改国歌、辱警袭
警、组织聚集等网上网下的违法行为，共计刑事拘留 5 人、行政拘留 5 人、
批评教育 400 人。

（二）广泛调动各方力量

海城市委、市政府建立了市县镇村四级党员干部包保制度，市委、市
政府主要领导及相关常委和副市长一直坐镇腾鳌指挥，正面回应群众诉
求，鞍山市委选派 3 批 236 名市直机关干部进驻腾鳌参与事件处置，海城
市派出 320 名机关干部、292 名村干部进行包保，广大基层党员干部快速
投入工作，形成了大范围、宽层面党员干部开展工作的良好局面。

针对腾鳌人口的区域分布职业构成、户籍状况等多方面因素，研究制
定了"1 + 7"包保责任体系①，分 7 条战线落实包保任务，分别是关心关
爱腾鳌镇机关干部、包保 22 个村党员干部及群众、包保社区楼宇（外来
人员）、包保腾鳌境内企业、包保腾鳌境内房地产企业、包保腾鳌境内临
街商铺、包保腾鳌境内学校和幼儿园。

按照包保责任分工，各级干部怀着对人民群众的深厚感情，通过入户
走访、扶贫帮困、服务解难等多种方式，深入细致地做好群众工作。在各
村群众包保上，充分发挥村干部、党员、村民小组长的作用，通过走访慰
问、召开座谈会等多种方式，教育引导群众依法合理表达诉求、科学理性
认识项目。特别是以困难群众健康和就业"双普"调查为载体，开展大规
模扶贫帮困活动，走访慰问困难群众，发放款物；在社区群众包保上，组
织干部包保社区、小区的商品楼和回迁楼，全面开展"联户连心"活动，
走进房门、打开心门，送温暖、解难题、惠民生。

在工业、房地产、临街商铺包保上，坚持以服务为切入点，以解决问
题为纽带，真正做实思想疏导工作。在工业企业方面，建立市级领导联系

---

① "1"是指《海城市腾鳌镇垃圾焚烧发电项目思想政治工作方案》；"7"是指统筹腾鳌人
口分布的重点领域和重点部位。

企业制度，帮助企业解决人才招聘、手续办理等方面的实际问题。在春节期间，腾鳌开发区组织干部对重点企业进行走访慰问。在房地产企业方面，通过推进货币化回迁，为房地产开发企业消化库存，坚定了企业开发信心。在临街商铺方面，积极帮助商户解决证照办理等方面存在的现实问题，与临街商户建立了顺畅的沟通联系；在重点人员包保上，对重点人员按户籍所在地由公安系统和当地政府进行逐人包保。

（三）耐心细致做好群众工作

各项工作始终以人民为中心，相信群众、依靠群众，拟订了统一口径的群众工作谈话提纲，组织召开了企业、学校、村等相关领域主要负责人座谈会，累计发放各类宣传手册、公开信10万余份，下派干部6000余人次，入户25000余家，挨家挨户做好思想工作。

组织当地群众特别是重点工作对象28批次817人，到成都、重庆参观考察垃圾发电厂项目，让对项目安全性有顾虑的群众代表更直观地了解项目的可行性，并通过组织参观考察人员电视采访和座谈交流等方式，现身说法，打消群众的思想顾虑，实现了群众认知由模糊片面向科学全面、群众诉求表达由任性随意向理性依法、群众态度由抵触回避向对话交流、群众关注点由项目建设向项目监管的"四个转变"。

同时，邀请国内知名专家开展宣讲，直接受众达3000余人。组织律师团队深入村屯进行普法宣传，引导群众依法合理有序反映诉求。在做好群众工作的同时，同步了解群众的困难，帮助群众解难题、办实事，在政策咨询、求医问药、扶贫帮困等方面为群众服务，不断增进干群感情，提升政府的公信力。

（四）坚持理性疏导

海城市委书记向群众倡议"有话好好说，不做违法事"。在现场疏导聚集群众的过程中，不把人群聚散与项目建设去留挂钩，既避免了激化群众情绪，也为开展项目后续工作留有回旋余地。同时，采用多种方式掌握网上阵地，加强舆情管控，对虚假错误言论进行澄清，引导群众了解事实真相，坚持正向发声，让人民群众尽快从"垃圾焚烧发电项目污染环境危害健康""法不责众""盲目跟风"等误区中走出来；并协调有关部门，做好新闻媒体采访和负面舆情处置工作，派专人赴北京协调中央网信办等单位开展工作，确保网上不炒、舆情可控。公安机关全力开展"扫群"行动，累计处置负面舆情1万余条，屏蔽视频200余个。

同时，强化正面宣传，组织制作宣传品（包括公开信、宣传册、电视片、动画片），覆盖市县镇媒体，并向网上推送。坚持全方位、广覆盖、渐进式的思路，创新宣传方式，突出宣传实效，全面占领舆论宣传主阵地。强化科普宣传，突出传统媒体与新兴媒体联动，充分利用广播、电视、报刊、宣传单等传统方式和"V海城""腾鳌明天更美好"官方微信平台等新媒体，并通过制作环保挂历、科普宣传片、"致全镇居民朋友的一封信"、各类展板，利用宣传车、临街大屏幕和LED屏、农村广播等方式，广泛宣传各类科普知识，实现宣传全覆盖。

强化法治宣传，以腾鳌地区为重点，在全市范围内开展"三官一司"普法宣传活动，整合公安局、法院、检察院、司法局等部门中精通法律和相关政策的优秀干部，通过"警官、律师进村（社区），法官进校园，检察官进机关、企业"的方式，紧密结合农村、社区、企业、学校、党政机关工作实际，深入开展普法宣传教育活动，全面提升广大群众的法制意识。

（五）积极畅通群众诉求渠道

主要领导到现场与聚集群众见面，正面回应群众诉求，并将部分群众代表引导到腾鳌镇信访大厅，耐心做好其思想疏导工作。充分发挥村干部、党员、村民小组长的作用，通过走访慰问、召开座谈会、参观返回人员讲解等多种方式，教育引导群众依法合理表达诉求，科学理性认识项目。

全面开展联户连心活动，走进房门、打开心门，送温暖、解难题、惠民生。坚持以服务为切入点，以解决问题为纽带，真正做实思想疏导工作。讲大局更讲利益，讲政策更讲真情，最大限度地在感情上与群众同频共振。

引导群众通过"8890"民生问题大数据平台和政务便民服务平台，依法依规表达诉求，拓宽情绪释放渠道，疏解群众积怨，累计接听相关电话2243件（次），做到件件有回复、事事有落实，有理有据有情地开展好群众思想工作。

（六）依法依规维护社会稳定

引导人民群众通过正常渠道依法合理表达诉求。对于无视法律法规，采取过激行为扰乱社会正常生产生活秩序，危害人民生命财产安全，影响地区形象的人和行为，则坚决予以打击。

在2018年12月5日的大规模聚集事件中，现场发现个别集聚者携带镐把、螺丝刀等器具，并有人提供相关食品和饮用水，路口堵点群众存在轮班集聚现象，有人企图阻断高速公路交通，还有人掀翻警车，殴打过路司机。在12月8日的现场处置过程中发现，在尾随游行队伍的一辆车内有3名可疑人员，车内存放着弹弓、弹丸、管制刀具等物品。鉴于形势复杂，相关部门专门成立"12·01"维稳指挥部，实行24小时专人值守。同时，建立维护稳定线，针对11个重点部位、6条关键路段，将2600名警力进行实时调整、精准部署；建立了群众工作线，抽调经验丰富的干警与下乡包户的党员干部一道入户宣讲，从源头防控风险；建立情报专案线，重点围绕造谣、煽动、破坏的重点人员，进行调查取证，该训诫的训诫，该拘留的拘留，特别是对极少数屡教不改的，对一些带头闹事、违法滋事的，对有暴力倾向、有违法行为的，固定证据、果断处理、绝不手软，坚决把局面控制住。

据统计，事件发生后，公安机关依法训诫839人，批评教育重点人员298人，删除负面信息4100余条，有力维护了腾鳌社会秩序平稳。2019年4月13日，海城市人民法院对2018年12月5日推翻警车的5名犯罪嫌疑人进行公开审判，判处其有期徒刑，从而形成了强大震慑力，取得了稳控大局的效果。

（七）加强源头治理

在依靠公安强化刚性管理约束的同时，加大农村基层党组织力量，将腾鳌镇22个村党支部中的13个升格为二级党委，7个升格为党总支，使党组织有效嵌入社会治理体系，强化战斗堡垒作用。围绕腾鳌22个村，组建13个二级党委7个党总支55个党支部。腾鳌22个村围绕支持项目建设，以"增强四个意识，确保对党忠诚"为主题，召开专题组织生活会，各包保领导深入各村参加专题组织生活会，达到了碰撞思想、增强党性、凝聚共识、促进工作的效果。

全面完善社会治理体系，针对城市外来人口"管理真空"的问题，组建城市社区，每个社区居委会配备工作人员，选出楼长，实现网格化管理。在22个村组建了22个一级网格和71个二级网格，在10个社区建立了 10 个一级网格和 44 个二级网格，实现了网格管理全覆盖。

制定腾鳌镇的乡村振兴战略实施方案，以习近平新时代中国特色社会主义思想为引领，以加强基层党建、强化社会治理为保障，以改善民生、密切干群关系为基础，以深化供给侧改革、加速产业振兴为支撑，以增进民生福祉、满足人民对美好生活需要为目标，着力打造"实力腾鳌""美丽腾鳌""文明腾鳌""和谐腾鳌""幸福腾鳌"，致力于把腾鳌建设成为平安、舒适、幸福的鞍山市乡村振兴示范区和鞍山卫星城。以项目为核心，全面加速推进以精细化工等主导产业园区为依托的产业转型升级和新动能培育，重点实施腾鳌城区主次街路改造、老旧小区和回迁小区改造、农村人居环境整治、三通河和杨柳河生态治理等 12 项重点民生工程。由此聚焦民生关切，加速推进腾鳌传统产业转型升级和新动能培育，做实做好惠民工程，切实增强群众的获得感和幸福感。

三 案例反思：涉环保项目邻避型群体性事件的风险分析

本案例是一起典型的涉环保项目邻避型群体性事件。所谓涉环保项目邻避型群体性事件，是指具有社会公共利益的建设项目在规划选址、建设或者运行过程中，因可能引发潜在或实质性环境影响，致使附近公众不愿毗邻项目场址并对其表示不满或加以抵制，进而引发的群体性事件。

在经济发展和城市化进程中，垃圾焚烧发电项目、PX 项目、城市污水处理厂及核设施等涉环保项目，是重大民生基础设施工程，但设施附近的居民往往会强烈反对将其建在自家附近。此时如若应对不当，就很有可能引发环境群体性事件。比较典型的事件有 2007 年发生在厦门漳州和 2013 年发生在云南昆明的 PX 群体性事件、2016 年浙江海盐因修建垃圾焚烧发电项目引发的群体事件，以及 2018 年发生在辽宁朝阳和营口的氧化铝项目事件等。这些事件的发生发展都体现出固定模式："政府推进－民众反对－政府无视或者漠视－民众聚集发生群体性抗议－政府妥协取消项目"，从而产生了"一建就闹，一闹就停"的怪象，致使一些重大民生基础设施和涉环保项目无法落地，影响地区经济社会持续发展。

从当前经济社会发展全局来看，随着人们环保意识的觉醒，未来一段时间内我国防控涉环保项目邻避型群体性事件的形势越来越严峻。从辽宁来看，当前邻避风险防控形势较为严峻。一方面，邻避风险总量较大、分布广泛、风险突出。据调查，辽宁全省已建涉核项目 2 项、PX 项目 1 项，已建和拟建垃圾焚烧发电项目在沈阳、大连、鞍山、抚顺、本溪、铁岭、锦州、阜新、丹东、辽阳、盘锦、营口、葫芦岛 13 个市均有建设，其他如化工园区、城市污水处理等项目也广泛存在（见表 2）。

表 2　辽宁省部分涉环保项目

项目类别	项目名称
PX 项目	大连福佳大化石油化工有限公司项目
涉核项目	辽宁红沿河核电有限公司
	辽宁徐大堡核电厂
垃圾焚烧发电项目	沈阳老虎冲生活垃圾焚烧发电厂
	沈阳西部生活垃圾焚烧发电项目
	沈阳大辛生活垃圾焚烧发电项目
	大连市中心城区生活垃圾焚烧处理发电项目
	金州新区生活垃圾焚烧处理发电项目
	大连泰达垃圾焚烧发电厂
	鞍山垃圾焚烧发电项目
	抚顺市城市生活垃圾焚烧发电项目
	本溪市生活垃圾焚烧发电项目
	阜新市生活垃圾焚烧发电厂
	锦州垃圾焚烧发电及生物质供热发电项目
	辽阳市垃圾焚烧发电项目
	丹东凤城市生活垃圾焚烧发电项目
	丹东东港市生活垃圾焚烧发电项目
	铁岭生活垃圾焚烧发电项目
	盘锦市生活垃圾焚烧发电厂
	营口市生活垃圾焚烧发电厂
	葫芦岛生活垃圾焚烧发电厂

续表

项目类别	项目名称
其他项目	沈阳祝家污泥处置场
	大连龙王塘污水处理厂
	营口永远角垃圾场
	沈阳市北部污水处理厂
	沈阳市满堂河污水处理厂
	大连太开污水处理有限公司
	鞍山市汤岗子污水处理厂
	抚顺市华天污水处理厂
	本溪市污水处理厂
	阜新金丰氟化工有限公司
	锦州市北镇污水处理厂
	辽阳市污水处理厂
	丹东东达污水处理有限公司
	丹东窟甸污水处理厂
	铁岭市污水处理厂
	盘锦城市污水处理有限公司
	营口市西部生活垃圾填埋项目
	建昌县老大杖子乡融成钙业石灰石矿

上述这些项目存在引发群众上访或抗议示威等邻避型群体性事件的高风险。例如，沈阳祝家污泥处置场、大连龙王塘污水处理厂、营口永远角垃圾场等，就多次引发群众上访。其中，大连龙王塘污水处理厂300多人抗议示威引发群体性事件，朝阳、营口因修建氧化铝项目引发群体性事件。这些事件对当地社会稳定和经济发展造成了极大的破坏，严重影响了民生基础设施建设，阻碍了地方发展。同时，地方对邻避风险防范与化解工作重视不够，个别地区对邻避项目疏于预防和管理，导致敏感项目的规划、立项、设计、建设和运行等关键环节对邻避风险的防控工作做得不深入、不细致。一旦引发邻避风险，就会失去控制，甚至产生多米诺骨牌效应，致使多地建设项目受到牵连。例如，2018年8月1～5日，辽宁就出现了5起地方政府取消氧化铝项目建设的事件。

从鞍山腾鳌垃圾焚烧发电项目引发的这起群体性事件来看，引发涉环保项目邻避风险的主要因素有以下几个。

（一）邻避设施的负外部性特征

从 20 世纪 70 年代起，西方主要发达国家陆续发生邻避现象，学者将其成因归于"邻避设施的负外部效应及收益 - 成本分摊的不公平性"。[①] 赫曼逊指出："邻避被描述成反对那些人们相信总的来说对社会有利的东西：人们并不希望没有这些东西，如铁路和康复中心。这种公共利益带来一些风险，当利益分散于大范围人群时，成本（或风险）却集中于那些邻近设施的少数人。对于每个地方社区来说，最好的结果就是他们不要接受这些设施而让其他人接受。"[②]

邻避设施的负外部性包括空气污染、水质污染、噪声污染、环境破坏以及由此引发的健康安全问题，也包括一些非环境的影响，如房地产价格下降、社区或相关区域口碑名誉受损等。项目的建设能够带动地方经济快速增长，从而提高地方政府的收入。但是，对于毗邻的民众来说，邻避项目的选址建设意味着牺牲自己的权益来满足社会的利益，相比于其他民众，其权益没有得到平等对待。这种成本与收益之间严重不成正比的事实，使他们内心出现极度的不公平感，心理上出现相对剥夺感。

在本案例中，鞍山海城腾鳌的群众听到项目即将落地的消息后，大量转发网络上关于武汉垃圾焚烧发电厂严重污染环境的信息。群众普遍有两种担忧：一是认为垃圾焚烧过程中产生的二噁英会致癌，因此产生恐慌心理；二是担心项目落地后房价下跌，自身利益会严重受损。

（二）公众关于邻避的心理认知因素

风险认知对邻避行为的产生起着至关重要的作用。亨特等认为，居民的邻避态度是一种自利的意识倾向，居民会非理性地反对建设邻避设施。[③]

[①] 卿瑜：《邻避风险的源头治理与决策优化——基于 H 县拟建垃圾焚烧发电厂而引发群体性事件的思考》，《领导科学》2017 年第 5 期。

[②] Héléne Hermansson, "The Ethics of NIMBY Conflicts", *Ethical Theory and Moral Practice*, Vol. 10, No. 1, 2007, pp. 23 - 34.

[③] Susan Hunter and Kevin M. Leyden, "Beyond NIMBY: Explaining Opposition to Hazardous Waste Facilities", *Policy Studies Journal*, Vol. 23, No. 4, 1995, pp. 601 - 619.

邻避设施周边民众一般会经历风险的认知、邻避情绪、邻避态度三个主观发展阶段，然后触发最终的邻避行为。弗瑞等认为，邻避设施是"一个公共善（public good）和个人恶（individual bad）的混合体，因此导致社区公众强烈地反对将它建造在他们周边"。① 公众的风险认知低，邻避行为难以形成；公众的风险认知高，邻避行为的可能性就大大增加。公众的内在特征、知识容量、学历、职业、居住关系等都对其认知构成影响。尤其是在风险认知上，公众与政府存在较大分歧。政府大多是站在公共职能角度看待邻避项目的兴建，将经济建设和社会发展放在首位。②

民众与政府对邻避风险的理解多有不同，会各自从自身的角度来解读。一般而言，民众对风险的感知包括复杂的价值观念以及情感心理因素，侧重于主观感受。而政府则基于法律制度与现实考量去看待邻避风险。二者看待邻避项目的立场不同，角度迥异，如果未能达成共识，就极易引发民众的对立抵触情绪（当然，也不排除一些与邻避项目没有直接关系的民众，因其他不满情绪或心态而煽风点火）。这使"你把项目建在政府旁边我们就信服"，成为在邻避冲突中最常听到的一句话。主观感受的复合性与易变性，导致邻避风险存在触发点多、燃点低、易扩散扭曲等特点，必须动态跟踪、时时监测，以防生变生乱。

近年来，各地发生的反对垃圾焚烧发电项目的事件此起彼伏。2018 年8 月，辽宁省相继发生朝阳、凤城、阜新、盖州和葫芦岛 5 个市叫停氧化铝项目建设的情况，都是当地群众担忧环境污染风险而强烈反对所致。环境敏感型建设项目遭遇"邻避"的"多米诺骨牌效应"凸显，不同领域环境社会风险叠加。

鞍山市垃圾焚烧发电项目从 2011 年开始推进，其间曾因周边群众反对而更换选址，2018 年确定腾鳌镇为新选址。鞍山市、海城市党政领导及有关部门本应对该垃圾焚烧发电项目的重大社会风险产生高度警觉，针对群众的恐慌和担忧采取切实有效的应对措施。不过，从实践来看，地方党政机关和企业在环评公示前没有进行深入细致的科普宣传和群众沟通工作，

① Bruno S. Frey, Felix Oberhoizer-Gee, and Reiner Eichenberger. "The Old Lady Visits Your Backyard: A Tale of Morals & Markets", *Journal of Political Economy*, Vol. 104, No. 2, 1996, pp. 1297 – 1313.

② 刘晶晶：《"不要建在我家后院"的心理形成过程及启示——基于邻避案例的分析》，《领导科学》2014 年第 35 期。

消解公众"邻避"心理的工作和舆论铺垫严重欠缺，为群体性事件的爆发埋下了隐患。例如，在项目第一期环评过程中，相关部门只做了166份问卷调查，与利益相关群众的沟通面非常小。关于垃圾焚烧发电会不会污染致癌、会不会导致房价下跌和影响其他企业生产经营，没有作为项目前期重要工作内容向群众予以说明。同时，对第二次环评公示引发大范围群众反对的思想准备不足，没有采取及时有效的措施疏解群众疑虑，错失了萌芽期（群众网上发帖反对）和初始期（群众小规模上街抗议）两个可以遏制事态扩大的关键窗口期。这导致后来更多群众聚集，事态扩大，并发生警民激烈对抗，造成不良影响。如果当初对发现的苗头性网上信息能立即落地找人、进行说服教育，对网上信息的扩散进行有力控制，对刚出现的小规模聚集及时进行现场疏导，加强外围控制，发动网格化社会治理的优势，通过五级包保制度入村入户做群众工作，则很有可能遏制群体性事件的大规模发生。

（三）政府的决策偏差

1. 决策价值标准偏离公共性

邻避设施不同于一般的建设项目。垃圾处理场、城市污水净化设施、大型变电站或民用天然气储备站等，都是确保城市运行和居民生活必不可少的设施，没有它们，城市就会陷入瘫痪状态，这是绝大多数城市管理者和决策者的共识。① 在邻避设施选址过程中，有些决策者忽视项目风险，决策过程中缺乏利益协商。有些决策者可能倾向于从经济发展和财政收入角度出发考虑决策问题，从而使公共性决策带有一定的政府自利性、政府功利主义倾向，导致决策价值标准偏离公共性。

在鞍山海城腾鳌垃圾焚烧发电项目选址规划前期，曾有诸多学者进行研究，并就选址进行较为全面的探讨，提出了相应的建议。例如，鞍山市环境保护研究所高级工程师张丽霞就曾于2012年在《能源与节能》上发文，提出城市垃圾焚烧厂选址首先要立足于城市建设总体规划，立足于环境要求。文中进一步强调，选址对城市发展有无影响，是否会带来土地的贬值及环境问题，要考虑宏观的成本，要以人为本，要考虑百姓的心理承

---

① 张乐、童星：《重大"邻避"设施决策社会稳定风险评估的现实困境与政策建议——来自S省的调研与分析》，《四川大学学报》（哲学社会科学版）2016年第3期。

受能力，要满足国家相关法律法规的要求，在此基础上进行科学论证，比选出最优方案（见表3）。

表3　鞍山市垃圾焚烧厂拟选厂址对比

选　项	羊耳峪	洪台沟	东台	白坟沟
环境保护距离内是否有敏感点	有	没有	没有	没有
区域位置是否敏感	较敏感	不敏感	一般	不敏感
夏季主导下风向环境保护目标是否敏感	敏感	一般	较敏感	一般
与市中心距离（千米）	6.5	15.7	9.0	10.2
交通运输条件	好	一般	较好	一般
炉渣及飞灰的处理与处置是否便利	便利	较便利	不便利	较便利
电力、供水水源距离	近	较远	较近	较近
污水处理便利性及排放方向	便利，南沙河	不便，南沙河	便利，南沙河	不便，南沙河
是否易于接入地区电力网	易丁	较易	易于	较易
发展空间	较小	大	没有	较小
环境风险	较大	较小	较大	较小

资料来源：张丽霞：《鞍山市城市垃圾焚烧厂选址关注的问题探讨》，《能源与节能》2012年第1期。

2. 决策程序不完善

多数邻避冲突都与不合理的决策程序相关。政府如果通过公开会议内容来表示自己对公众意见的重视，在一定程度上就会消除公众疑虑，减少邻避冲突的发生。[①] 完善的决策程序有助于消解决策风险。当前关于涉环保项目的决策属于重大行政决策，应该严格遵循重大行政决策的有关程序规定，如公众参与、专家论证、风险评估、合法性审查和集体讨论决定等。如果严格执行决策程序规定，就将极大地减少邻避冲突的产生。但是，在实践中，地方政府出于种种原因，往往没有严格遵循决策程序从而

---

① Kent E. Portney. "The Potential of the Theory of Compensation for Mitigating Public Opposition to Hazardous Waste Treatment Facility Siting: Some Evidence from Five Massachusetts Communities", *Policy Studies Journal*, 1985, Vol. 14, No. 1, 1985, pp. 81－89.

为项目运行埋下隐患。此外，还有一个现象应当引起关注：我国地方环保机构受到同级政府领导并与其保持高度一致，环境评估、社会风险评估等程序难以体现公开透明、公认的具有权威的形象，以致政府环保机构给出的评估结论难以让民众信服。如此一来，公众的知情权与参与权很难真正落实，受信息与资源的限制，参与的形式较为肤浅表面，很难涉足决策过程的核心部分，双向平等的风险沟通往往成为单项的风险教育，导致决策风险无法有效消解。鞍山腾鳌垃圾焚烧发电项目的前期决策，也间接印证了这一点。在垃圾焚烧发电项目建设第一期征求民意的过程中，腾鳌经济开发区管委会于 2018 年 8 月组织所涉及的 7 个村进行环评问卷调查，仅收集调查问卷 166 份，就得出了公众支持率 100% 的结论，与事发后所征集的 24 个村的民意相比，差别巨大。

3. 决策方案设计与执行不够完善

受人力、资金和权力等方面的限制，政府在项目选址、技术设备、利益补偿等方面很难做到尽善尽美。既有城市空间的局促，使"环保项目无法从容布局，只能见缝插针，所谓科学规划、合理建设很难落实。不仅如此，原有的环保设施因为周边产业结构优化、片区功能升级、生活区域扩张等，面临'人进逼退'的窘境"。① 环保项目风险评估很少考虑到邻避项目安全防护中人为误差的影响，技术分析不能对邻避风险进行整体评价，往往只关注某些特定的要求或指标，科学评估对某些风险的累积效应的辨识具有滞后性。

具体从垃圾焚烧发电项目来看，根据相关规定，生活垃圾焚烧厂选址要满足以下要求：①符合城市总体规划及土地、环保、环卫等相关规划；②位于城市建成区以外；③不在重点保护的文化遗址、风景区及夏季主导风的上风向；④建设区域生态资源、地面水系、机场、文化遗址、风景区等敏感目标少；⑤应通过环境影响评价的认定（辽宁省环保厅认可的环境防护距离不得小于 500 米）；⑥满足工程建设的工程地质条件和水文地质条件，不在断层、滑坡、泥石流、沼泽、流沙及采矿陷落区等地区；⑦不受洪水、潮水或内涝的威胁；⑧靠近服务区，运距应经济合理，有良好的交通运输条件；⑨应充分考虑焚烧产生的炉渣及飞灰的处理与处置，最好

---

① 艾琳：《城市发展进程中应对环保"邻避"冲突的思考——基于深圳市环保项目邻避冲突事件的研究》，《中国行政管理》2017 年第 8 期。

能形成一条龙布局；⑩满足电力供应、供水水源及污水排放条件，焚烧发电产生的电能易于接入地区电力网。

在本案例中，项目建设单位按照新的环评规范要求重新修改了环评报告书，并于 2019 年 4 月进行了第二次公示。方案的设计已经符合上述标准，但项目开工执行的风险防范与化解工作没有到位。一是部分群众意见的底数还不甚清晰。事发后相关单位组织群众外出参观垃圾焚烧发电厂 28 批次 817 人，但与反对人群规模相比，范围仍然很窄。二是事发后虽然开展了全市范围内的科普宣传工作，但对话会、听证会等与群众面对面的意见沟通还未能覆盖所有利益相关群体。一旦开工，利益冲突风险将会发生在哪些环节还不清楚。三是周边居民对项目能否惠民利民仍存有疑虑。在项目后续环评工作期间，恰逢国家大气和土壤的环境影响评价技术导则先后施行，安全防护距离等方面能否满足新要求，可能成为公众质疑项目环评有效性的一个争议点。在这种情况下，任何草率决策都会导致无法预估的结果。

四 涉环保项目邻避风险防范化解对策

涉环保项目邻避风险存在于项目规划选址、施工建设和运行管理的整个过程中。每一个环节的风险防范与化解都有不同的工作侧重点。例如，在项目论证及规划选址阶段，应侧重于规划的科学、项目的安全性，包括具体的安评、环评等程序。同时，要加强同公众的风险沟通，舒缓公众的邻避情绪，以弱化公众的邻避态度。在项目施工建设前期，要综合考量利益补偿及公众参与和监督的渠道，加强宣传及隐患排查。在项目运行阶段，既要关注安全性，也要保证公众监督的便捷和效率。此外，进行风险辨识与评估，制定相应的应急预案，将关口前移，防患于未然，也尤其必要。

（一）科学消减邻避设施的负外部性，确保项目安全可控

1. 坚持科学编制项目规划

在确定一个项目时，首先要从城市的总体发展规划和可持续发展战略高度综合考虑所在城市的区域气候、水文状况、地质特点、环境保护、人口数量及经济社会发展等因素，按照居住城镇化、产业集群化、工业园区化进行合理布局，科学规划城市的建设，尽量避免居住、工业、产业混合

型规划建设，避免给整个城市埋下安全隐患。

要按照集群集约、绿色低碳环保的发展理念，科学规划产业布局，引导企业重视安全环保设施投入和日常安全稳定运行。对于新建和搬迁的重化工业项目，要严格限定在合乎规定的区域内。对于垃圾资源化处理和危险化学品企业搬迁改造，要加以重视和支持，鼓励存在邻避风险的老旧企业采取相应的退出措施。对于城镇和产业布局规划的权威性、严肃性和连续性要坚持维护，不得擅自违背、随意变更规划。要科学编制项目规划，使邻避设施选址远离敏感地、水源地，这是防范邻避风险的前提。

2. 建立并落实严格的选址程序

在公共设施选址的决策过程中，只强调前提性认同是不够的，还必须考虑多元利益面临的现实分歧。在决策过程中，存在多元的利益主体，至少包括：①地方政府，其主要利益包括解决本地实际需要、经济发展、政绩考核；②作为整体的居民，是一般利害相关人，对公共设施并不一定反对，如垃圾处理设施、道路、化工项目；③直接利害相关人，指公共设施项目选址周边的居民，他们会更多地受项目负外部性的影响；④邻避设施的投资建设主体，有时是地方政府，有时是企业组织。根据具有邻避风险的项目建设特点和要求，应该将邻避项目的选址面向公众进行筛选。同时，将各项相关程序落到细处、实处，明确各项工作流程，将选址机构的形成办法、公众参与内容和方式、第三方参与的程度与程序等工作细化，并告知大众。

充分发挥政府及公共事业机构的作用，保障公众适度参与，确保选址决策集中民意、充分体现平等参与和充分交流的制度设计原则，促使政府及相关机构、行业专家和普通公众达成一致意见。项目建设方与居民双方准确传递与共享相关信息，满足设施建设的技术要求，同时关注并引导民众诸多方面的合理诉求，形成相互信任、相互妥协、相互满意的局面。但是，也应该意识到，信息开放和利益主体的参与，既有可能促成协商和相互理解，也有可能加剧分歧，因为大家知己知彼，所以分歧和冲突也可能更加明显。在更多情况下，当事各方在各执己见、谁也不能说服谁的情况下，决策程序往往会陷入停顿，最终不了了之，因为参与和协商本身只是一种利益诉求和表达机制，而不是选择和决定机制。如果协商进入相持状态而没有权威性的机构来进行干预和决断，轻则影响协商过程的效率，重则使协商根本无法达成可接受的结果。① 有鉴于此，必须通过法定程序提前设定选址程序的科学性和权威性，并通过必要的协商取得共识。

3. 应用成熟技术并加强项目运行监管

邻避设施的负外部性基本上是不可避免的，而成熟严格的技术和管理则是减小负外部性和降低风险的最主要方式。要加强设施负外部性影响的治理。引起邻避冲突的直接原因是邻避设施的负外部性影响，技术不确定性可能使发展技术以减少和降低设施的负外部性影响陷入没有终局的恶性循环，但通过发展技术以治理负外部性影响，才是治理邻避冲突的治本之策。② 要确保项目生产符合国家乃至国际上所要求的标准。企业要不断更新技术，提高自身技术标准，严格规范管理，保障项目顺利、安全地运行，有效防范和应对风险。对于有噪声污染、振动影响的项目，建议企业的生产活动在白天进行；对于有辐射可能，易引发环境污染的项目，应严格按照工作标准规程建设，并通过建立隔离带、隔离墙或者区划隔离区域提高风险防范水平，以减小环境污染和对周边民众身心健康的影响，降低民众的心理负担。

鞍山腾鳌垃圾焚烧发电项目邻避型群体性事件的发生表明，群众对垃圾焚烧发电项目环境污染和健康损害的担忧恐惧是普遍的。而被央视曝光的武汉锅顶山垃圾焚烧发电厂，作为反面典型令群众对此类项目避之不及。为树立群众对这类项目的信心，必须对已运行项目实行更加严格的环境监管，对违法排污行为严加惩治，并将公众普遍关注的烟气、二噁英、废水废渣、飞灰等排放信息公开，借助于事实和数据来展示和普及企业良好形象，赢得公众信任与接纳。同时，也要防止过度宣传不科学的知识，加大民众不必要的恐慌。政府应该理性地进行科普宣传，使周边民众了解熟悉项目运行的规律、项目风险所在，以及防范风险、应对损害的方法和手段，促使周边居民与此类设施和谐共处。

（二）加强风险沟通，舒缓公众邻避情绪

1. 坚持决策公开透明，关注利益诉求

决策公开透明是防控邻避风险的先决条件。一般公众与专家在风险认

---

① 胡萧力：《"邻避"冲突的决策难题与法律疏解》，《现代法学》2018 年第 3 期。
② 陈宝胜：《公共政策过程中的邻避冲突及其治理》，《学海》2012 年第 5 期。

知水平上存在根本的差异。专家依靠技术,从专业角度出发,容易忽视可能性很小的事件,认为把风险控制在一定的范围内就可以达到评估标准。然而,公众则更多的是从直觉和感知出发,对核辐射、"垃圾焚化"、危险品仓库等潜藏的风险,会产生强烈的抵触心理。随着公民素质提升和公民意识的增强,公民对邻避设施的选址规划有了更多客观科学的了解,同时会对政府和专家主导下的决策产生更多的质疑。① 潜在的邻避风险不断给民众以心理暗示,即邻避设施可能对人体健康及其生命财产造成严重威胁,并且因公平性问题会带来强烈的心理上的不公平感和相对剥夺感,民众由此会表现出强烈的反对情绪和抗争行为。

在邻避事件中,对于那些涉及众多当地民众财产安全等利益的项目,民众的自身利益应该受到重视。政府在进行决策时,应与项目所涉及民众进行沟通和交流,尊重和顾及民众的权益及诉求,对民众的主观风险判断与心理感受应给予充分理解和关切,同时充分将这种关切表达出来,使民众充分感知政府及相关部门对其利益的关切和尊重,并建立起对项目公益的理解和接受,消除恐慌和对立心理。② 这就要求政府公职人员特别是党员领导干部强化宣传引导,提高公众对政府决策的认可度。对于每一个邻避项目,政府都必须认真对待,努力做好相关工作,避免"永不再建""彻底取消"等字眼,形成良好的示范效应,使邻避项目逐渐被公众认可。

2. 扎实做好项目的环境影响评价和风险沟通

对具有邻避风险的项目,如会带来空气污染、土壤污染、水污染、噪声污染、地面下沉、气味恶臭等的项目,要依法严格审查,把控申报流程的每一个环节。相关部门要将重大涉环保项目环评作为一项前置审批手续,邀请专家进行项目建设可行性论证后,方可立项建设。要从严开展项目建设可行性专家论证、社会稳定风险评估。环保设施是重要的民生工程,推动相关设施向公众开放,是提高全社会生态环境保护意识、形成环境共建共享局面的有效措施。

进行邻避项目风险沟通的目的在于增强信息传递的专业性和有效性,

① 马奔:《邻避设施选址规划中的协商式治理与决策——从天津港危险品仓库爆炸事故谈起》,《南京社会科学》2015 年第 12 期。

② 刘晶晶:《"不要建在我家后院"的心理形成过程及启示——基于邻避案例的分析》,《领导科学》2014 年第 35 期。

从而更好地获得民众支持。[①] 在一般情况下，通过主动邀请市民实地体验城市污水、垃圾等环保设施的建设运行情况，就能够凝聚共识、建立互信，将环境公开、政务公开之路引向纵深。例如，为了让公众零距离了解环保设施，大连市精心组织"环保开放日"活动，采取"政府引领、专家指导、公众参与、动态调整"的方式，建立"行政组织、平台公示"的双向互动机制，推动政府、企业、公众之间形成互信、共建、共享的良好局面，营造了人人热爱环保、人人参与环保的良好社会风尚。[②] 如此方能达到政府与民众之间互信互益，使设施良性运行。

（三）加强利益补偿及公众参与，强化公益认同

1. 加强利益补偿与公众参与

在项目施工建设前期，加强利益补偿与公众参与，强化公益认同工作，有助于项目的平稳推进。具体到本案例，垃圾焚烧发电项目建设应纳入政府改善民生的总体布局，通过规范化、制度化安排，让项目周边地区的政府投资建设、配套公共服务设施与群众生活条件改善同步规划、建设和实施，让更多绿色发展项目进驻，提高当地群众教育、医疗、养老服务水平，打消房价下跌等心理顾虑，增进周边群众的获得感、充实感、满足感。这种基于公益认同的思想一旦得到确立，就会在实践中迸发出无穷的力量，促使各方共同行动，达到相关利益上的一致。

2. 注重个性化施策，有针对性地解决具体问题

在具体工作中，要充分尊重个性差异，有针对性地解决问题。面对不同的民众，不宜采用单一、陈旧、无变化的老办法去处理不同的问题，而应充分考虑公众的个体情况、实际情况以及特殊情况，具体问题具体分析，具体问题具体解决。在实践中，一般要监测重点人群和个体的学历、职业以及其他可能对邻避态度产生影响的因素，有的放矢地做好重点人员的相应工作，拟定有针对性的应对和解决策略，避免"一刀切"损害群众的具体权益。

（四）规范政府行为，增强公信力

政府是地方行政决策的制定者和实施者。一项重大行政决策能否得到

---

① 卿瑜：《邻避风险的源头治理与决策优化——基于 H 县拟建垃圾焚烧发电厂而引发群体性事件的思考》，《领导科学》2017 年第 5 期。

② 王金海：《以信任化解"邻避效应"》，《人民日报》2018 年 1 月 27 日。

人民群众的积极拥护和热情参与，在很大程度上取决于政策措施是否能够保障人民群众的根本利益，是否符合社会公平正义。一项邻避设施的规划与建设，主旨是为了公共利益，因此有着天然的目的正当性，但邻避项目的选址规划又常常与项目实施地的民众具体利益息息相关。一旦违背程序正当性，就会引发民众的疑虑和恐慌。因此，政府必须规范运作，确保公信力。

1. 规范运作邻避项目的风险辨识与评估

据监测，在环境社会风险的五大领域中，垃圾焚烧发电项目相关舆情与群体性事件发生频次最高，环境社会风险也最高。此类项目既是民生项目，也事关群众的切身利益。各级党委政府不能把这类项目等同于一般的建设项目，而要将其作为高风险项目予以重视。

作为项目决策者和推动者，各级党委政府要真正树立风险意识，把防范化解环境社会风险放在"三大攻坚战"中考虑，作为保障人民群众根本利益和提升国家治理能力的重要工作去统筹，在群众工作中坚持"有事多商量，遇事多商量，做事多商量"，提高执政能力和公信力。政府要站立于多重视角，既要看到邻避项目带来的社会效益，也要意识到项目会带来哪些负面影响。在决策之前，必须进行有关技术、环境、经济、人身等方面安全问题的科学、有效、公开的评估工作。

同时，要努力实现政府认识和公众认识的平衡。随着物权意识的觉醒，民众对自身权益的保障呼声日益增高。政府在项目选址的决策过程中，要尽最大可能将决策过程透明化，邀请公众参与到与自己生活密切相关的项目建设中来，增强公众对决策过程以及结果的认可度。要严格筛选项目建设单位，选用符合法律法规要求、符合市场准入标准的企业。同时，在第三方评估中对评估机构及专家等，都应当有严格的准入制度，所挑选的第三方机构及专家应能够被社会广泛认同。

2. 决策信息严格依法，公开透明

因信息存在片面性、不对等性，邻避项目的建设往往造成民众的恐慌和抵触情绪。政府从项目立项开始，就要做到信息公开，要充分告知公众（特别是项目周边可能受到影响的民众）有关项目的基本情况。为保证媒体报道信息的频率和一致性，政府相关部门及其他各主体还应注重发布渠道及效益。

"在实际操作中，无论是项目单位、工程咨询机构还是审批机关，都倾向于通过自己的官方网站发布消息，而这些网站并非热门站点，带有非常强的专业性，浏览量少，不利于公众有效获取信息。建议凡是涉及重大邻避设施项目的稳评信息都要通过本区域内的主流电视台、报社和广播电台配合政府门户网站发布消息，并且在公示日期内多时段、多频次地重复发布，以达到让公众充分知晓的目的。"① 政府也可以借助舆论领袖来实现对公众的良性引导，同时利用互联网和各种新媒体平台，开展重大公共决策的公众意见征集和信息处理工作，保证民众享有获取城市建设、涉环保项目设施等关乎民众权益的相关决策信息的渠道。政府要善于广泛收集并公布民众的质疑与意见，并由此使政府能够有依据做出有的放矢的回应，扩展民众参与沟通和决策的途径，尽最大可能消减民众对风险认知的偏差，最大化地获取关于民众的信息及诉求，促使民众从邻避对立的立场转向"迎臂"的立场。

3. 注重信息发布，积极舆情引导

"邻避效应"往往并不是技术的问题，而是信任的问题，开放是最好的"化解剂"。不应以邻为壑，而应敞开大门、以邻为亲。反思大连等地曾经因环保设施建设发生的群体性事件，往往是因为有的地方漠视民意，对百姓的合理诉求不闻不问，最终形成民意的"堰塞湖"，导致矛盾升级。有的地方仅简单地把环保利益等同于经济补偿，以为给钱就能解决邻避问题，导致形成"没钱便闹，一闹就停"的僵局。要消除污水、垃圾等污染物处理设施常常遇到的"邻避效应"，最重要的是促使建设营运企业与设施周边居民形成利益共同体，增加设施周边居民对污染物处理成效的获得感。②

具体从本案例来看，在进行项目环评与稳评之前，一定要先行开展科普宣传、项目介绍和公众引导，提前广泛奠定社会舆论基础。除了项目所在地要开展科普宣传和公众参与外，国家层面也要组织权威宣传。建议联席会议组织宣传、住建等部门制定宣传规划，投入人力财力，通过中央权威媒体，长期持续开展生活垃圾减量化、资源化和无害化处理的社会宣传，说清楚垃圾焚烧处理的必要性、优越性、可靠性，也讲明白可能存在的环境健康风险，以及如何依靠政府严格监管、企业提升技术与管理能力和社会公众监督来管控风险。要充分发挥生态环境部、住建部等中央部门

---

① 张乐、童星：《重大"邻避"设施决策社会稳定风险评估的现实困境与政策建议——来自S省的调研与分析》，《四川大学学报》（哲学社会科学版）2016 年第 3 期。

② 王金海：《以信任化解"邻避效应"》，《人民日报》2018 年 1 月 27 日。

在群众中的权威性，适当地多发声，弥补地方宣传力度不够、权威性不足
等短板。

（五）提升风险防控及应急处突能力

习近平总书记强调："干部特别是年轻干部要提高政治能力、调查研
究能力、科学决策能力、改革攻坚能力、应急处突能力、群众工作能力、
抓落实能力，勇于直面问题，想干事、能干事、干成事，不断解决问题、
破解难题。"他特别指出："预判风险是防范风险的前提，把握风险走向是
谋求战略主动的关键。要增强风险意识，下好先手棋、打好主动仗，做好
随时应对各种风险挑战的准备。"①

要应对邻避型群体性事件，就必须进行风险预判，做好应急准备，科
学编制预案，确保应急管理有章可循。要明确突发环保事故应急响应程
序、应急处置程序，以及应急指挥体系、处置单位的职责；建立环保应急
监管企业名录，以及政府、部门和企业三级环保应急防控预案体系；建立
涉环保项目应急管理数据库，通过智能化利用环保应急值守、风险隐患排
查治理、风险源管理、事故应急指挥等模块，全面提高邻避项目和环保部
门应急管理、风险防控和应急处置工作水平；定期全面排查风险隐患，加
强风险源监管，加强培训演练，增强应急处置和应急监测能力，有效预防
环保风险与邻避事件。

当邻避型群体性事件发生时，地方政府必须迅速启动预案，调集各方
力量，建立应急处置、舆论引导、综合协调、应急管控、思想疏导、宣传
报道、外来人员对接与事件调查问责机制，制定思想政治工作、群众工
作、科普宣传工作和舆论引导工作的方案，坚持以人民为中心的发展理
念，妥善处理好民意诉求和秩序管控等工作，畅通群众诉求，拓宽情绪释
放渠道，疏解群众邻避焦虑，弱化公众邻避态度，有理有据有情地开展群
众思想工作。对无视法律法规，采取过激行为，扰乱社会正常生产生活秩
序，危害人民生命财产安全的人和行为，要采取有效措施加以控制。例
如，在鞍山处置群众反对修建垃圾焚烧发电项目的群众聚集事件过程中，
指挥部发现有人提供相关食品，路口堵点群众存在轮班集聚现象，有人企

---

① 《习近平在中央党校（国家行政学院）中青年干部培训班开班式上发表重要讲话强调：年轻
干部要提高解决实际问题能力　想干事能干事干成事》，《人民日报》2020 年 10 月 11 日。

图阻断高速公路交通，还有人掀翻警车，并有可疑人员车内存放管制刀具等情况，遂采取果断措施予以警告训诫或行拘带离等，使局势得到有效控制，为进一步解决邻避冲突及后续推进项目建设创造了较好的条件。

（课题组组长：伊文嘉；主要成员：闫旭、张卓、刘川、马慧、罗政军、邓玉敏；本报告主要执笔人：张卓）

利益相关者视角下京津冀应急联动模式构建

——北京大兴国际机场地区应急联动

摘要： 建立健全应急联动机制，有利于充分利用和有效整合突发事件应对各方资源和力量，快速、高效、妥善处置各类公共事件，确保信息上报及时、应急处置到位，以保障人民群众生命财产安全。本研究围绕京津冀应急联动模式构建问题，采用文献研究法和实地调研法，梳理了京津冀应急联动体制、机制建立的相关政策文件。在此基础上，从京津冀互为利益相关者的角度，以北京大兴国际机场地区为例，对应急联动的需求进行分析，提出了提高三地干部风险防范能力，做好大兴机场应急联动利益相关者的沟通，开展风险评估，强化制度建设，探索建立京津冀应急联动"快反组织"等推进京津冀应急联动机制建设的政策建议。

关键词： 应急联动；大兴国际机场地区；京津冀；利益相关者

一 构建京津冀应急联动机制的重大意义

（一）深化京津冀区域应急联动合作体系

基于《北京市天津市河北省应急救援协作框架协议》，北京、天津、河北三地在 2020 年建立了京津冀联合救援处置机制，通过对三地专业应急力量和社会资源的充分整合，共同提升跨区域协同应对突发事件的能力。

习近平总书记在视察北京时强调："实现京津冀协同发展、创新驱动，是面向未来打造新的首都经济圈、推进区域发展体制机制创新的需要。"① 探索完善京津冀在突发事件应对方面的工作机制，是完善城市群治理能力的保障性举措，也是探索京津冀健康良性发展的需要。京津冀地缘相接、人缘相亲，突发事件发生在任何一个地方都将影响城市群的良性互动和共

---

① 《习近平关于社会主义经济建设论述摘编》，中央文献出版社，2017，第 247 页。

赢发展。在突发事件应对方面的协作与联动是提高城市群一体化水平和城市综合承载能力的重要内容。探索快速反应、高效应对的应急联动机制，是破除三地之间各种体制机制障碍的有益实践。京津冀区域总人口超过 1 亿人，面临着各类由于发展失衡带来的矛盾和隐患，京津冀区域内各类社会风险的防范和化解将为区域深度合作打下坚实的基础。①

近年来，北京、天津、河北三地围绕危险化学品、水旱灾害、地震地质灾害、森林防火、道路交通等突发事件易发多发领域，开展了情报信息互通共享、监测预警、应急预案联合编制、突发事件应对、应急队伍支援、应急物资优化整合、应急交通联合保障、应急力量联训联演等方面的协作。

（二）促进三地应急管理机构改革后的应急能力提升

2018 年随着国家应急管理部门的编制体制调整，北京市应急管理局、天津市应急管理局、河北省应急管理厅相继成立，各地推动形成了统一指挥、专常兼备、反应灵敏、上下联动、平战结合的应急管理体制。构建管用、有效的京津冀应急联动模式，是新时代维护国家安全的迫切要求，是进一步提高跨区域应急救援水平、全面提高区域内防灾减灾救灾能力的要求，是防范化解区域内重特大安全风险的要求，也是三地完成应急管理机构改革后需要统筹解决的主要问题之一。

2019 年是京津冀三地应急管理部门组建后全面履职的第一年。京津冀三地应急管理系统积极推进体制机制整合重塑，着力提升应急处置水平，加快构建权威高效、反应灵敏的应急指挥体系，着力提升应急指挥效能。京津冀三地通过加强常态化的合作，优化各自应急力量建设，持续推进应急预案体系建设，建立健全应急救援协调机制，加强应急救援物资装备建设；强化信息化支撑，统筹推进自然灾害监测预警系统等信息化项目建设，加快推进京津冀安全生产风险监测预警系统建设，充分实施好数据汇聚工程建设；通过加强合作，推动应急产业高质量发展，实现区域内应急产业的数字化突破、核心装备和技术的突破以及与国家应急需求对接的突破。

---

① 王睿：《京津冀建立联合救援处置机制》，中国雄安官网，http://www.xiongan.gov.cn/2019-12/01/c_1210376705.htm，最后访问日期：2020 年 12 月 10 日。

2020年，北京市应急管理局履行"京津冀协同发展"职责，与河北省应急管理厅、天津市应急管理局紧密协作，进一步强化京津冀应急协调联席会议机制。京津冀三地协商，逐步建立了京津冀森林防火防汛等应急信息资源共享、应急抢险救援协同等工作协作机制。京津冀三地协同分析研判了京津冀区域内突发事件形势，重点推进北京大兴国际机场运营保障、冬奥会安保等京津冀应急救援协作重点任务落地。北京市应急管理局配合国家相关部门制定了京津冀区域重特大突发事件应急处置协同联动建设意见。[1] 以北京市应急管理局为例，动员处、预案处、防火处、防汛处、危化处、指挥处、协调处都参与了京津冀应急联动机制的构建。

（三）探索跨区域突发事件应对模式

在风险社会的背景下，准确把握北京、天津、河北三地安全形势变化的新特点新趋势，构建集社会安全、资源安全、生态安全等于一体的安全体系尤为重要。

2019年1月21日，习近平总书记强调："深刻认识和准确把握外部环境的深刻变化和我国改革发展稳定面临的新情况新问题新挑战，坚持底线思维，增强忧患意识，提高防控能力，着力防范化解重大风险，保持经济持续健康发展和社会大局稳定。"[2] 在包括北京大兴国际机场地区在内的京津冀区域内，政治、意识形态、经济、科技、社会等领域重大风险的防范和化解，关系着决胜全面建成小康社会的大局。京津冀三地面临复杂敏感的安全形势、艰巨繁重的改革发展稳定任务，必须始终保持高度警惕，识别各级各类风险，既要共同警惕"黑天鹅"事件，也要共同研判"灰犀牛"事件；既要建立防范区域风险的预警机制，也需要建立应对和化解风险的常态化工作机制。

为深入贯彻党中央、国务院关于京津冀协同发展的重大战略部署，有效整合京津冀三地应急力量和社会公共资源，进一步提高协同处置自然灾害和事故灾难能力，结合机构改革后面临的新形势、新要求、新任务，北京市应急管理局、天津市应急管理局、河北省应急管理厅积极沟通对接，推动跨区域应急救援领域的深化合作。2019年9月19日，京津冀三地应

---

[1] 北京市应急管理局。

[2] 《习近平谈治国理政》第3卷，外文出版社，2020，第219页。

急管理部门正式签订《北京市天津市河北省应急救援协作框架协议》，这是三地完成机构改革以来签署的首个应急管理方面的框架性合作协议。该协议以习近平新时代中国特色社会主义思想为指导，深入贯彻落实习近平总书记关于安全生产、防灾减灾救灾和应急管理工作的重要论述精神，充分发挥京津冀三地优势，坚持服务大局、平等互助、优势互补、共建共赢的工作原则，针对危险化学品、水旱灾害、地震地质灾害、森林防火、道路交通等领域突发事件的联防联控以及联合处置，进一步推进情报信息互通共享、平台数据互联互通、监测预警协作配合、应急预案联合编制、突发事件协同应对、应急队伍支援协作、应急物资优化整合、应急交通联合保障、应急队伍联训联演。①该框架协议是今后京津冀三地跨区域应急联动的基石，旨在不断完善应急协作体系，全力构建覆盖各类突发事件、区域内各个地区的应急救援联动格局，用协调有序、处置高效的应急联动机制，助力京津冀协同发展。自该框架协议签订以来，京津冀三地应急管理部门通过定期召开的联席会议加强沟通协调，逐项研究协议内容、明确工作重点，在框架协议的指导下进一步细化工作目标，加强预案管理、规划发展、应急指挥、风险监测、救援协调、防汛抗旱、救灾与物资管理、危险化学品监察、综合减灾、应急宣教等方面的合作交流，围绕北京大兴国际机场和冬奥会等重要协作领域制定落实措施。同时，京津冀三地逐步扩大应急救援合作领域，深化协作水平，并结合各自在实践工作中发现的新情况和新问题，推动适时修订完善协议。未来，京津冀三地的应急救援协作框架必将在具体的协作场景中落实为具有高实用性和强可操作性的工作方案，进一步做实京津冀的应急救援联动工作。

（四）为跨区域应急联动研究丰富案例样本

学术界对跨界危机研究众多。具体到跨区域应急联动的问题，学者主要围绕跨区域应急联动的制度建设、跨区域应急协作机制、跨区域应急联动能力、跨区域应急联动协作模式等问题展开研究。针对跨区域应急联动的问题，王玉明认为，合作机制缺乏权威性是导致应急联动组织松散、合

---

① 《京津冀三地应急管理部门签订〈北京市天津市河北省应急救援协作框架协议〉》，中国应急信息网，2019 年 10 月 12 日，http：//www.emerinfo.cn/2019 - 10/12/c_1210309452.htm，最后访问日期：2020 年 12 月 20 日。

作机制缺乏刚性的主要原因。① 赵军锋、金太军认为，信息碎片化、结构碎片化和制度碎片化是主要原因。② 汪伟全认为，应急联动在治理理念、治理体制、治理主体、治理方式、价值选择、信息沟通方面存在困境。③ 针对跨界危机的治理问题，钟开斌、钟发英认为，需要通过正式制度和非正式制度的建设，解决跨界治理科学指挥、分工协作的问题。④ 娄成武、于东山认为，西方国家跨界治理的内在动力是经济发展和政治驱动。⑤ 郭雪松、朱正威认为，跨域危机整体治理应当着重关注治理网络中的信息整合和资源整合的问题。⑥ 刘冰、彭宗超认为，跨界协同的关键是做好预案的协同。⑦ 对跨区域应急联动的研究场景多集中在跨流域的水治理、大气污染治理、安全生产治理等，本研究选择机场应急联动这样一个情境，一方面是对跨区域协作样本的补充，另一方面是由于大兴国际机场地区地处北京的特殊性。本案例研究展现的跨区域联动的复杂程度，对学术研究也有一定的价值。

二 北京大兴国际机场初步构建京津跨区域应急救援协作机制

（一） 北京大兴国际机场概况

北京大兴国际机场定位为大型国际枢纽机场，是国家发展的新的动力源，也是支撑雄安新区建设的京津冀区域综合交通枢纽。其位于永定河北岸，地跨北京市大兴区礼贤镇、榆垡镇，以及河北省廊坊市广阳区；距天安门直线距离约为 46 千米，距首都机场约为 67 千米，距天津机场约为 85 千米，距廊坊市中心为 26 千米，距河北雄安新区为 55 千米，距北京城市

---

① 王玉明：《地方环境治理中政府合作的实践探索》，《广东行政学院学报》2010 年第 3 期。
② 赵军锋、金太军：《政府协调治理：我国突发事件应急管理创新探讨》，《青海社会科学》2011 年第 6 期。
③ 汪伟全：《空气污染的跨域合作治理研究——以北京地区为例》，《公共管理学报》2014 年第 1 期。
④ 钟开斌、钟发英：《跨界危机的治理困境——以天津港"8·12"事故为例》，《行政法学研究》2016 年第 4 期。
⑤ 娄成武、于东山：《西方国家跨界治理的内在动力、典型模式与实现路径》，《行政论坛》2011 年第 1 期。
⑥ 郭雪松、朱正威：《跨域危机整体性治理中的组织协调问题研究——基于组织间网络视角》，《公共管理学报》2011 年第 4 期。
⑦ 刘冰、彭宗超：《跨界危机与预案协同——京津冀地区雾霾天气应急预案的比较分析》，《同济大学学报》（社会科学版）2015 年第 4 期。

副中心为 54 千米，距天津市中心为 82 千米，距保定市中心为 110 千米。①

北京大兴国际机场本着可持续发展的原则，采用滚动式发展、分期建设的模式。本期按 2025 年旅客吞吐量 7200 万人次、货邮吞吐量 200 万吨、飞机起降量 62 万架次的目标设计；建设"三纵一横" 4 条跑道、建筑面积 70 万平方米的航站楼等设施；本期用地面积为 27 平方千米，其中北京 15.6 平方千米、河北 11.4 平方千米。远期将实现年旅客吞吐量 1 亿人次以上，年货邮吞吐量为 400 万吨，飞机起降为 88 万架次；规划用地面积为 45 平方千米。

大兴国际机场是国内唯一一个地跨两个省份的机场，而且通往机场的交通设施发达，形成了"五纵两横"的立体网络。这样一个新型机场，无论从技术控制还是从管理模式的角度而言，都面临诸多新的挑战，需要审慎研究，勇于创新，积极实践。根据这种情况，机场的管理者以国际前瞻的视野，提出了"大兴一心"的管理理念，即建立"核心大脑"机场运行中心（Airport Operation Centre，AOC）这一超越组织边界的协同联合体。这是一种新的智慧化运营理念，具有独特的管理特色和人文精神，而且这种管理思维体现在整个运营过程中的每一个细节。

其一，蜂巢式席位布局，最大限度地实现席位人员充分交流。机场运行中心聚集了两地政府、联检单位、空管、航空公司、地面代理、综合交通等 43 家单位，打造了一个覆盖全区域、全流程、全时段、全人员、全设备的机场生产运行协同平台，第一时间对接各单位工作，实现了系列化、常态化、扁平化协同运行。

特别是政府相关部门入驻机场运行中心，大大减少了因旅客滞留等事件而带来的突发事件。在机场运行中心设有民航管理机关和北京市政府部门的专门席位，出现问题时可以及时共同协调加以解决。

其二，北京大兴国际机场的四大委员会，即安全管理委员会、运行协调管理委员会、旅客促进服务委员会和新闻宣传委员会，在机场运行中心平台席位化、常态化协同运行。

其三，打造新的职能，红黄蓝橙四色灯光，对应不同预警等级。联合安防中心、消防救援中心、急救中心、公安、武警等单位，对人员安全、

---

① 《机场介绍》，北京大兴国际机场网站，https://enterprise.bdia.com.cn/#/airportIntPage/airSummarized，最后访问日期：2020 年 12 月 20 日。

消防安全、运行安全等实施一体化管理。结合四级安全机制，实现安全保障零事件、舆情管理零负面，实现全方位全媒体平台的信息发布及成效展示，保证舆情管理及时全面。

其四，应用先进技术。机场运行中心大厅设置的可视化系统，包括数据信息，不只限于处理应急事件，还会展示航班正常性、运行航班架次、跑道使用率、旅客吞吐量等机场运行情况。针对特殊天气，机场还引接了一些专业气象监控系统，对雷雨、大风、能见度低、冰雪等情况提前预警，进行前置化预判。例如，假若明天有冰雪，今天就可针对冰雪进行会商，做一些专项准备，包括除冰雪力量、人员备勤等，还会调减航班，确保航班正常。

全场区有3000多个摄像头，基本做到了全覆盖。同时，还建设了监控系统，包括车辆监控系统、空管系统、专用雷达系统，可以做到对每一架飞机（不管是在天上还是在地上）进行实时监控。

（二）北京大兴国际机场地区应急管理的基本情况

1. 应急预案体系建设

北京大兴国际机场的应急预案主要分为三类：一是机场突发事件应急救援，二是运行突发事件应急处置，三是特殊天气处置。截至2020年底，大兴国际机场的应急救援总体预案有18个。按照民航的分法，航空系统有11个预案，非航空系统有4个预案，公共医疗应急救护方面有3个预案。公司级运行突发应急预案有9个，其中关键系统故障类有5个，航空器地面故障类有1个，交通断流类有1个，能源终端类有2个。

再有就是针对特殊天气（大风、雷雨等）的处置预案。自然现象如果异常，一方面会对安全生产产生影响，另一方面也会造成航班延误。因此，北京大兴国际机场相关部门专门制作了大面积航班延误的专项应急处置预案手册。此外，大兴国际机场下设消防管理部，配备一支专业的消防队伍，既负责防火又负责灭火。针对灭火救援问题，机场制定了6类17项灭火救援预案，有具体名录，涉及航空器类、非航空器类、建筑物类、化学危险品、航空器搬移等方面。

2. 应急救援和消防救援

北京大兴国际机场属于4F级机场，其飞机数量和客流量都较大。按照中国民用航空局做出的标准规定，其消防和医疗都已经达到民用机场的最高级，即十级。

在应急救护方面，首都机场集团公司下有一个机场医院，专门负责北京首都国际机场和北京大兴国际机场的应急救护。医院在北京大兴国际机场设有航空医疗急救中心。在场区核心区靠北部分，就是急救中心大楼。整个场区共有 5 个急救室、1 个急救站，负责救助受伤、生病的旅客。在急救应急保障能力方面，急救中心设有门诊楼 1 栋、航站楼急救站 6 个、飞行区急救站 1 个，各站室医护人员 24 小时值守，另配备了各类急救车共11 辆。①

北京大兴国际机场的消防设计和指标体系，远远超过国际民航组织规定的标准。北京大兴国际机场还有一整套火警指挥调度系统，其消防车辆、传统航空器搬移设备，也是世界上最先进的。北京大兴国际机场设置有 3 个消防站、8 个应急通道门、3 个集结点。在消防应急物资方面，破拆、侦检、救生、个人防护装备等均已陆续到位，投入训练和使用，另配备了消防特种车辆共计 27 台，以及多种残损航空器搬移设备。

机场消防站的物资配备更偏向于航空器救援。在这个方面，机场消防大队专业性比较强。但是，对于建筑物火灾、危险品的处置以及其他非航空器方面的火灾，则主要依靠地方专业消防队伍。因此，机场与地方消防管理机构签有合作协议，明确规定了双方的义务、权利以及支援的具体内容（如车辆保证和一些技术层面的细节），从而建立了消防系统的协调组织系统，确保了机场消防的需要。

3. 相关规章制度

在法规层面，民用航空有两部规章。一部是中国民用航空局颁布的《中国民用航空应急管理规定》。这个规定是针对一些重大应急事件的管理的，包含三大类内容。第一类是防范民航活动中发生的事件，如航空器坠落造成的突发事件。第二类是防止其他活动对民航造成影响的应急事件，例如，如果出现火山喷发，就要取消航班、关停机场。第三类是国家在处理突发事件时所要求的事项。例如，汶川地震发生后，要求关闭成都双流机场，并满足应急处置中的运输需要、人员配备和物资供应等，就属于配合国家的应急管理行为。

---

① 《市安科院赴北京市大兴国际机场调研》，北京市应急管理科学技术研究院网站，http://www.basst.org.cn/newsshow.php? cid = 125&id = 3016，最后访问日期：2020 年 12 月 20 日。

以上三大类内容可以说是顶层制度，不仅规定了机场的权利和义务，还明确了空管单位（包括驻场单位）在应急管理过程中的权利和义务，还约定了一些信息通报方面的职责权限。

另一部是《民用运输机场突发事件应急救援管理规则》。[①] 该文件详细规定了民用航空机场在应急救援中所要承担的责任和义务，内容详尽、具体。对如何界定应急预案信息内容、制定培训演练方案等一些应急管理中的技术问题，甚至应急救援指挥中心的架构搭建等，该文件都有明确规定。

（三）北京大兴国际机场地区应急联动的基本情况

1. 安全应急保障工作联动机制的建立

作为首都北京的一座重要标志性建筑，北京大兴国际机场也是展示中国国家形象的"国门"。因此，为了有效预防和处置机场场区各类突发事件，确保机场正常通航和运行，建立区域应急联动机制以防患于未然十分必要。2019 年 7 月 25 日，北京市应急管理局、河北省应急管理厅、北京市大兴区政府和河北省廊坊市政府四方，本着"分工协作、分级负责、整合资源、协调联动"的宗旨，共同签署了《北京大兴国际机场地区安全应急保障工作联动协议》，分工协作、分级负责、整合资源、协调联动，助力北京大兴国际机场顺利通航、平稳运行。该协议的签署标志着京冀两地北京大兴国际机场地区安全应急保障工作联动机制的建立。相关各方将通力合作，形成"机制完善、制度健全、边界清晰、信息互通、能力互补、互为支援"的工作模式。按照协议，四方将建立联席会议制度、合作交流制度、联合指挥协调制度，在突发事件信息通报、监测预警协作配合、应急资源互联互通、应急力量联演联训、突发事件协同应对等方面开展合作，共同提升北京大兴国际机场地区的应急管理能力和突发事件应对能力，全力维护机场的安全稳定运行。[②] 北京大兴国际机场秉承的先进管理理念，也将贯彻运用到应急管理工作的全过程。

---

① 交通运输部令 2016 年第 45 号。

② 齐雷杰、巩志宏：《京冀建立北京大兴国际机场地区安全应急保障工作联动机制》，中央人民政府网站，http://www.gov.cn/xinwen/2019 - 07/26/content_5415407.htm，最后访问日期：2020 年 12 月 20 日。

2. 安全应急保障工作联动的基本内容

《民用航空法》明确规定，机场应急救援需纳入地方应急救援体系。因此，北京大兴国际机场与政府建立起的应急工作方案，最终仍然以联动方案的形式确定了下来。

北京大兴国际机场地跨北京市和河北省，正好位于两者的交界处。为了建立完善航空港的应急管理体系，北京市和河北省廊坊市两地政府专门发布了应急联动工作方案；机场管理机构也以北京市应急管理局的名义，发布了两个机场（北京大兴国际机场和北京首都国际机场）的应急联动方案，明确了机场遇突发事件时，如何调动北京市的应急力量和应急资源，协助处置。因此，在联动救援上以北京市机场地区突发事件应急联动工作方案、廊坊市机场地区突发事件应急联动工作方案为主。

由于北京大兴国际机场的特殊性，国务院以授权形式，把场区占用河北的管理权限委托给北京市。在北京大兴国际机场发生的各类问题，机场管理机构都可以直接对接北京市相关部门。为此，北京市和河北省的应急管理部门签订协议，约定北京大兴国际机场出现的突发事件，省市一级不做具体处置，下沉一级，由廊坊市应急管理局和大兴区应急管理局协调解决。两地应急管理局也签订了联动协议，明确在事件中相互支援、调配力量等工作细节。与此同时，北京大兴国际机场的应急信息沟通机制也纳入了北京市和廊坊市的应急指挥技术体系，连通了视频会议系统、政务专网和应急值守系统，并加入了北京市的 800 兆集群通信网络。

从北京大兴国际机场内部来看，其应急管理所依托的主要是机场运行中心大厅和应急指挥平台。目前，所有在北京大兴国际机场运营的航空公司、驻场单位，以及空管联检单位都有席位，应急处置可做到常态化无缝衔接，遇到异常事件或突发事件，随时都可以进行会商。

在信息报送方面，两地的应急管理部门通过连接的视频会议系统，一旦发生航空器类或规模大、影响大的突发事件，可以随时沟通信息，双边报送，以北京支援处置为先。根据协议，北京可以调配河北廊坊的应急力量。作为机场管理机构，航空港的消防部门和急救部门，也分别与北京市消防总队、北京市卫健委签了各类、各级协议，涵盖了协议医院、先期转运接收伤员等具体联动内容。在信息共享方面，每周一下午，北京市应急管理局召开一场点名会，通报情况，并将信息共享给机场；同时，民航内部有自己的信息报送线。北京大兴国际机场内设安全生产监督管理局，信息由其按两条线报送，一条对上级民航管理部门，如中国民用航空华北地区管理局、中国民用航空总局；另一条对地方政府。报送体系中的"快报""续报""初始报""补充报""终报"等具体形式和内容，都有明确具体的规定。

关于民航单位之间的应急联动责任在联动机制中也有明确规定。例如，对民航管理局航空港当局只是负责通报信息，包括汇报处置过程中的情况。整个应急处置的权限在机场管理机构，民航管理局并不负责具体的指挥处置。与其他单位如航空公司的协作，航空港当局负应急救援的主体责任；机场出问题后，后续的飞机如何转移、怎么处置、是否报废等，由航空公司决定；旅客的安置，也由航空公司主要负责。

3. 跨地域应急联动的工作机制

北京大兴国际机场是首都的重大标志性工程。国务院对国家发展改革委、北京市政府、河北省政府、中国民用航空局《关于北京大兴国际机场跨地域运营管理有关情况的报告》①的批复要求：其一，机场红线范围内的地方行政事权交由北京市一方管理；其二，跨地域管理工作以"依法行政、高效顺畅、统一管理、国际一流、利益共享、权责对等"为原则。这样，安全生产、应急联动职能和责任就以北京市和河北省共同承担。

红线范围内的应急事项主要包括安全监管、环境安全危险品管理、生产数据报送等，原则上全部交由大兴区牵头，北京市有关部门加强指导和配合，根据需要与廊坊市相关部门对接，应急管理相关工作由北京市应急管理局负责牵头落实。

红线范围外的应急联动事项主要包括应急机制、公共安全联动、消防联动、应急救援联动、防汛保障期间的联动响应机制、防汛保障期间的交通接驳联动、进京检查站设置、出租车及机场巴士管理、城管执法等。红线范围外的事项主要通过北京市工作专班协调推进，具体操作是由民航部门根据需要提出初步方案，工作专班各工作组分别与河北省、廊坊市相关部门研究论证，制定具有可行性的操作方案。根据需要，由北京市主管部门（或大兴区）与河北省有关部门（或廊坊市）通过签署协议或建立常态化工作机制等方式，明确双方的责任和分工。应急机制、公共安全联动、消防联动、应急救援联动、防汛期间的交通接驳与联动相应机制的建立

---

① 发改基础〔2019〕537号。

等，都主要由北京市应急管理局、北京市公安局、北京市消防救援总队分别牵头，与廊坊市应急管理局、廊坊市公安局等会同民航方面研究制定方案。为了有效提升北京大兴国际机场地区常态的应急管理和非常态的突发事件处置与应对能力，北京市应急管理局、河北省应急管理厅、大兴区政府、廊坊市政府主要建立了应急管理常态的联席会议工作机制、应急力量联演联训机制、突发事件的信息通报机制、突发事件中的合作协同应对机制、突发事件应对的资源调配和共享机制，主要解决发生重特大突发事件时的监测预警、预防准备、联动救援过程中的分工协作、分级负责、联合指挥等问题，力求以较好的资源整合能力和协调救援能力，保障北京大兴国际机场地区的安全稳定。

三 北京大兴国际机场地区京津冀应急联动的需求分析

突发事件的萌芽和爆发具有生命体的形态，具有一定的阶段性。在每个阶段，突发事件的影响方式、危害程度、影响范围、事件类型、应对方式都有不同特点，并面临不同的危机。突发事件的应对，本质上是从一个较危急的阶段向恢复平静的连续性过渡或演化。根据利益相关者理论，突发事件的爆发和消弭都离不开各种利益相关者的投入和参与。利益相关者理论是由美国学者伊戈尔·安索夫（Igor Ansoff）引入管理学领域的。他认为："要制定出一个理想的企业目标，必须综合平衡考虑企业的诸多利益相关者之间相互冲突的索取权，他们可能包括管理人员、工人、股东、供应商以及分销商。"[①] 之所以选择利益相关者理论，是因为北京大兴国际机场地区应急联动问题的根源在于多主体性。这里所说的多主体，既有直接参与机场利益分配的主体，也有突发事件将会影响到的间接利益相关者；既有在应急联动框架协议范围内的契约型利益相关者（如河北省应急管理厅），也有不直接参与应急指挥的公众型利益相关者（如北京市除大兴区外的其他区域和河北省除廊坊市外的其他区域），以及除应急管理部门以外的其他相关职能部门。在主要的利益相关者中，还有主次之分。用利益相关者理论进行剖析，可以从根本上找到跨区域应急联动的驱动力，这可以为后续进行联动机制、联动模式、联动预案等的研究提供参考。

因此，本课题组利用利益相关者理论对北京大兴国际机场地区应急联

---

① 付俊文、赵红：《利益相关者理论综述》，《首都经济贸易大学学报》2006 年第 2 期。

动的各个参与主体进行分析，以突发事件发生发展的过程为时间轴，研究突发事件在不同的发展阶段涉及的利益相关者的类型、特点和行为。

北京大兴国际机场是我国发展的一个新动力源。自 2019 年 9 月 25 日正式投运，到 2020 年 9 月 21 日，北京大兴国际机场累计完成航班起降 8.4 万架次，共有南方航空、东方航空、中国国际航空、首都航空、中国联合航空等 18 家航空运输企业，运营国内和地区航线 187 条，连接了全国 130 个航点，客流总量突破 1000 万人次，货邮吞吐量约为 3.9 万吨。① 当前，人类进入了风险社会，突发事件由酝酿到爆发常常会呈现跨区域的特点。北京大兴国际机场地理位置特殊，面临发生跨区域突发事件的风险，需要在北京市和河北省建立信息会商机制的基础上，研究分析重要的敏感信息，分析重要的敏感地区、敏感时间节点可能存在的风险隐患和苗头，研判突发事件发生发展的可能趋势，提出联合防范的应对措施，及早做出有针对性的应对方案，通过属地政府及时发布预警信息，做好突发事件预防工作，通过组织跨区域应急联合演练，磨合联动机制，完善应急指挥机制和处置程序。

（一）预防与准备阶段

在预防与准备阶段，突发事件处在萌芽的征兆期，社会秩序面临不稳定的可能性。在这个阶段，充分调动利益相关者对突发事件的预防和准备的意识，采取最初的预防与准备行动，是应对突发事件的重要方面。在预防与准备阶段，虽然威胁社会秩序、影响突发事件演化的因素很多，其中信息、资源及全社会的关注度是需要重点把握的内容。这时，属地政府是大部分预防与准备工作的布置者和主要实施者，需要与主流媒体充分配合，为科学的应急准备提供可靠和权威的信息。从理论上来说，作为突发事件应对活动的利益相关者，政府、市场、社会都关心和试图了解其他主体的信息，从而对自身的行为和判断进行决策。然而，不同类型的主体对其他主体信息的需求有差异。尤其是面对北京大兴国际机场的特殊环境，不同的主体对信息的需求、掌握和控制程度都有较大差异。例如，中国民用航空局、中国民用航空华东地区管理局、北京大兴国际机场、北京市政

---

① 鲍聪颖、高星：《大兴国际机场投运满一年　北京"双枢纽"格局形成》，人民网，ht-tp：//bj. people. com. cn/n2/2020/0925/c14540 - 34317215. html，最后访问日期：2020 年 12 月 20 日。

府、河北省政府、大兴区政府对机场任何可能发生的自然灾害、事故灾难、公共卫生事件和公共安全的事件的预防与准备信息的关注和重视程度都较高。

（二）监测与预警阶段

突发事件处于发作期时，已经积累了一定的风险能量，有可能产生较严重的后果。在突发事件预警阶段，威胁社会的主要问题会慢慢显露。在进行突发事件处置的过程中需要遵循事件链的演化规律，如控制不当就可能出现大面积爆发的状况，导致人员伤亡、资源短缺、组织混乱的局面。

从北京大兴国际机场来看，在突发事件发作期，机场方面是主要的事件处置主体，属地政府作为治理主体也必须采取有力措施，调动更大范围内的公共部门，做好周边学校、医院、大型游乐场所、大型群众性活动场所的监测与预警，同时需要两地政府联合更广泛的媒体，向公众传播监测与预警信息以及可以采取的避险措施，并且做好支援机场救援的准备。

（三）处置与救援阶段

如果事件进入延续期，事态就会不断扩大升级，此时北京大兴国际机场需要面对的典型问题是人员的救助，保持机场、航空公司、民航管理局系统各组织的可靠性，维持相关业务的连续性。属地政府面对的主要问题是维护社会秩序，保持公共组织和公共服务的可靠性，规范参与救援的各类组织和人员的行为。同时，在延续阶段，有可能需要进行重大的应急联动指挥部组织结构调整，让更多的属地部门和民航相关部门参与到相应的救援行动中来，同时让更多的民众参与救援和传播。这时，就需要大量的民航系统的专家，进行科学研判，并向民众传授自救互救知识。属地政府要最大限度地调动传播力量，传播可靠信息，稳定社会情绪。在处置与救援阶段，专业化处置人员、政府管理人员、救援力量、企业、社会组织、社区等，都有可能是最有潜力影响突发事件态势以及处置救援进度的利益相关者。

（四）恢复与重建阶段

在恢复与重建阶段，属地政府将发挥更加重要的作用，机场方面则主要负责事故调查与机场运行秩序的恢复。在此阶段，对大数据的整合与运用格外重要。在网络信息技术高度发达的今天，大数据已成为社会治理中不可忽视的重要手段，其海量信息和云计算能力为我们实时监控、了解真相、把握规律提供了分析处理问题的数据基础。英国学者迈尔·舍恩伯格和肯尼思·库克耶在其编写的《大数据时代》一书中前瞻性地指出，大数据给我们生活、思维、工作带来了巨大的改变，开启了一个时代的重要转型。① 得数据者得未来。置身于大数据时代，维护公共安全的能力水平与我们对大数据的理解和应用密切相关。在恢复重建阶段用好大数据，可以达到事半功倍的良好效果。

当前，在三地协同进行公共安全治理的工作中，简单、粗放的问题一直比较突出，管理粗枝大叶、大而化之，缺乏严谨、理性的思维。在新形势下，提高维护公共安全的能力水平，就要培育以尊重事实、推崇理性、强调精确、注重细节为主要特征的"数据文化"。通过海量数据，可以集中整合、挖掘、揭示传统技术难以展现的关联关系，把精细化、标准化、常态化理念贯穿北京大兴国际机场应急联动安全监管工作全过程。要坚持用数据说话，推动公共安全工作和大数据技术高度融合，使重大决策风险分析和管控有充分的数据支撑，更加具有科学性。

四 完善北京大兴国际机场地区京津冀应急联动机制的对策建议

2019 年 12 月 9 日，京津冀三个省份的应急管理局（厅）在天津市召开京津冀应急救援协作第一次联席会议。基于《北京市天津市河北省应急救援协作框架协议》，三地建立京津冀联合救援处置机制，整合三地专业应急力量和社会资源，提升跨区域协同应对突发事件能力。京津冀应急救援协作是一项维护三地人民群众生命财产安全和经济社会大局稳定的务实举措。三地在危险化学品、水旱灾害、地震地质灾害、森林防火、道路交通等领域，开展情报信息互通共享、监测预警、应急预案联合编制、突发事件应对、应急队伍支援、应急物资优化整合、应急交通联合保障、应急力量联训联演等方面的协作。其中，三地结合面临的跨区域突发事件风险，研究提出对策建议，共同做好突发事件预防；通过组织跨区域应急联

---

① 〔英〕迈尔·舍恩伯格、〔英〕肯尼思·库克耶：《大数据时代：生活、工作与思维的大变革》，盛杨、周涛译，浙江人民出版社，2013。

合演练，磨合联动机制，每年举行一次跨区域综合应急演练，完善指挥机制和处置程序。三个省份的应急管理局（厅）还制定了京津冀重要信息会商机制，研究分析重要敏感信息可能存在的风险隐患和苗头性、倾向性问题及发展趋势，共同研究提出联合防范的应对措施，制定出有针对性的应急应对方案，适时发布预防预警信息，为有效应对突发事件做准备；推动毗邻市、区、县签署应急联动协议，尤其是推动"通武廊"地区应急救援协作协议的签订落实。①

2020 年，北京市应急管理局围绕《北京市天津市河北省应急救援协作框架协议》，修订完善了市级总体应急预案，完善了京津冀省级联动工作机制，完成了冬奥会市级的综合应急演练，检验了京津冀森林灭火、交通抢险等领域的救援协调联动机制。京津冀围绕 2020 年 5 月的防汛工作、元旦春节烟花爆竹安全管控等工作展开协作。按照京冀北京大兴国际机场安全应急联动协议，推动做好机场运营相关安全应急保障工作，加强与河北省应急管理厅的沟通对接，在此基础上推动建立冬奥会安全应急保障联动机制。

下一步，要进一步将京津冀应急联动机制推向深入，切实做好北京大兴国际机场地区的京津冀安全保障应急联动。可以从以下四个方面展开。

（一）提高北京、河北、天津三地干部的风险防范能力

风险防范能力对相关公务员来讲就是要掌握科学的基于利益相关者的风险防范措施和方法，消除或降低由风险引发的公共危机或突发事件发生的可能性，减少各类突发事件给国家和人民生命、财产安全造成的损失。正如《尚书·周书·周官》中所说："制治于未乱，保邦于未危。"提升北京大兴国际机场地区相关风险防范能力的目标有二：一是民航系统从专业的角度降低突发事件发生的可能性；二是属地政府保证突发事件应急联动的有序和高效。

所有类型和规模的组织都会面对内外部环境及其影响，这给组织是否能够实现目标、何时实现目标带来了不确定性。这种不确定性对组织目标的影响就是"风险"。由于风险的原因和后果通过社会过程来调节，因此，

---

① 《京津冀建立联合应急救援处置机制》，应急管理部网站，http://www.mem.gov.cn/xw/gdyj/201912/t20191209_342066.shtml，最后访问日期：2020 年 12 月 20 日。

北京大兴国际机场地区的风险防范需要两地各级各类领导干部高度重视。党的十九大把防范化解重大风险放在三大攻坚战之首，彰显了党中央强烈的忧患意识；习近平总书记提出增强八个方面的执政本领，其中之一就是"增强驾驭风险本领"。① 面对发展不平衡不充分的各种复杂矛盾，既要学会"弹钢琴"，也要善于牵住"牛鼻子"，既要找准症结，也要周密谋划、精心操作；面对各方面的风险，"既要有防范风险的先手，也要有应对和化解风险挑战的高招；既要打好防范和抵御风险的有准备之战，也要打好化险为夷、转危为机的战略主动战"。② 当今世界瞬息万变，围绕北京大兴国际机场地区跨区域跨行业突发事件的情境，提高面对未知风险的防控和驾驭能力就成为两地各级各类公职人员相互配合、把握工作主动权的关键本领。

属地政府作为政府活动、突发事件处置的主要利益相关者，涉及北京大兴国际机场地区的所有行政行为均须纳入风险管理的框架体系，下好防范与化解各种风险的先手棋。防范和化解风险，需要两地针对各自面临的风险，动态地做好风险的识别、分析、评价。在防范和化解风险的过程中，不仅要关注大兴机场 8 千米内事故灾难的处置与救援，更要关注 8 千米范围之外区域经济社会威胁的扩大，同时要关注更广范围的人类、动物、植物之间因界限模糊而引发的衍生风险，加强对相关自然灾害、公共卫生事件、公共安全事件的防控和管理。

（二）做好北京大兴国际机场地区应急联动各利益相关者的沟通

利益相关者的风险沟通与咨询，贯穿北京大兴国际机场风险防控的所有阶段。风险沟通与咨询的对象是组织内部和外部的利益相关方。北京大兴国际机场和属地政府要围绕突发事件的特定情境，基于本部门或本地区的政策目标制定沟通与咨询计划。在沟通与咨询计划中，要明确本部门与特定风险的相关性、风险出现的原因、风险的后果、需采取的应对措施等需要利益相关者共享的信息和事项。通过对两地应急管理局（厅）、民航管理局、属地政府工作人员、机场工作人员、外部市场主体（航空公司）、其他相关公共组织的咨询和沟通，确保实施风险管理的责任人和利益相关

① 《习近平谈治国理政》第 3 卷，外文出版社，2020，第 54 页。
② 《习近平谈治国理政》第 3 卷，外文出版社，2020，第 220 页。

者理解属地政府做出有关应急决策的政策背景和出发点，以及采取有关措施的原因。

需要注意的是，由于北京大兴国际机场地区应急联动情境复杂，既涉及民用航空的各类专业化程度较高的规范和原则，又涉及多个属地部门维护地方稳定和安全的具体政策要求，所以各部门和地区都应组建自身的风险管理专业机构。由于机场辖区不同地区、不同行业工作人员的风险感知程度，会因为沟通对象的价值观、需求、假设、专业化程度和关注点不同而不同。各部门都根据职能、权力、专业性对风险的感知情况进行判断，有的会放大风险，有的会低估风险。所以，有效识别、记录、考虑利益相关方的意见，对北京大兴国际机场地区应急联动的相关行政决策有重要影响。如果风险管理、应急联动组织专业而稳定，就可以确保属地或机场相关部门在面对主要风险时快速达成共识，确保相关方利益得到充分理解和考虑，确保专业知识被充分用于风险分析，确保快速研判风险，确保后期风险应对计划得到最大认可和支持。

两地政府、民航管理局、机场在风险沟通中需要加强与专家、社会组织、媒体和公众之间的风险信息交流，建立面向社会、多方参与的风险信息共享和沟通机制，争取社会各方面对政府风险管控工作的理解与支持；应当按有关规定及时向社会公布危险源和危险区域，积极引导或依法责令风险所涉及的相关单位和人员提前做好风险防范准备并采取安全防范措施。借助常态化的风险沟通工作机制，可以保证北京大兴国际机场地区应急联动信息交流内容的真实、准确和易于理解，避免由于多主体参与而出现沟通不畅、信息共享不及时、研判不充分、处置低效、资源调配不力等问题。

（二）开展风险评估

做好区域应急联动的前提，是对区域内的风险具有全面准确的研判能力。京津冀要将应急联动推向纵深，就需要基于具体的灾害场景开展区域内的全面风险评估。风险评估是推动京津冀三地实现信息联动的基础。对北京市、河北省、天津市区域内的自然状况特征、各类风险因素和社会脆弱性的互相了解，是保证重大跨区域突发事件得到科学、准确研判的关键。在风险评估过程中，京津冀三地整合区域内应急资源的状况、应急救援力量和装备的状况，也是至关重要的。目前正在进行的应急联动信息平台建设，其目的正是基于风险评估，保证京津冀区域内重要的情报信息实现互联互通。在此基础上，通过评估区域的风险状况，在京津冀三地协商的基础上制定特定的、可操作的应对方案，有效利用区域内的优势资源，建立京津冀物资储备体系，提高区域内应急管理的整体水平。开展跨区域的风险评估之所以至关重要，是因为跨区域的灾害都具有复杂的非线性扩散、蔓延和放大的机制，如若对区域内各类要素不能做到高效整合，按照静态的应急联动方案，恐怕在面对重特大突发事件时就会出现协作迟滞的问题。开展风险评估，也可以促进京津冀三地相关部门加强常态化的沟通和协作，为战时快速启动相关工作奠定基础。

（四）强化制度建设

当前，京津冀应急联动协作框架已经形成，但还需要基于实际协作场景加强行动合作；京津冀三地联席会议存在，但还需要更多的基于具体场景的深度合作。在北京市、河北省、天津市的应急管理规划中京津冀应急联动都有重要体现，但后续实现目标的关键结果控制尚少。所以，下一步，京津冀三地可以基于北京大兴国际机场地区的应急联动，具体到信息互通、应急救援力量布局、应急资源协同调配、风险研判等领域，加强深度合作，加强应急演练和评估，在此基础上将有关经验和模式以制度化的形式加以规范，尤其是京津冀三地在应急协作中的责任分配、成本分担、巨灾保险、奖惩制度等方面迫切需要建章立制。今后，只有将制度运用到机场常态化的运营指挥过程中，同时为非常态的重大突发事件做好制度准备，才能真正在京津冀三地建立共生的应急联动关系。只有在实践探索中用制度体系解决协作过程中的各类障碍，才能真正将《北京市天津市河北省应急救援协作框架协议》中的联动承诺落实到位，才能为京津冀应急联动打造成功的协作模式，在大气污染治理、水污染治理、安全生产监督、社会安全治理等方面打造样本，不断将京津冀应急联动推向纵深，真正为京津冀协同发展保驾护航。

（五）探索建立京津冀应急联动快速反应机制

在京津冀应急联动方面，可以探索建立基于三地常态化应急管理组织的快速反应机制（本质上是一个强有力的跨区域突发事件现场执行团队）。快速反应机制可以基于京津冀地区风险评估结果，确定重特大跨区域突发事件的主要类型，在此基础上从各地应急管理局、相关职能部门、应急救援组织中抽调精兵强将，主要涵盖应急指挥研判、信息技术支持、处置救援、资源调配等关键能力。快速反应机制能够在突发事件发生初期快速识别灾害环境的变化并抓住有利时机，为领导决策机构汇报重要的灾情信息，同时在第一时间对灾害现场做出科学有效的处置。快速反应机制需要具备结构扁平、模块化、开放性、创新性等特点，能够针对高度不确定的事件，高度整合利益相关者的要求，在事件现场做出科学的快速反应。综上所述，为应对跨区域重特大突发事件，京津冀应急联动模式需要在组织体系、制度建设、运行技术上实现创新，从组织设计上提高整体的快速反应能力。

（课题组组长：董武；主要成员：李宇、郑琛；本报告主要执笔人：李宇、郑琛）

在敏感事件中正确引导社会舆论

——福州"赵宇事件"

摘要：在新媒体时代，由互联网发端形成的网络舆情事件层出不穷。如何降低或消除负面网络舆情的影响，甚至促使舆情发生反转，已经成为提高政法机关舆论宣传工作能力的关键。发生于 2018 年底到 2019 年初的福州"赵宇见义勇为案"，从最初认定为故意伤害到过失致人重伤，再到防卫过当，最终被认定为正当防卫，这场一波三折、不断反转的案件历时 3 个月，由"赵宇见义勇为案"演变成"赵宇事件"。在"赵宇事件"中，行为定性、执法公正、公检矛盾等问题集中爆发，吸引了众多网民眼球，加之触及"见义勇为"这一热点，更是推高了舆论关注。本案例剖析运用网络舆情传播理论和应急管理理论，通过复盘"赵宇事件"的始末，分析该事件的网络舆情发酵演变情况，探究事件发展过程中网络舆情回应的痛点和不足，并在此基础上提出提高敏感事件舆论引导实效的对策建议，以期在应对敏感事件中为正确引导社会舆论提供参考和借鉴。

关键词：敏感事件；社会舆论引导；赵宇见义勇为案；赵宇事件

随着网络和社交媒体的快速发展迭代，网络舆情已经呈现出多发、高发和频发的态势，特别是涉及公检法的敏感事件更易于引发舆论啸聚，对社会稳定、秩序安全、政治信任都可能形成巨大的舆论冲击。对这类敏感事件一旦处理不当，特别是对引发的后续舆情把握不准，不仅将降低政府的公信力，而且可能诱发公众质疑政府治理能力。因此，只有通过典型案例，剖析这类敏感事件舆情治理的经验和不足，找到强化网络舆情工作的对策，才能真正提高政府的舆情管理能力和舆论引导水平。

一 "赵宇事件"始末

2018 年 12 月 26 日晚，赵宇成功制止了陌生男子李某企图对一名女性施暴的行为。在施救过程中，赵宇踹了李某一脚，造成后者内脏损伤，经鉴定构成重伤二级。经调查，赵宇被认为构成故意伤害，被刑拘 14 天，这起"见义勇为反被刑拘"的事件引发了网络热议。① 2019 年 3 月 1 日，检察机关对"赵宇见义勇为案"（以下简称"赵宇案"）的裁定做出纠正，认定赵宇的行为属于正当防卫，依法不负刑事责任。② "赵宇案"影响深远，在舆论的炙烤下冲击着"见义勇为"的道义和价值。

（一）路见不平，惩治恶人

2018 年 12 月 26 日晚 23～24 时，当事人赵宇在福州市某酒店式公寓的出租屋内听到有人不断呼喊救命，立即下楼查看情况。在见到一女（邹某）正被李某殴打头部、欲行非礼和猛掐脖子后，赵宇立刻上前制止并从背后拉拽李某，致李某倒地。③

李某起身后欲殴打赵宇，并威胁叫人"弄死你们"。听闻此言，赵宇随即将李某推倒在地，朝李某腹部踹了一脚，又拿起凳子欲砸李某。④ 但是，邹某因"害怕闹出人命"，于是出言劝阻，后赵宇离开现场。

2018 年 12 月 27 日凌晨，福州市晋安区公安分局岳峰派出所接到该案报警信息。报警人称，自己的姐姐在住处被李某殴打，而此时施暴的李某也在现场。当民警接警后赶到时，发现除先行离开的赵宇外，现场共有 4 人：被打的邹某站在门口，报警女子站在邹某身边，而打人的李某则坐在屋内地上，此外还有 1 名自称邻居的中年男子在门外围观。⑤ 为了解详细情况，警察将李某和邹某等人带到派出所做进一步调查。

---

① 时婷婷：《上游对话"见义勇为"被刑拘 14 天赵宇：下次还会出手，但会注意分寸》，上游新闻网，https://www.cqcb.com/diaocha/2019-02-19/1444725_pc.html，最后访问日期：2021 年 3 月 3 日。

② 陈菲、丁小溪：《检察机关依法纠正赵宇案处理决定》，新华网，http://www.xinhuanet.com/legal/2019-03/01/c_1124182941.htm，最后访问日期：2021 年 3 月 2 日。

③ 吴亚东：《男子为"救人"踹伤施暴者　是见义勇为还是故意伤害》，新华网，http://www.xinhuanet.com/2019-02/20/c_1124137195.htm，最后访问日期：2021 年 3 月 3 日。

④ 陈菲、丁小溪：《最高人民检察院就"赵宇正当防卫案"作出回应》，新华网，http://www.xinhuanet.com/legal/2019-03/01/c_1124182940.htm，最后访问日期：2021 年 2 月 28 日。

⑤ 吴亚东、周斌：《福州警方通报"见义勇为被刑拘"案　检察院对赵宇作出不起诉决定》，人民网，http://legal.people.com.cn/n1/2019/0222/c42510-30896620.html，最后访问日期：2021 年 3 月 3 日。

（二）被诉伤人，突遭横祸

到达派出所后，施暴者李某自诉肚子痛，严重时直接躺在地上打滚。本着"人道主义、先救伤者"的原则，民警紧急联系了救护车将李某送往医院。经医生诊断，李某横结肠破裂，需要马上进行手术，否则可能有生命危险。

由于出现了伤残事件，民警根据案件分工，将该案移交给晋安区公安分局刑侦大队处理。随后，晋安区公安分局刑侦大队以"故意伤害罪"对案件进行了立案侦查。

2018 年 12 月 28 日，赵宇被辖区内的岳峰派出所传唤，询问事情经过。赵宇如实回答，并在派出所滞留一夜。29 日，福州市公安局晋安分局以涉嫌"故意伤害罪"对赵宇刑事拘留 14 天。① 次日，赵宇的妻子在没有丈夫陪伴的情况下产子，这成为赵宇心中挥之不去的心结。

2019 年 1 月 4 日，福州市公安局晋安分局以涉嫌"故意伤害罪"向福州市晋安区人民检察院提请批准逮捕。1 月 10 日，福州市晋安区人民检察院因案件"被害人"李某正在医院手术治疗，伤情不确定，故以"事实不清、证据不足"为由做出不批准逮捕的决定。同日，公安机关对赵宇取保候审。②

2019 年 1 月 11 日，赵宇被取保候审。根据媒体报道，其间李某已经进行了伤残鉴定，经法医鉴定为重伤二级，并曾经联系赵宇商谈"私了"事宜。③ 面对可能需要做出巨额民事赔偿和可能丧失自由的现状，赵宇决定求助于网络和媒体。

（三）自我鸣冤，低开高走

赵宇认为自己受委屈，于是向福建省内媒体提供新闻线索，希望可以

① 吴亚东：《男子为"救人"踹伤施暴者 是见义勇为还是故意伤害》，新华网，http：//www.xinhuanet.com/2019－02/20/c_1124137195.htm，最后访问日期：2021 年 3 月 3 日。
② 冷昊阳：《六问"见义勇为反被拘"：如何不让正义束手束脚？》，新华网，http：//www.xinhuanet.com/legal/2019－02/22/c_1124147991.htm，最后访问日期：2021 年 3 月 3 日。
③ 《救人反被拘事件还原及最新进展 当事人回述事发经过》，央视网，http：//news.cctv.com/2019/02/21/ARTIGrlSexeDOXYzFqsGaZaw190221.shtml？spm＝C73544894212.P59792594134.0.0，最后访问日期：2021 年 3 月 3 日。

"维护名誉"。2019 年 2 月 15 日，福建电视台新闻频道《现场》节目率先报道称，家住福州的赵宇于 2018 年 12 月 26 日见义勇为，帮助一位正在被侵害的女士脱离危险，其间他踹了施暴男子，造成其内脏损伤（伤残达二级），结果赵宇却被拘留了 14 天。[①] 但是，由于该新闻仅仅在地方电视台播放，且被混杂在民生新闻之中，故并未引发巨大的社会反响。

无奈之下，赵宇于 2019 年 2 月 16 日以"被冤枉的赵宇"为名开通微博，并于当日 11 时 32 分发布第一条分享新闻报道的短视频。在接下来的 11 分钟内，赵宇将该微博转发 3 次，并配上求助文字，以期引起社会对该案的关注。[②] 但是，这种事后采访的视频形式，加上这似乎只是赵宇作为草根人物缺乏影响力的"自我喊冤"，因而反响平平。

2019 年 2 月 17 日，"被冤枉的赵宇"第 12 次转发该视频，并首次附长篇文字，较为详细地讲述了自己"施救反被拘留"的经历，给予了更多新闻细节的支撑。在此期间，赵宇还附上了视频采访中另一当事人李某的录音。其中，李某声称"晚一点打过来"，并故意讥笑"他们在这边打麻将听不见"。[③] 见义勇为的赵宇如此"落魄"，而施暴的李某却如此"逍遥"，形成了强烈的张力，"好人没好报"的戏剧性反差也迅速引发舆论关注。在短短两天时间内，该微博转发量超过 58 万次，点赞数近 39 万次，单条微博影响力之大极为罕见。

网民对赵宇的经历感到义愤填膺，并通过"网络围观"的方式自发为赵宇喊冤。福州公安局官方微博"@福州公安"多条微博的评论区被愤怒的网民"占领"，质疑公安机关为何将见义勇为者拘留，而强奸未遂者为何还要索赔等。此外，甚至有网友编造段子嘲讽公安机关。

在强大的舆论攻势之下，矛头几乎一边倒地指向了当地公安机关和检察院，质疑该案的不公正处理极有可能消解"见义勇为"行为的积极性和主动性。部分媒体评论员还指出，"见义勇为反被刑拘"是极其荒谬的"糊涂案"，如果"赵宇案"不能得到及时纠正，有可能对社会造

---

① 张萌：《见义勇为被拘后 53 天，保安赵宇的清白之战：好人真的没好报吗？》，腾讯新闻，https://new.qq.com/omn/20190221/20190221A1AZPV.html，最后访问日期：2021 年 3 月 1 日。

② 张香梅、张夕：《"被冤枉"57 天后　赵宇准备申诉》，《北京青年报》2019 年 2 月 22 日。

③ 罗晓兰：《"强奸未遂打麻将，见义勇为十四天"》，中国新闻周刊网，http://www.inew-sweek.cn/survey/2019 – 02 – 19/5040.shtml，最后访问日期：2021 年 3 月 3 日。

成不可估量、无法挽回的负面影响。①

（四）企业资助，舆论两分

2019年2月18日，针对赵宇遭受的不公待遇，企业家孙先生在其微博上宣布："为被冤枉的赵宇先生提供总计1000万元的支持计划，伸张正义，100%达到善有善报恶有恶报！见义勇为的赵宇先生到了需要我们见义勇为的时候了！"

这项支持计划具体为：针对"赵宇案"，按照最高人民法院公布的2018年侵犯公民人身自由权每日赔偿上限284.74元的10倍，对赵宇先生失去自由的14天提供资助，共计39863.8元。如果赵宇被判坐牢，则按国家每日赔偿上限10倍进行资助并照顾其家属，总计每年补助100万元，按照被判年限，上不封顶。②

孙先生声援赵宇的微博发布后，舆论出现了两极分化。支持者认为，企业家拿出真金白银支持见义勇为者，这本身"比那些只会空喊口号的人强多了"，而且"直接的经济物质奖励能够让更多人愿意帮助弱者"。但是，也有部分网民质疑企业家"蹭热点"和"作秀"。③ 但不可否认的是，企业家支持赵宇的相关词条先后登上微博热搜榜，"赵宇事件"的影响力进一步扩大。

（五）官方回应，通报案情

在该案引发社会强烈关注后，福州市公安局也启动了应急响应程序。福州市新闻发言人在接受采访时说，看到赵宇发布的微博后，福州市公安局立即对案件进行了核查，核查重点是整个案件的证据收集情况是否合理合法。根据核查情况，官方将在第一时间向社会公布。

2019年2月19日，施害者李某因犯"非法侵入住宅罪"被警方监视居住。次日，福州市公安局晋安分局做出回应，认为"赵宇案"犯罪事实

---

① 李蓬国：《制止强奸反被刑拘，不能坐等警方通报》，中国网，http://opinion.china.com.cn/opinion_7_201207.html，最后访问日期：2021年3月3日。

② 《独家专访孙宇晨：见义勇为需要鼓励，哪怕仅仅是经济上的》，凤凰网，https://tech.ifeng.com/c/7kaS4GqOh8a，最后访问日期：2021年3月3日。

③ 张帆：《封杀"戏精"孙宇晨》，铅笔道，https://www.pencilnews.cn/p/35701.html，最后访问日期：2021年3月3日。

清楚，证据确凿，以"过失致人重伤罪"向福州市晋安区人民检察院移送审查起诉。[①]

2019 年 2 月 21 日凌晨，福州市公安局通过新浪微博发布第一条案情通报，通报内容如下：

> 2018 年 12 月 27 日 0 时 8 分，晋安公安分局岳峰派出所接到报警，称晋安区岳峰村某酒店式公寓有人打架。接警后，民警立即出警处置。
>
> 经查，李某（男，50 岁，四川人，包工头）和邹某（女，27 岁，湖南人，娱乐场所服务员）于 2018 年 10 月相识，有多次往来。12 月 26 日晚，两人酒后一同乘车到达邹某暂住处，在邹某暂住处发生争吵，李某被邹某关在门外，李某踹门而入并和邹某发生肢体冲突，引来邻居围观。其中，楼上邻居赵某（男，22 岁，黑龙江人，房地产公司保安）下楼见李某正在殴打邹某，便上前制止并拉拽李某，赵某和李某一同倒地。两人起身后，李某打了赵某两拳，赵某随即将李某推倒在地，接着上前打了李某两拳，并朝倒地的李某腹部踹了一脚，后赵某拿起房间内的凳子欲砸向李某，被邹某拦下，随后赵某被自己的女友劝离现场。李某被踢中腹部后横结肠破裂，于 12 月 27 日住院手术，2019 年 1 月 12 日出院，据医嘱李某于 2 月 11 日到医院拔出造瘘管。经法医鉴定，李某为重伤二级。
>
> 经晋安公安分局侦查，赵某涉嫌犯故意伤害罪被刑事拘留，后转取保候审。经过进一步侦查，晋安公安分局以涉嫌过失致人重伤罪将赵某移送晋安区人民检察院审查起诉。
>
> 晋安区人民检察院经审查认为，赵某的行为属正当防卫，但超过必要限度，造成了被害人李某重伤的后果。鉴于赵某有制止不法侵害的行为，为弘扬社会正气，鼓励见义勇为，综合全案事实证据，对赵某做出不起诉决定。
>
> 李某因涉嫌犯非法侵入住宅罪已于 2 月 19 日在公安机关指定的地点监视居住，公安机关将视其病况采取相应的法律措施，案件正在进

---

① 《法不能向不法让步！央视披露"赵宇案"始末》，最高人民检察院网站，https://www.spp.gov.cn/spp/sp/201903/t20190319_412281.shtml，最后访问日期：2021 年 3 月 3 日。

一步侦办中。

福州市公安局

2019 年 2 月 21 日

（六）舆论不满，再掀波澜

这份案情通报中争议的焦点集中于"赵宇的行为属于正当防卫，但超过必要限度"，虽然其判定"综合全案事实证据，对赵宇做出不起诉决定"，但舆论波澜不减反增。网民们持续涌入"@被冤枉的赵宇"微博评论区，对赵宇表达支持和声援，导致该微博被转发 60.7 万次，评论量达 8.8 万次，可谓"红极一时"。

对于"超过必要限度"的事件性质判定，令舆论场再度风起云涌。有媒体刊发了《不起诉，事没完》①、《福州公安通报赵宇案 还有这几个疑问没有解答》② 等社论文章，均不约而同地指出，做出赵宇防卫过当决定的执法水平堪忧，警方通报里没有提到"性侵"情节，并对这份案情通报没有解答诸多核心问题表示不满。与此同时，多位网友也在留言区表示，支持赵宇申请国家赔偿，并认为"好人不应该委曲求全"和"忍气吞声"。

这份颇具争议性的案情通报，令网络关注度达到顶峰。其中，媒体的关注点主要集中在"福州警方回应慢""见义勇为性质认定"等，而网民的关注点则集中在"见义勇为被拘留""施暴者李某未处置"等方面。在事件发酵的这段时间内，网民依托自媒体强大的传播力和覆盖面，迅速将事件推向新闻热点头条，而媒体也通过议题设置引导舆论关注，使"赵宇事件"成为全网的焦点事件，舆论负面情绪不断扩散。

2019 年 2 月 22 日，当事人赵宇解除取保候审，获得法律意义上的完全自由，引发了舆论的一波安慰。③ 同日，部分公安机关认证账号开始转

---

① 罗晓兰：《不起诉，事没完》，中国新闻周刊网站，http://www.inewsweek.cn/special/2019-02-21/5057.shtml，最后访问日期：2021 年 3 月 3 日。

② 卞英豪、王玲、宋祖礼：《福州公安通报赵宇案 还有这几个疑问没有解答》，新浪网，https://news.sina.com.cn/s/2019-02-21/doc-ihrfqzka7896611.shtml，最后访问日期：2021 年 3 月 3 日。

③ 张香梅：《救人反被拘男子解除取保候审完全恢复自由》，《北京青年报》2019 年 2 月 22 日。

发福州公安的警情通报，并从法律角度解析该案处置过程的合法合规性，但舆论对公安机关的裁定仍持质疑态度。

部分网民质疑福州公安的警情通报内容不严谨，并呼吁"全网围观"赵宇是否得到国家赔偿等后续情况。次生舆情的不断产生，也让原本简单的舆情变得越发复杂，特别是多家媒体发布《男子见义勇为被拘？检方：行为属正当防卫　不起诉》①、《六问"见义勇为反被拘"：如何不让正义束手束脚？》②、《"见义勇为反被拘"事件仍陷罗生门　警方仍未给出调查结果》③ 等文章后，"赵宇案"的热度持续上升。

（七）最高检介入，最终定性

2019年3月1日，在最高人民检察院指导下，福建省人民检察院责令福州市人民检察院对该案进行审查。福州市人民检察院经审查认为，原不起诉决定存在适用法律错误，遂指令晋安区人民检察院撤销原不起诉决定，以正当防卫对赵宇做出无罪的不起诉决定。④ 具体内容如下：

> 3月1日，福州市人民检察院对晋安区人民检察院就赵宇见义勇为一案的处理做出纠正，认定赵宇的行为属于正当防卫，依法不负刑事责任，对赵宇做出无罪的不起诉决定。公安机关充分尊重检察机关依法做出的决定，对社会公众的关注与监督表示真诚感谢。
>
> 这起案件在一定程度上反映出福州市公安机关个别基层办案单位在执法办案过程中，对见义勇为情节认定不够准确，对有关法律规定的理解不够透彻。公安机关将认真吸取教训，举一反三，并以此为契机，大力加强对一线民警的教育培训，切实提高执法办案水平。
>
> 下一步，公安机关将积极为赵宇申请见义勇为表彰，切实弘扬社会正气、彰显法治精神、体现公平正义。目前，嫌疑人李某涉嫌非法

---

① 《男子见义勇为被拘？检方：行为属正当防卫　不起诉》，新华网，http://www.xinhuanet.com/legal/2019-02/21/c_1124143746.htm，最后访问日期：2021年3月3日。
② 冷昊阳：《六问"见义勇为反被拘"：如何不让正义束手束脚？》，新华网，http://www.xinhuanet.com/legal/2019-02/22/c_1124147991.htm，最后访问日期：2021年3月3日。
③ 肖源：《"见义勇为反被拘"事件仍陷罗生门　警方仍未给出调查结果》，中国新闻网，http://www.chinanews.com/sh/2019/02-20/8759165.shtml，最后访问日期：2021年3月3日。
④ 《检察机关：赵宇行为属正当防卫　不负刑责》，《新京报》2019年3月1日。

侵入住宅罪的案件正在进一步调查之中。

福州市公安局

2019 年 3 月 1 日

官方发布二次通告后，多家媒体又进行了跟进报道，再次引发关注。舆论对于这份通告中政法部门主动检讨工作态度、承认错误的回应内容感到较为满意，负面舆论有所回落。

2019 年 3 月 12 日，最高人民检察院检察长指出，最高检指导福州市检察机关认定赵宇见义勇为致不法侵害人重伤属正当防卫，依法不负刑事责任，并强调"昭示法不能向不法让步"，让赵宇事件获得了"一锤定音"的性质认定。[①]

（八）社会嘉奖，好人有好报

在赵宇争取自身权利并挽回名誉的过程中，企业家孙先生向赵宇捐出 10 万元，作为赵宇被拘留的补偿，并用于支持和补助其家庭生活，也希望借机鼓励见义勇为，增强社会信心。孙先生称："这次资助是为了伸张正义，更是为了让英雄不能既流血也流泪。社会与人生的结果往往并不能尽如人意，但我们总可以通过自身努力达到无愧于心。"[②]

赵宇在收到捐款后也进行了回应。赵宇称："我收到了爱心人士孙先生的无私捐助款项。孙先生在关键时刻挺身而出，我十分感动。我代表我本人和我的家人衷心感谢孙先生的义举，同时，我也要感谢在这段时间内对我问候和关心的各界人士，让我感受到了满满的正能量。感谢孙先生和其他爱心人士。好人一生平安！"[③]

2019 年 3 月 18 日，赵宇收到福州公安的通知：为其颁发的"见义勇为确认证书"已做好，将于 3 月 19 日送到其家中。"见义勇为确认证书"记载：赵宇于 2018 年 12 月 26 日在福州市晋安区某公寓楼"见一男子李某对暂住该处的邹某（女）实施殴打时，上前制止李某继续伤害邹某的行为。经调查核实，根据《福建省奖励和保护见义勇为人员条例》第三条的

---

① 《赵宇见义勇为案写入最高检工作报告：昭示法不能向不法让步》，中国新闻网，http://www.chinanews.com/gn/2019/03-12/8777891.shtml，最后访问日期：2021 年 3 月 3 日。

② 《见义勇为反被拘？企业家给赵宇 10 万元：愿善有善报》，《人民日报》2019 年 2 月 27 日。

③ 《见义勇为反被拘？给赵宇的奖励来了！原因是……》，《中国青年报》2019 年 2 月 27 日。

规定，确认为见义勇为"，发证机关落款为福州市公安局晋安分局。①

（九）终获公平，入选典型案例

2019 年 3 月 18 日，中央电视台《法治在线》节目对"赵宇见义勇为案"的前后始末进行了详细报道。这则新闻关注的焦点在于"见义勇为造成不法侵害者重伤，见义勇为者要不要承担法律责任"。通过还原"赵宇见义勇为案"的前因后果，该节目进行了入木三分的细节还原和性质刻画。在该节日最后，主持人还通过采访专家学者，对"赵宇案"进行了详细的解说和案例阐释。

中央电视台《法治在线》还援引了最高人民检察院在 2019 年全国"两会"的工作报告中对"赵宇案"等涉及正当防卫的案件做出了最终评价：这正是公众朴素正义观和司法办案机关的共同价值追求。其实，设立正当防卫制度的立法原意，就是鼓励公民与不法侵害作斗争，但是，该如何更好地发挥它的作用，值得司法界和普通民众共同深思。②

2020 年 9 月 3 日，最高人民法院召开新闻发布会，发布《最高人民法院、最高人民检察院、公安部关于依法适用正当防卫制度的指导意见》及 7 个典型案例，其中由福州市人民检察院及福州市晋安区人民检察院审理的"赵宇正当防卫"一案被选入。

对于"赵宇案"，其典型性被认为有两个方面：第一，防卫过当仍属于防卫行为，只是明显超过必要限度并造成重大损害。第二，对防卫行为"明显超过必要限度"的判断，应当坚持综合考量原则。通过对该案的定性，赵宇不但得到了名誉维护和行为嘉奖，更在全社会形成了一种鼓励见义勇为、见义智为的舆论导向。③

2019 年 12 月 18 日，《福州晚报》刊发两版文章，介绍福建省福州市第 26 次见义勇为表彰大会先进分子（群体）事迹。其中，赵宇因救下被

---

① 王选辉：《晋安区见义勇为基金会：收到公安确认证书，将为赵宇申请表彰》，澎湃新闻，https：//www.thepaper.cn/newsDetail_forward_3158933，最后访问日期：2021 年 3 月 3 日。
② 《法不能向不法让步！央视披露"赵宇案"始末》，最高人民检察院网站，https：//www.spp.gov.cn/spp/sp/201903/t20190319_412281.shtml，最后访问日期：2021 年 3 月 3 日。
③ 《最高人民法院最高人民检察院公安部关于依法适用正当防卫制度的指导意见》，最高人民检察院网站，https：//www.spp.gov.cn/spp/xwfbh/wsfbt/202009/t20200903_478676.shtml#1，最后访问日期：2021 年 3 月 3 日。

侵犯的女子获评"见义勇为先进分子"，接受福州市"见义勇为基金会"表彰，并获得了三等奖励金 3 万元。① 此后，因赵宇获得了较为公平公正的社会评价，舆情进入尾声。

二 "赵宇事件"的网络舆情发酵演变

如果从事件发展历程来看，舆论的酝酿、发酵和消退几乎和"赵宇案"的生命周期保持了同步状态。正因为如此，对舆情发酵演变的脉络进行梳理，能够探查舆情走向，复盘舆情应对的不当之处。

为了获得"赵宇事件"全面且完善的舆情信息记录，本案例报告借助了数据采集工具"舆情秘书"，对 2018 年 12 月 26 日 0 时到 2019 年 12 月 28 日 24 时的全网信息进行了监测和分析，时间范围涵盖赵宇做出见义勇为举动到福州市为赵宇颁奖的后十天，基本覆盖了"赵宇事件"的舆情生命周期。

（一）舆情生命周期

"赵宇事件"的舆情生命周期大致从 2018 年 12 月 26 日开始，至 2019 年 3 月 19 日中央电视台对事件加以定性而结束。其间，舆情经历了关键的四个阶段，其中舆论信息出现的高潮为 2019 年 2 月 20 日，当日共产生 13532 条舆情信息。在诸多舆情传播平台中，微博凭借 12386 条的传播量，成为该事件的主要传播媒体。

1. 舆情潜伏期

2018 年 12 月 26 日，赵宇见义勇为出手相救，但因造成了施暴人伤残，反而被公安机关拘留。事件到 2019 年 2 月 15 日出现转机，而这一时期则是舆情的潜伏期。

2019 年 2 月 15 日，福建电视台新闻频道《现场》率先报道赵宇见义勇为却被拘留的事件，使该事件首次进入公众视野。在这一时期，只是赵宇单方面进行事实陈述，而且采访和报道的素材都是二手资料，记者也仅仅和另一方施暴当事人李某进行电话连线，并未获得具有新闻价值的线索。因为叙述平淡无奇、事件缺乏爆点、内容缺乏张力，该事件并未引发公众关注。

---

① 《福州市第二十六次见义勇为表彰大会召开》，《福州日报》2019 年 12 月 19 日。

在舆情潜伏期，赵宇申诉的重点在于自己蒙受了"不白之冤"。但是，由于提供的新闻线索是零散且隐蔽的，而且在各类社会新闻事件中这种"喊冤"的桥段已经层出不穷，公众也对此感到厌倦。正因为如此，这一时期舆情虽然开始萌芽和形成，但实际上福建电视台新闻频道的节目播放、自媒体的转发都难以真正吸引公众的注意力。

2. 舆情发酵期

2019 年 2 月 16～17 日为舆情发酵期。2019 年 2 月 16 日 11 时 32 分，赵宇在新浪微博注册账号"@被冤枉的赵宇"并发布第一条微博。该条微博的内容则是分享福建电视台新闻频道《现场》的报道视频，以期完成新闻的自我扩散。

在首条微博发布后，赵宇在接下来的 11 分钟之内，将该微博转载了 3 次，并配上了求助文字。从赵宇转发微博的频率和速度来看，其迫切想为自身正名，也渴望通过微博平台将此事"闹大"，以证明自己的清白、维护自身的名誉。

2019 年 2 月 17 日 12 时 56 分，赵宇第 12 次转发了其首条微博，并附上了事件经过和详细说明。该微博在短时间内获得了最大关注度，24.5 万次点赞、8.4 万个留言、57.3 万次转发，预示着该事件已经进入了公众视线。

从 2019 年 2 月 17 日起，新浪官方认证账号"@环球时报""@头条新闻""@猫扑"等转载了该视频，事件热度迅速上涨。同时，《人民日报》、新华社、《中国日报》、《北京青年报》、《新京报》等媒体纷纷刊载有关事件进程的报道并发表社论，而"见义勇为反被拘""见义勇为被拘 14 天，强奸未遂者打麻将"等则触动了公众的敏感神经而获得广泛关注。微博话题"小伙制止侵害被拘留 14 天"的阅读量高达 1077.9 万次，可见该事件热度居高不下。

在舆情发酵期，赵宇作为当事人主动从"后台"转换至"前台"，并通过社交媒体账号"@被冤枉的赵宇"实名向公众求救，在短时间内即获得网民同情和媒体关注。值得注意的是，尽管此事在网络舆论场已经闹得沸沸扬扬，全国各地媒体纷纷加入报道行列，且网友质疑的声音不断，却始终不见当地公安回应。因为当地公安部门的"高冷"和"迟疑"，网民自发转载赵宇的求助微博和新闻视频，希望通过"人多力量大"的裂变式传播和"匿名平等"的表达特点，倒逼政府部门关注此事。

3. 舆情爆发期

2019年2月18～21日为舆情爆发期（见图1）。2月18日，多家媒体对"见义勇为反被拘"进行了报道，加之自媒体助推，信息量快速增长，达到舆论的最高峰。2月20日，当地警方没有针对公众质疑进行回应，而是选择了"消极逃避"，因此舆论热度仍保持较高水平。2019年2月21日，"@福州公安"发出案情通报，引发网民不满，因此信息量出现再度提升的趋势。

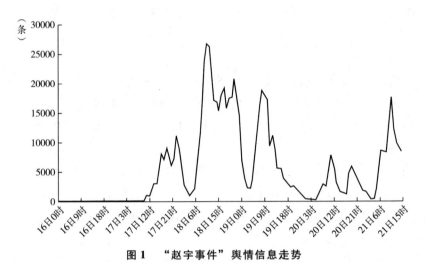

图1 "赵宇事件"舆情信息走势

资料来源：《微博自救＋媒体跟进：被冤枉的赵宇事件下的媒体事件》，传媒智库网站，http://media – learning. com/january_info_analysis/january_info_analysis67. html，最后访问日期：2021年3月3日。

在舆论爆发期，舆论焦点主要是因为"见义勇为反被拘"触动了公众的敏感神经而获得广泛关注。网民的关注焦点包括"赵宇是否存在故意伤害？""官方为何没有披露案情经过？""检察院已明确不予逮捕赵宇，缘何公安机关又要再度将赵宇移送检察院？"等问题，令舆情全面爆发。不过，如果从舆情焦点转移的情况来看，爆发期的舆情存在两个小高潮。

一是因"'赵宇案'是不是舆情"引发舆论热议。2019年2月18日下午，福州警方在接受《新京报》记者采访时称："舆情发生后，各级部门都在积极地应对处置。"[①] 这句话令网友感到不满：赵宇是一个活生生的、

[①] 黄启鹏、王瑞文：《福州男子制止强暴反被拘　涉嫌施暴者提出索赔要求》，《新京报》2019年2月18日。

有血有肉的人，还是一名光荣的退伍军人，赵宇因这次救人而被拘，错过了儿子的出生并引发一系列困难，将这一切称为"舆情"是否合适？此外，也有网友认为："舆情"一词带有显著的情感色彩，其带有一种价值判断，即"赵宇案"是本不该发生的，而且其发生后对社会秩序造成了负面影响。

二是因"见义勇为被拘14天，强奸未遂者打麻将"的荒唐对比，挑起了公众的怒火。2019年2月19日，警方通报施暴人李某因犯"非法侵入住宅罪"已被警方监视居住，但并未让网民感到满意。网民质疑的焦点在于：李某不仅非法侵入住宅还涉嫌强奸、暴力伤害，为什么仅仅是"监视居住"。① 相比之下，见义勇为的赵宇在主动接受问询的情况下，却被拘留了14天，甚至还错过了儿子的出生，这样的判决是否有失公允？

正因为如此，对"赵宇案"的不当处置，使相关舆情屡屡登上微博热搜词条，而在短短几日内的传播热度指数峰值已达到37.74，均值达到28.79。与此相应，"小伙制止侵害被拘14天""见义勇为后被刑拘""检方回应制止侵害被拘"等新浪微博话题的总阅读量超过6亿条，总讨论数超26万条，足见该事件已经成为全民热议的焦点事件。

赵宇的一则求助微博为何能够引发超过60.7万次的转发和声援？这主要是因为存在数个"大V"用户的转发。经分析，这条微博在传播中共形成了25个转发层级，覆盖的微博用户数达9.4亿人次。当然，如此之高的转发量，主要是由5个"橙V用户"与5个"普通用户"共同推动的。除关键用户"@pawshome"外，"@疒聾_dfg_41769""@水果君""@喜喜果"等博主或"大V"贡献了较多的多次转发。

在舆情爆发期，网民自发转载求助微博声援见义勇为的赵宇，且随着转发次数的增加，网民的意见也趋于集中，形成舆论并伴生行动。虽然这些网民隐匿在陌生的网络账号之下，绝大多数发布者和转发者素不相识，但在"见义勇为"这个方面却形成了朴素的价值认知和道德判断，采取了实际的"围观"和"转发"行动，令赵宇不仅获得了媒体关注，还得到了切实的经济支持和法律援助。

4. 舆情消退期

从2019年2月22日开始，"赵宇事件"相关舆情开始逐步消退。2月

---

① 《赵宇案后续：李某只是涉嫌非法侵入住宅？强奸未遂不追究？》，网易，https://www.163.com/dy/article/E98N9ENG0517N7R1.html，最后访问日期：2021年3月3日。

22 日，随着"救人反被拘男子解除取保候审，完全恢复自由"这一新闻的传播，网民到赵宇微博的评论区中对其表达鼓励、安慰和支持。从该新闻的刊发开始，网络舆论场的声音逐渐转向正面，紧张态势有所缓和。

2019 年 3 月 1 日，最高人民检察院介入处置并连续发布两条微博，对该案进行定性。这两条微博的转发、评论、点赞总量高达 7 万余次，足见最高人民检察院的回应得到了广大网民的支持。与此同时，检察机关也即刻依法纠正"赵宇案"处理决定，认定赵宇的行为属于正当防卫，并同步配发答记者问，对案件事实、原不起诉决定的适用法律错误、重新认定的法律依据等进行全面阐述，进一步厘清了正当防卫的认定标准。因为全民关注的"赵宇案"在短时间内即促成了司法要件的修改和完善，也被网民们称赞为"赵宇速度"。

2019 年 3 月 19 日下午，福州市公安局晋安分局给赵宇送来了"见义勇为确认证书"，各家媒体也纷纷报道赵宇见义勇为的壮举，号召社会各界"见义智为"。2019 年 12 月 18 日，福州市见义勇为基金会召开表彰大会，为赵宇和其他见义勇为先进分子颁奖。此时虽然距离"赵宇案"已经过去了 9 个多月，网民的关注度和事件热度也在持续降低，但仍有热心网民在赵宇的微博和相关新闻的下方评论区中发表对该事件的看法，并自发扩散赵宇的义举。同时，相关媒体报道的风向也转变为呼吁完善立法和社会规范，以免再度出现"让好心人寒心"的社会事件。

（二）舆情主要传播平台和传播关键词

通过"舆情秘书"软件抓取的数据可知，该时间段内全网共产生与"赵宇案"相关舆情信息 97828 条，分别是网媒 6665 条、论坛 1336 条、博客 104 条、微博 75948 条、报刊 122 条、微信 5850 条、视频 17 条、App 7601 条、其他 185 条。如果按所占比例测算，则为 6.81% 来自网媒、1.37% 来自论坛、0.11% 来自博客、77.63% 来自微博、0.12% 来自报刊、5.98% 来自微信、0.02% 来自视频、7.77% 来自 App、0.19% 来自其他（见图 2）。从这些数据可以看出，微博成为"赵宇事件"最重要的传播平台。

从各个平台呈现出的传播关键词来看，"被拘""见义勇为"等成为相关事件网络传播的核心词（见图 3）。这从侧面表明，在官方公布"赵宇案"调查结果之前，民众已将"被拘"认定为"见义勇为"的"结果"，而这极易引发舆论的负面情绪。

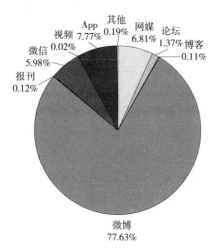

图2　"赵宇事件"舆情主要传播平台

资料来源：课题组使用"舆情秘书"分析软件实时抓取的结果。

图3　"赵宇事件"舆情关键词云

资料来源：《舆情大数据复盘"见义勇为赵宇案"：正当防卫再成焦点话题》，咖啡日报网站，https：//coffee. pmcaff. com/article/1698549939485824/pmcaff？utm_source＝forum，最后访问日期：2021年3月3日。

（三）舆情主要传播媒体

"赵宇事件"最重要的传播平台是新浪微博，共产生了超过7.5万条信息。另有 5850 条微信信息、1420 条今日头条（社会版）信息。排第四至十位的传播媒体主要是腾讯网（1342 条）、58 同城本地版 App（1183 条）、58 同城本地版网站（976 条）、搜狐新闻（944 条）、网易号（785 条）、知乎（502 条）、58 同镇（477 条）等各大网站（见表 1）。

表 1 "赵宇事件"舆情主要活跃媒体分析

单位：条

媒体名称	信息数量	地域	域名
新浪微博	75948	境内	weibo. com
微信	5850	境内	mp. weixin. qq. com
今日头条（社会版）	1420	境内	www. toutiao. com
腾讯网	1342	境内	new. qq. com
58 同城本地版 App	1183	境内	tznew. 58. com
58 同城本地版网站	976	境内	tznew. 58. com
搜狐新闻	944	境内	3g. k. sohu. com
网易号	785	境内	dy. 163. com
知乎	502	境内	www. zhihu. com
58 同镇	477	境内	mtongzhen. 58. com

资料来源：课题组使用"舆情秘书"分析软件实时抓取的结果。

虽然"赵宇事件"在各个媒体平台的舆情可谓"全面开花"，但不同平台在介入时间上有所差异。通过分析"赵宇事件"的首发媒体，能够对后续类似敏感事件的信息走向提供参考。例如，从表 2 可以看出，网媒对这类社会热点事件最为敏感，因此在传播消息方面具有优势。相比之下，制作视频需要具备较高的专业技能，也需要耗费大量的时间，因此其反应较慢。

表 2 赵宇事件首发媒体（不完全统计）

媒体类型	发布时间	标题	信息来源	原文链接
网媒	2019 年 2 月 16 日 23 时 59 分	路见不平一脚"踢"！结果却上了被告席	长沙社区通	http://www.cssqt.com/xw/gn/fz/335463.shtml

媒体类型	发布时间	标题	信息来源	原文链接
App	2019 年 2 月 17 日 1 时 9 分	男子见义勇为救被侵害女邻居，反被拘留 14 天，还有可能赔偿几十万	网易号	http：//c. m. 163. com/news/a/ E868URB70521MFFB. html
微信	2019 年 2 月 17 日 1 时 19 分	"强奸未遂" 回家打麻将，"见义勇为" 却元旦蹲班房	微信	http：//mp. weixin. qq. com/s？_ _ biz = MzU4MDA2MjA5MA = = & mid = 2247484194& idx = 3& sn = 07db697c97 65af2f634582c8fdd405fa
微博	2019 年 2 月 17 日 1 时 30 分	@镇宇DD 的猪头俱乐部 在这里呢，希望能调查彻底。	新浪微博	http：//weibo. com/3622786902/ HgZto45jR
博客	2019 年 2 月 18 日 22 时 36 分	见义勇为被拘留，做个好人真的很难吗？	新浪博客	http：//blog. sina. com. cn/s/blog _4715358801021yIml. html
报刊	2019 年 2 月 19 日 23 时 59 分	"见义勇为反被拘" 有违惩恶扬善初衷	市场星报	http：//www. scxb. com. cn/html/ 2019 - 02/20/content_2/1/84. htm
视频	2019 年 2 月 20 日 21 时 30 分	小伙见义勇为被拘留？福州警方认为过失致人重伤证据充分	腾讯视频	https：//v. qq. com/x/ page/q0840qie3ig. html

资料来源：《舆情大数据复盘 "见义勇为赵宇案"：正当防卫再成焦点话题》，咖啡日报网站，https：//coffee. pmcaff. com/article/1698549939485824/pmcaff？ utm_source = forum，最后访问日期：2021 年 3 月 3 日。

"赵宇事件" 也产生了极大的社会影响力。根据对微博、微信、网媒 3 种媒体传播效果的综合评估，并加权计算，冉对其进行归一化，扩展到 0～100 的指数，可测算出 "赵宇事件" 的影响力（见图 4）。

如果进一步深入挖掘 "赵宇事件" 的媒体参与情况，并用事件网媒平台数据匹配知微重要媒体列表，即可得到各类重要媒体的参与情况（见图 5）。

在 "赵宇事件" 中，排名前 10 位的媒体报道焦点，也主要集中于见义勇为反被拘是否合理这个问题，并引发了对 "正当防卫是否过当" 的全网讨论（见表 3）。

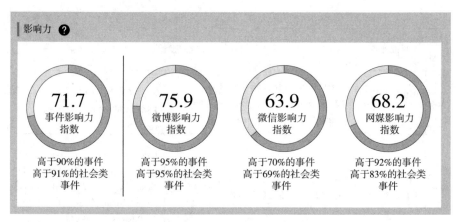

图4 "赵宇事件"舆情事件影响力指数

资料来源：《福州男子赵宇见义勇为 反被拘留14天》，知微，https://ef.zhiweidata.com/event/1c8bb2d9e975404a10008556/profileV2，最后访问日期：2021年3月3日。

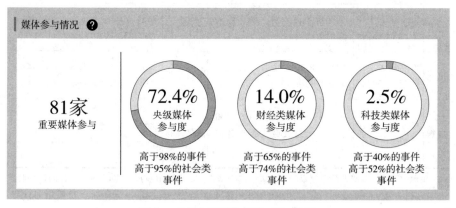

图5 "赵宇事件"媒体参与情况

资料来源：《福州男子赵宇见义勇为 反被拘留14天》，知微，https://ef.zhiweidata.com/event/1c8bb2d9e975404a10008556/profileV2，最后访问日期：2021年3月3日。

表3 排名前10位的媒体观点与报道数量

单位：家

排名	媒体观点	媒体数量
1	男子见义勇为被拘？检方：行为属正当防卫 不起诉	41
2	六问"见义勇为反被拘"：如何不让正义束手束脚？	27
3	福州"见义勇为被刑拘"案：检方认定属正当防卫不予起诉	17
4	"见义勇为反被拘"事件仍陷罗生门 警方仍未给出调查结果	12

排名	媒体观点	媒体数量
5	男子称见义勇为却被拘　当事女子曾向警方说明情况	12
6	福州一青年称自己见义勇为反被刑拘引发网上热议	11
7	男子"见义勇为"被拘14天？	11
8	小伙见义勇为被拘14天？警方和检察院都回应了	9
9	福州"见义勇为被刑拘"案：属正当防卫，不予起诉	9
10	福州"见义勇为被刑拘"案：检方认定属正当防卫，不予起诉	9

资料来源：《福州男子赵宇见义勇为　反被拘留14天》，知微，https://ef.zhiweidata.com/e-vent/1c8bb2d9e975404a10008556/profileV2，最后访问日期：2021年3月3日。

（四）舆情主要传播节点

在"赵宇事件"舆情发酵的过程中，多家颇具影响力的媒体对此发布了多篇报道，决定了"赵宇事件"的舆论走向（见表4）。这其中，2019年2月16日发布于"社区通"上的新闻陈述了赵宇见义勇为的义举，而2019年2月21日"网易新闻"推送的新闻则侧重于呈现检方的回应。2019年3月1日，多家媒体密集报道检察机关依法纠正"赵宇案"的处理决定，形成了"全网发声"的态势。2019年12月19日，舆论则着重渲染赵宇见义勇为行为的感染力，并呼吁公众以此为榜样，多行善举。

表4　"赵宇事件"时间线报道情况

单位：篇

序号	时间	标题	来源	相关词	倾向	相同文章数量
1	2019年2月16日23时59分	路见不平一脚"踢"！结果却上了被告席	社区通	见义勇为，福州，拘留	中性	1
2	2019年2月21日1时47分	男子见义勇为被拘？检方：行为属正当防卫　不起诉	网易新闻	见义勇为，福州，拘留	正面	151

续表

序号	时间	标题	来源	相关词	倾向	相同文章数量
3	2019 年 2 月 22 日 23 时 57 分	正当防卫只能跑？见义勇为会吃亏	进贤新闻网	见义勇为，福州，拘留	中性	194
4	2019 年 3 月 1 日 10 时 31 分	赵宇，正当防卫，不负刑责！	爱妮微	见义勇为，福州，拘留	中性	185
5	2019 年 3 月 1 日 22 时 2 分	最高人民检察院就"赵宇正当防卫案"做出回应	中华通讯	见义勇为，福州，拘留	中性	222
6	2019 年 3 月 1 日 22 时 5 分	检察机关：赵宇行为属正当防卫 不负刑责	《新京报》	见义勇为，福州，拘留	中性	282
7	2019 年 3 月 1 日 22 时 5 分	检察机关依法纠正赵宇案处理决定	浙江 24 小时	见义勇为，福州，拘留	中性	1527
8	2019 年 3 月 1 日 23 时 56 分	赵宇，正当防卫，不负刑责！	腾讯网	见义勇为，福州，拘留	中性	247
9	2019 年 3 月 12 日 10 时 13 分	"昆山反杀案""赵宇见义勇为案"写入最高检工作报告	澎湃新闻	见义勇为，福州，拘留	中性	137
10	2019 年 3 月 18 日 11 时 23 分	"福州制止施暴案"赵宇获见义勇为证书	云财经网	见义勇为，福州，拘留	正面	323
11	2019 年 3 月 19 日 13 时 17 分	法不能向不法让步！央视披露"赵宇案"始末	东方头条	见义勇为，福州，拘留	中性	405
12	2019 年 3 月 19 日 15 时 38 分	福州"制止施暴反被拘"事件当事人赵宇获见义勇为确认证	中新出版社	见义勇为，福州，拘留	中性	206

续表

序号	时间	标题	来源	相关词	倾向	相同文章数量
13	2019 年 3 月 20 日 12 时 37 分	专访赵宇：还会出手救人，但情况不危急时如被打尽量先不还手	新浪新闻	见义勇为，福州，拘留	中性	88
14	2019 年 4 月 2 日 17 时 38 分	涞源反杀案 赵宇见义勇为案当事人亲述！法不能向不法让步！	搜狐新闻	见义勇为，福州，拘留	中性	171
15	2019 年 12 月 18 日 7 时 17 分	"制止施暴反被拘"当事人赵宇获评见义勇为先进分子	快资讯	见义勇为，福州，拘留	正面	378
16	2019 年 12 月 18 日 11 时 23 分	赵宇谈获评见义勇为先进个人：感谢受到了认可	每日最新新闻	见义勇为，福州，拘留	正面	90
17	2019 年 12 月 19 日 1 时 59 分	"制止施暴反被拘"当事人获见义勇为奖	《北京青年报》	见义勇为，福州，拘留	中性	73
21	2019 年 12 月 19 日 4 时 27 分	"制止施暴反被拘"当事人获奖 他说下次还会挺身而出	中国新闻网	见义勇为，福州，拘留	中性	75

资料来源：课题组使用"舆情秘书"分析软件实时抓取的结果。

（五）舆情传播调性分析

在"赵宇事件"舆情的发展进程中，负面信息占据主导。其中，正面信息为3022条，负面信息高达67927条，而中性信息则为26879条。通过比例测算可知，正面信息占3.09%，负面信息占69.44%，中性信息占27.48%（见图6），可见负面声音构成了舆论的主基调。

从微博网民转发报道、评论相关信息最常使用的表情来看，网民多持围观态度，且负面情绪较浓（见表5）。

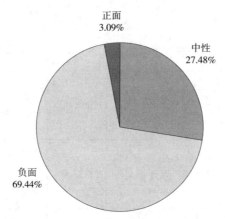

图6 "赵宇事件"舆情事件传播情感占比

资料来源：课题组使用"舆情秘书"分析软件实时抓取的结果。

表5 "赵宇事件"网民情感色彩

单位：人

排序	投票选项	投票人数	情感色彩
1	声援赵宇做出的义举行为	159776	正向
2	对赵宇遭遇感到无奈	11153	负向
3	对公检法的判决结果感到费解	4971	负向
4	对赵宇的遭遇感到愤怒	3073	负向
5	赞同赵宇的见义勇为举动	2345	正向
6	不再相信好人有好报	1222	负向
7	围观事件进展情况	906	中性

资料来源：《舆情大数据复盘"见义勇为赵宇案"：正当防卫再成焦点话题》，咖啡日报网站，https：//coffee. pmcaff. com/article/1698549939485824/pmcaff？utm＿source＝forum，最后访问日期：2021年3月3日。

　　舆情分析平台"新浪舆情通"也对微博上呈现的观点评论进行了总结。其中，有44.3%的网民表示"寒心"，并认为该判决可能会导致自己"不敢为"。同时，有23.6%的网民则认为警方的处置不公正，明确表示对这种"冤枉好人"和"矫枉过正"处置方式的质疑（见图7）。

（六）舆情传播微博分析

　　微博是"赵宇案"舆情发展的主阵地，对微博传播情况进行梳理有助

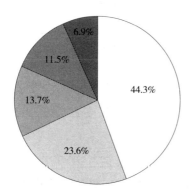

图7 "赵宇事件"网民观点分布

资料来源：《舆情大数据复盘"见义勇为赵宇案"：正当防卫再成焦点话题》，咖啡日报网站，https：//coffee. pmcaff. com/article/1698549939485824/pmcaff？utm_source = forum，最后访问日期：2021 年 3 月 3 日。

于人们分析类似舆情的发展脉络。

1. "大 V"的分布

从"大 V"的分布来看（见图8 和表6），媒体占据主导。同时，对于该事件，多家媒体前后密集发声，使媒体在"大 V"之中占据次席。

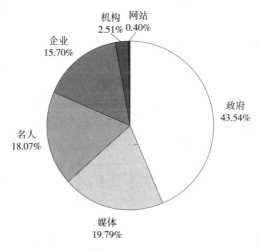

图8 "赵宇事件"新浪微博"大 V"传播状况

资料来源：课题组使用"舆情秘书"分析软件实时抓取的结果。

表6 "赵宇事件"新浪微博"大V"分布

单位：人

类　型	政府	媒体	名人
粉丝数大于50万的"大V"	12	97	6
粉丝数大于100万的"大V"	7	77	2
粉丝数大于1000万的"大V"	0	24	0

资料来源：课题组使用"舆情秘书"分析软件实时抓取的结果。

2. 博主地域

从博主地域分布来看，广东、北京和上海的博主在舆情讨论中表现出较高的活跃度（见表7）。可能的原因在于，广东、北京和上海三地的氛围较为活跃，因此在讨论"赵宇案"时的参与性也较显著。

表7 "赵宇事件"新浪微博"大V"省份

单位：条

序号	地域	信息数	序号	地域	信息数
1	广东	6406	18	黑龙江	941
2	北京	4781	19	天津	891
3	上海	3550	20	江西	787
4	江苏	3263	21	山西	719
5	浙江	2911	22	吉林	658
6	福建	2669	23	云南	581
7	山东	2161	24	内蒙古	487
8	四川	2078	25	贵州	453
9	湖北	1577	26	海南	379
10	河南	1525	27	香港	359
11	辽宁	1350	28	新疆	342
12	湖南	1275	29	甘肃	307
13	安徽	1160	30	台湾	232
14	河北	1110	31	青海	198
15	广西	1079	32	宁夏	194
16	重庆	1074	33	西藏	184
17	陕西	1060	34	澳门	100

资料来源：课题组使用"舆情秘书"分析软件实时抓取的结果。

3. 水军分析

从水军的构成来看，参与"赵宇事件"讨论的用户有99.1%是真实用户（见图9）。这意味着真实用户的参与度较高，从侧面反映出该事件的全面关注度居高不下。

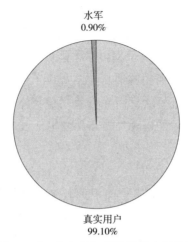

图9 "赵宇事件"新浪微博水军分析

资料来源：课题组使用"舆情秘书"分析软件实时抓取的结果。

4. 情感分析

从情感分析来看，微博上对"赵宇事件"的讨论内容，有84.18%为负面信息，远高于全网舆论基调（见图10）。从中可以看出，微博上对"赵宇事件"的讨论可能更为负向和极化，容易导致负面情绪的堆集，对社会安全和政府信任产生难以预期的负面影响。

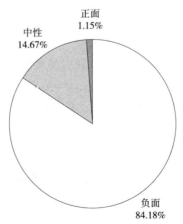

图10 "赵宇事件"新浪微博情感分析

资料来源：课题组使用"舆情秘书"分析软件实时抓取的结果。

三 "赵宇事件"网络舆情回应的痛点和不足

诚如《人民日报》所言，舆情不是"敌情"。相反，媒体是社会的预警器，它是对热点事件、敏感问题的反映和关注。[①] 不可否认的是，福州警方在早期处理"赵宇案"的过程中存在诸多疏忽，而舆情回应技巧的不足和欠缺，也导致民意汹涌和舆情高涨，造成了愈演愈烈的"舆论翻车"。只有爬梳、整理和回顾公检法部门在处置"赵宇案"舆情中的问题，做好查缺补漏和事后修补，才能避免类似事件发生。

（一）舆情回应速度明显滞后

《国务院办公厅印发〈关于全面推进政务公开工作的意见〉实施细则的通知》明确要求："对涉及特别重大、重大突发事件的政务舆情，要快速反应，最迟在 5 小时内发布权威信息，在 24 小时内举行新闻发布会，持续发布权威信息，有关地方和部门主要负责人要带头主动发声。"[②] 简言之，国务院为政务舆情回应划分出了"5 小时"的红线和"24 小时"的底线。但是，在实际工作中，如果对网民关心且关注的问题仍然"遮遮掩掩"，企图"大事化小，小事化了"，那么结果往往是在汹涌的民意之下变成"小事拖大，大事拖炸"，使官方陷入"被动应战"的尴尬局面之中。

在"赵宇事件"中，福建本地媒体于 2019 年 2 月 16 日介入报道，虽然因为另一方当事人不予配合采访，仅仅从赵宇口中得知了"见义勇为反被拘"的大致过程，并制作了相关的视频新闻于传统电视媒体播出。2019 年 2 月 17 日，赵宇以"@被冤枉的赵宇"注册微博并首次发布"鸣冤微博"，意味着该事件在新媒体平台上也开始持续传播，并随着微博"大V"的转发而迅速开始在网上发酵，从单纯的"民事纠纷"演化为矛头直指政法部门"执法不公"的"警务舆情事件"。在此之后，《新京报》、澎湃新闻、腾讯网等多家媒体介入报道，网民也在微博评论区中不断声援赵宇，并涌入"@福州公安"的官方微博下方"讨要说法"。

即便如此，政法部门仍未引起高度重视，而是在"赵宇案"爆发整整三天后才做出第一次回应。这个"姗姗来迟"的首次回应被冠以"案情通

---

① 人民日报评论员：《官员"媒介素养"体现执政水平》，《人民日报》2011 年 6 月 16 日。
② 国办发〔2016〕80 号。

报"的名号，但只是对案情的大致经过进行梳理，对网民最关心的案情进展、事件性质、责任纠偏等内容却一笔带过，显然有"转移话题"和"模糊焦点"之嫌。正是因为政法部门未对网民最关心、最关注的问题予以正面回应，从而错失了抢占舆论主动权的关键时期，造成了官民话语体系的割裂。

（二）舆情回应时间选取不当

当前，部分政府部门往往选择在深夜或者周末发布重要信息，被网民讽刺为"半夜鸡叫"舆情回复模式。① 政法部门选择在凌晨时分发布诸如此类"案情通报"，很可能被认为是典型的"半夜鸡叫"。如果是突发性极强的公共事件，在第一时间哪怕是在凌晨时分发布权威信息或召开新闻发布会，通报相关情况，及时回应社会关切，那自然无可厚非，还可能赢得网民的信任和点赞。但是，"赵宇案"发酵已三天有余，政法部门还偏偏选择凌晨时分发布热点信息，其降低热度的想法和敷衍应付的用意，难免被网民所诟病。

在网民看来，"见义勇为反被拘"不仅关涉赵宇本人的名誉维护，也关涉公权力对私人领域的侵犯，因此才对"赵宇案"格外关注，也会格外反感这种"半夜发布"的信息。从表面来看，政法部门在选择回应时拥有自由裁量权，能够自主把控何时发布、如何发布、在什么条件下发布等。但是，实际上，对这种全民关注且涉及公共利益的焦点事件，如果仍抱有"半夜鸡叫"的侥幸心理，则必然被网民解读为漠视公众的知情权、参与权和监督权，容易引发民意反弹。这种"半夜鸡叫"式发布往往会使"政府的辟谣成为谣言，之前的传言成为政策"②，直至削弱政府的公信力。

（二）舆情回应措辞生硬高冷

舆情回应不仅要陈述事实、回应焦点、阐述措施，也要照顾网民和当事人的情感，选取合适的语言和措辞进行回应。一旦措辞失当，则可能加剧回应的价值紧张、技术紧张、制度紧张和能力紧张。③ 汉语是一门博大

---

① 强勇：《热点信息发布别搞"半夜鸡叫"》，《海南日报》2016年4月21日。
② 孙宝强：《"半夜鸡叫"式发布不应成为"经验"》，《深圳特区报》2014年4月21日。
③ 李放、韩志明：《政府回应中的紧张性及其解析——以网络公共事件为视角的分析》，《东北师范大学学报》（哲学社会科学版）2014年第1期。

精深的语言，其各种词语在具体语境中都存在细微的差异，有时候只是顺序上的差异或者近义词的区别，给信息接收者带来的心理感受也可能截然不同。在舆情回应的过程中能否把握措辞的精妙细微之处，细致入微地选取合宜的词语、句式和语言展开说明，既是回应的语言技巧，也是回应的情感境界。

回顾警方在"赵宇案"中的首份"案情通报"，其内容明显存在诸多不当之处。比如，警方将当事人李某介绍为"包工头"，将邹某介绍为"娱乐场所服务员"，网友为此批评警方"戴着有色眼镜"。对李某使用"包工头"这一明显口语化的词句在一份正式公文中显然是不合适的。[①] 在当前的舆论环境之下，"包工头"往往被描述成通过榨取外来务工人员剩余劳动力而发家致富的"剥削者"，还常常和"欠薪""责打""老赖"等负面评价联系在一起，带有明显的价值判断，远不及"工程承包商"这一书面语客观中立。同时，对另一当事人邹某的介绍则明显带有职业歧视和价值偏见，也容易让人产生先入为主的歧视感。

警方在"赵宇案"中回应措辞的失当还体现在案情还原之中。根据官方通报，两人"多次往来"，却并未说明往来次数和情境，反而给人以两人是"旧相识"甚至"老相好"的刻板印象。这种在舆情回应中表现出的不自觉的歧视，特别是针对女性的歧视，通常表现为物化女性、差异女性、标签化或矮化女性，形成了一种隐蔽的语言暴力和信息暴力。[②] 显然，这样的案情描述，对当事人而言是"二次伤害"，也可能让舆论对赵宇的行为性质产生理解偏差。

（四）舆情回应主体矛盾分歧

在舆情回应的过程中，能否扮演好"第一定义者"的角色，对事件性质进行定义，是至关重要的。毫无疑问，只有对舆情事件的性质进行准确、合理和客观的定性，才能缓解网民的"信息饥渴"，也才能够对参与舆论讨论的网民思维意识和行为模式进行形塑。可以说，舆情回应主体能否恰如其分地发挥好"第一定义者"的作用，将在很大程度上影响后续的

---

① 《警方通报里写明当事人职业"娱乐场所服务员"，合适吗？》，风闻网，https://user.guancha.cn/main/content?id=81546&s=fwzwyzzwzbt，最后访问日期：2021年3月3日。
② 张谊：《新闻传媒报道中的女性歧视及其根源》，《中南大学学报》（社会科学版）2013年第1期。

话语立场、舆论走向和解决措施。

从"赵宇事件"中舆情的反复高涨，可以看出多个舆情回应主体在对事件的定性上存在分歧。在赵宇发帖 48 小时后，这项涉及公检法三方的"见义勇为反被拘"事件仍然无人回应，无论是警方、检方还是法院，表现出一致的"三缄其口"。直到 2019 年 2 月 18 日下午，《新京报》连线福州警方后，对方简短表示已给受害女子进行伤情鉴定，并称"舆情发生后，各级部门都在积极地应对处置"。很明显，在福州警方看来，"赵宇案"只是一起引发公众关注的舆情事件，不足为奇。但是，当"舆情"一词出现在警方的回应中时，就难免让网民感到不适。在网民看来，一旦把一件严肃的"执法不公"事件的性质轻描淡写为可控可消的"舆情"，实际上则是抹杀了事件背后深层次的法律意义，也是采用"鸵鸟心态"避重就轻的表现。更何况，出现"恶人逍遥法外，勇者却被刑拘"这种"英雄蒙冤"的"魔幻桥段"，如果仅仅以"舆情"一笔带过，显然是难以服众的。①

在"赵宇案"发酵过程中，福州警方和检方办案的分歧是显而易见的，这也导致了两大回应主体在回应过程中存在矛盾和摩擦。比如，警方对"赵宇案"的性质认定就较为草率，从当初以涉嫌"故意伤害罪"为由对赵宇刑拘 14 天，再到改为"过失致人重伤案"并要求检方起诉，都说明警方内部对赵宇"见义勇为致人伤残"这一事实要件的法律定性存在分歧。更何况，从警方认定"应被刑拘"到检方"法不能向不法让步"的裁定，都可以看出，舆情回应主体的立场不同，不仅会导致舆情一波三折，也可能使政法部门的公信力受损。

（五）舆情回应焦点模糊不清

在舆情事件发酵过程中，如果矛头指向的回应主体不闻不问、一片沉默，则可能被网民视为"不敢说"，或被解读为"怕担责"，都可能对其工作态度、工作能力产生怀疑。事实上，一旦舆情指向的回应主体"三缄其口"，则必然导致其失去引导舆论议程的主导权和优先权，在后续各类"次生舆情"爆发之时，往往会出现回应焦点偏差或者焦点模糊的情况。

---

① 《男子见义勇为反被拘？公布真相比应对舆情更重要》，澎湃新闻，http：//m. thepa-per. cn/kuaibao_ detail. jsp？contid＝3006300&from＝kuaibao，最后访问日期：2021 年 3 月 3 日。

正是因为福州警方"沉默寡言"，来自官方的声音极其微弱，造成舆论话语声量极端不对等。在此情况下，网民通过赵宇单方面的说辞和施暴者李某的"逍遥"生活，已经认定赵宇"见义勇为反被拘"是一场彻头彻尾的闹剧，而且事发之后官方还"闪烁其词"，其中必然存有内幕。更何况，对当事人赵宇来说，从 2018 年 12 月 28 日的"故意伤害罪"变成 2019 年 2 月 21 日的"过失致人重伤罪"，虽然自己已经完全恢复人身自由，但罪名依然存在，且对量刑的巨大转变相关部门也未能给出合理化解释，引发了舆论不满。

正因为如此，此时舆论关注的焦点已经从单纯的"见义勇为凭什么被刑拘"，转向了"是谁让赵宇蒙受不白之冤"。[①] 前者是一种义愤填膺的情绪发泄，为赵宇的遭遇感到不平，而后者则出现了明确的话语指向，即"谁应该为此担责"和"谁应该为这场闹剧受到惩罚"。显然，后者的话语中蕴含了"内心中无可化解的强烈仇恨感和憎恨感"，而追溯这种怨恨情绪的由来，则"无疑是源于无可救药的无能感"。[②] 遗憾的是，舆情回应的主体并未解读出舆论风向的转变和背后隐藏的"话外之音"，在网民要求追究责任之时仍在疲于解释案情，这种"不对等"和"不匹配"的话语错位，可能酿成更大的舆情事故。

人民日报（海外版）"侠客岛"账号对此发布了一针见血的点评："事情出来后不是去调查问题，而是积极应对舆情！"这一点评揭露了舆情回应主体的矛盾之处：在工作处置不当酿成公共危机之时，却并未第一时间调查事情真相、回应公众关切，反而是希望通过"捂盖子"和"冷处理"的方式平息舆情，其本质是舍本逐末。[③] 更何况，舆论关注的焦点是"后续如何追责和处置"，政法部门本应立即进行责任认定，对疏漏之处展开纠错和责任追究，向被冤枉的赵宇赔礼道歉，以此平息众怒。退一万步来说，舆情回应主体也应该遵循法律程序，立即进行执法过程复盘，力求消除程序正义和结果正义之间的矛盾和落差，而非通过"和稀泥"的方式

---

① 刑部员外：《赵宇案之后，有多少人还敢见义勇为?》，知乎，https：//zhuanlan.zhihu. com/p/57248645，最后访问日期：2021 年 3 月 3 日。

② 成伯清：《从嫉妒到怨恨——论中国社会情绪氛围的一个侧面》，《探索与争鸣》2009 年第 10 期。

③ 《男子见义勇为反被拘? 公布真相比应对舆情更重要》，澎湃新闻，http：//m. thepa- per. cn/kuaibao_ detail. jsp? contid = 3006300&from = kuaibao，最后访问日期：2021 年 3 月 3 日。

推诿责任，使网民关注的焦点发生偏离。

四 提高敏感事件舆论引导实效的对策建议

近年来，我国网络舆情事件的发展呈现出四大态势：热点形成呈加速化趋势、涉及内容呈多元化趋势、实现方式呈互动性趋势、社会影响呈扩大化趋势，引发了诸多敏感事件。[①] 为应对这些敏感事件，舆情回应和舆论引导就需要讲求"无真相则无正义"。不可否认的是，为了保证舆情回应的准确性，回应主体往往呼吁"给真相一点时间"。但是，如果该焦点事件涉及公共利益、权力博弈和司法信心，即能够被定义为"敏感事件"，此时就应该构建差异化的舆情回应策略，将"快、准、狠"作为核心准则，积极回应公众诉求和网民关切焦点，让舆情事件实现"平稳消退"。

（一）敏感事件舆论引导的基本原则

在互联网时代，敏感突发事件是引发公众情绪的导火索，而社交媒体的出现更是为舆论快速传播提供了便利条件。能否快捷、权威且恰当地引导敏感事件舆论走向，关涉政府部门公信力的建构。要有效打消敏感事件中的舆情疑虑，政府部门至少应把握若干基本原则。

1. 确保信息公开透明，满足公众知情权

"实事求是"是敏感事件舆情引导的首要准则。政府部门是公权力部门，公众对涉及公共利益和公共部门运作的情况享有知情权，这是"主权在民"的政治价值所决定的，也是政府部门必须履行的法定义务。如今，"公开是原则，不公开是例外"已成为民主政府的基本价值。因此，在事关公共利益的问题上，只有确保最大限度地公开信息，才能彰显政府责任并体现政府善意。正所谓"事实胜于雄辩"，在新媒体时代，信息的流通变得扁平化、裂变化，如果此时依然以"捂盖子"的方式人为控制信息传播，可能造成更大的猜忌和质疑。所以，政府部门应该尊重媒体和媒体人，主动接受媒体采访、主动开放现场、主动展示工作进度、主动将最新回应信息投放于微博、微信、抖音等新媒体平台，才有可能抢夺信息发布先机并占领信息发布的主导权。除了主动公开敏感信息之外，尊重公众知情权的另一个方面是信息的透明性，即保证公众能够自主浏览、查询和分

---

① 肖文涛、范达超：《网络舆情事件的引导策略探究》，《中国行政管理》2011 年第 12 期。

享相关信息，了解敏感事件的完整发生过程和实际进展情况，以此打消公众猜疑，挤压小道消息的生存空间。

2. 确保信息权威高效，把握议程主动权

美国心理学家奥尔波特曾提出一个传播学的著名公式："流言流通量=问题的重要性 × 证据的暧昧性。"从这一公式可以看出，如果不能在关键问题上提供权威证据，主导舆论议程，那么其结果必然是谣言满天飞。① 信源越权威、发布越高效，就越能够抢占先机，让官方话语和主流声音成为网络舆论的"主渠道"。因此，政府部门在应对过程中，应该对网络舆情进行过滤、甄别、校正，有效引领、调控网络舆论的导向。② 掌控舆情议程主动权的关键在于，在第一时间发布已经掌握的权威信息，及时回应公众关切，并阐释已采用的应对措施和下一阶段的解决方案，保证官方声音充满网络舆论场。同时，为了避免政府部门被外界质疑"包庇"和"共谋"，在必要情况下涉事部门可以采取必要的回避措施，提请纪委、监察、第三方机构、专家学者、热心网民等开展联合调查，尽量保证调查结果的客观公正和不偏不倚。此外，把握舆论议程的主动权还体现在主动设置新闻发言人，在第一时间召开新闻发布会，及时发布权威信息，采用"实名发言，保留互动"的策略，回应外界疑虑。③ 只有将每一次信息发布和对外沟通都视为提升公信力的良机，用好权威证据解疑释惑，才能修复官民话语信任度，提高政府部门的公信力。

3. 确保信息简洁晓畅，提升官方话语权

敏感事件爆发后，官方话语和民间话语陷入胶着的"话语争夺战"之中，谁抢夺到事件的定义权和解释权，谁就能扩大在舆论场之中的影响力。在这种情况下，信息越准确则越能让公众信服，信息越模糊则越容易滋生猜忌。毫无疑问，政府部门应坚定不移地提升自身话语权，在进行信息发布时应保证事件完整、证据确凿、指向明确、理由充分，对尚不明确或暂无定论的调查内容不能随意发表评论，也不可简单下定论，以免引发"舆情翻车"事故。同时，在回应过程中切忌"说多"和"说满"，避免

---

① 杜晋丰：《公安舆论引导贵在做到公开透明增信释疑——以深圳"5·26飙车案"为例》，《公安教育》2013年第2期。

② 张勤：《网络舆情的生态治理与政府信任重塑》，《中国行政管理》2014年第4期。

③ 李沫：《政府网络新闻发言人制度的法律建构——以网络舆情下政府公信力建设为视角》，《求索》2018年第5期。

出现前后相异、自相矛盾的言辞，否则容易成为别有用心者进行恶意炒作的素材。当然，要保证信息发布的简明扼要、直达人心，就应该在前期做好规划，在信息价值排序上区分清楚何者为重、何者为轻，基于听众立场预先判断何者先说、何者缓说，为后续解释和补充留有余地，并采用分层和分段相结合的"渐进发布"策略和"人文发布"策略，做到"循序渐进、灵活运用、有始有终、动态发布"①，让舆情回应真正做到入耳又入心。

（二）敏感事件舆论引导的基本策略

敏感事件网络舆情来势汹汹，只有把控好舆情事前管控与预防、事发监测与预警、事中处置与导控、事后问责与考评这四个环节，才能切实做好、做实、做细舆论引导工作，占领网络舆论场的制高点。

1. 完善事前管控与预防，提升抗压能力

（1）规范信息发布，谨防不当言论。官媒既是政府部门对外发布信息、开展网民沟通、解决民生问题的主渠道，也可能因为相关工作人员的不当操作演变为风险源。在新媒体时代，政府部门应该重视官媒所承载的民意沟通和话语疏导等功能，积极"触网"，定期进行信息更新并开展网民互动，主动接受网民的监督和评论，把握信息发布的时间和频率，及时处理投诉和质疑，使社会情绪找到出口，令意见表达获得渠道，让官媒真正成为与网民沟通和对话的鲜活载体。当然，官媒作为党政部门的信息发布的"门面"，也应履行严格"三审三校"制度，对未经确认、审核和查验的信息不得发布、转载和点赞，以免陷入"官方造谣"的窘境。同时，负责官媒运营的新媒体工作人员也应明确工作态度，不得借机公报私仇进行人身攻击、谩骂和诋毁，也不得随意转发、点赞和评论低俗话题和不当内容，更不得在官方媒体上发布任何与国家法律法规、政策、道德等相抵触的言论，否则"官媒翻车"本身就会成为舆论热炒的敏感事件，引发舆论的质疑和批评。

（2）提高媒介素养，把握舆情规律。舆论引导做的是"人"的工作，只有做到"打铁还需自身硬"，才能对各类纷繁复杂、沙泥俱下的网络言

---

① 熊萍：《重大突发事件政务"舆情回应"存在的问题及应对路径》，《湖南社会科学》2018年第1期。

论产生"免疫力"。但是，"免疫"并非代表对其视若无睹，而是能够做到兼听则明，拒斥以讹传讹。政府部门从事官媒运营的工作人员应该具备良好的专业背景，掌握统计学、管理学、心理学、传播学等多学科知识，对社会热点、时政新闻、军事体育、科教文卫等领域均有所涉猎，着力让自身成为熟悉网络调性、互联网言论和网络话语流派的"一专多全"复合型人才，才能明确感知网络舆情指向并预判走势。此外，工作人员还应熟悉网络舆情规律，具备发现信息和收集消息的基本能力，熟练使用各类舆情分析系统、信息搜索引擎、关键词提取软件等辅助工作，掌握数据筛选、脱敏、提纯的操作方法，抓取最为核心的舆情要素。在收集到一整套庞杂数据后，工作人员也应运用自身严谨的逻辑思维能力和分析能力，对这些庞杂的网络信息进行抽丝剥茧和去伪存真，厘清事物的来龙去脉和发展轨迹，对背后所蕴含的话语指向、负面情绪和矛盾焦点有所判断，做好前期预防。

2. 落实事发监测与预警，增强研判能力

（1）依托舆情软件，密切跟踪监测。在新媒体时代，各类大数据层出不穷，仅仅依靠人工监测难免挂一漏万、顾此失彼。在此情况下，应该依托舆情分析软件强大的数据收集、采集和分析功能，对敏感词进行实时跟踪和自动抓取，与数据库中既有的大数据展开对比，自动研判风险等级和影响范围，在第一时间将最新的消息和进展通过短信、微信、邮件等多种渠道，推送至舆情管控者和决策者处。除舆情系统的智能预警之外，也应构建起"智能＋人工"的信息筛选机制，允许工作人员针对特定的关键词开展精准检测，在匹配相关信息后由人工过滤干扰信息，提高敏感舆情信息获取的精准度。通过"机器抓取"与"人工审核"相结合的方式，实现对微博、微信、抖音、知乎、快手等主流新媒体的智能监测，并强化对贴吧、论坛、博客等可能造成公共舆论啸聚的网络载体的实时跟踪，做到"眼观六路，耳听八方"，形成对话题、事件和平台的全景把控和全程监督，并最终实现舆情回应和政府决策由"预报"走向"实报"再走向"精报"的发展路径。[①]

（2）深化媒体合作，加强长效沟通。受制于政治形象约束、议题策划

---

① 蔡立辉、杨欣翥：《大数据在社会舆情监测与决策制定中的应用研究》，《行政论坛》2015年第2期。

水平和专业团队支撑，当前政府部门在敏感事件爆发后，较难摆脱"偶像包袱"，或者消除"塔西佗陷阱"的魔咒，并赢得公众的完全信任。在此情况下，应该与主流媒体、知名商业平台和网络意见领袖构建舆情信息联动共享机制，借助专业且高效的新闻媒体平台进行交流和发声。这种与媒体之间的合作和沟通应该构建起长效化的机制，双方在整理各阶段业务工作重点等资料后进行素材交换和信息分享，并且主动与媒体联络商讨主题策划、报道角度和内容编排，确保在敏感事件之中的舆论基调不跑偏、不歪曲。不可否认的是，敏感事件也往往容易挑动公众情绪，导致"正面宣传，负面解读"的非预期后果，使政府部门陷入"越解释越质疑"的尴尬境地。为了减少这种"对冲式解读"的发生，应该主动邀请媒体将麦克风和镜头对准政府部门，完整呈现其在处置敏感事件时的过程、困难和成绩。这样做既缓解公众的"信息焦虑"，又能侧面展现政府部门工作人员的牺牲和奉献。有思想、有温度且有品质的融合报道，有助于公众减少对政府部门及其工作人员的无端批评、主观臆断和刻意指摘，也能够提高真相的传播度和覆盖面。

3. 聚焦事中处置与疏导，强化调控能力

（1）明确主责主业，匹配对接资源。敏感事件的影响范围和负面效应存在差异，特别是食品安全、突发事件、民生权益、吏治反腐、社会治安、法制法治、意识形态等不同类型的议题，引发的社会关注度和舆论讨论度截然不同。因此，应根据浏览、回帖、转发、点赞等量化数据对其影响范围展开初步评估，确定敏感事件造成的舆情危机等级和处理方式。此外，还应该综合考虑发布媒体的层次级别、报道焦点和传播节点等情况考虑其造成的社会影响，以此确定对应的第一责任主体和首要负责部门。对于可能涉及多部门的联合调查回应的情况，则应该明确职能分工，强化各部门之间的协调、沟通、督促和指导，确保回应信息的一致性和准确性。如果敏感事件存在较大的潜在社会影响，则应撰写舆情快报、专报和速报，及时呈请至党委宣传部和网信办负责相关工作的领导和涉事部门，在必要情况下应成立舆情应急处置领导小组，由其负责起草应急预案、调配处置资源、召集媒体通气会、审核通报数据和发布新闻通稿，保证舆情回应主动且高效。

（2）关注舆论走向，注重情绪疏导。敏感事件的发生可能导致舆论风向的变异，产生"情随事迁"的波动性变迁。需要澄清的是，"公众消极

情绪的表达一般不涉及权力之争，其背后是对政府的信息期待或信息误解，是对政府有更多回应、更好作为的呼唤"。因此，要避免过度使用西方的"抗争政治"话语范式过度放大情绪中的对抗色彩。① 但是，这并不意味着政府可以对汹涌的情绪和"民意"视而不见。相反，如果采取固化的、一成不变的方式加以应对，则往往会因为理论和现实的落差而事与愿违。事实上，在处置敏感事件舆情的过程中，必须把握其阶段性特征，并跟随舆情的走向做出策略性调适，令处置方法和舆情发展情势之间相契合。具体而言，在敏感事件的酝酿期，如果捕捉到苗头性和倾向性风向，则应主动发声，拿出数据、图片和视频等令人信服的证据，以减少质疑和猜测。随着舆情的逐渐升温，政法部门则应该有选择、有目的地进行网络议题的创设，找准公众的关注点、兴奋点和痛点，明确信息发布的内容、形式、流程和责任人，严格落实信息公开公示制度，并着力提升回应的针对性和有效性。如果舆情进入余温期，则应该关注公众在敏感事件得到圆满解决后的评价度和满意度。② 值得注意的是，敏感事件容易导致民意汹涌，因此在进行舆情回应时应敏锐捕捉公众情绪的变化，展现出低调谦逊、不卑不亢、乐于倾听的姿态，既不被舆论和民粹所"绑架"，也不对各类舆论"怕、拒、躲"，而是以更加坦然、真诚和虚心的姿态淡定回应。

4. 健全事后问责与考评，提高补位能力

（1）启动问责程序，回应公众质疑。舆情声浪回落并不意味着敏感事件造成的后续影响已经消除，如果对相关责任人和当事人不闻不问、宽容处理，则可能激发民意"逆袭"。为了防止出现舆论的"二次反扑"，需要在两个方面启动责任追究程序。一是保持高压态势，针对敏感事件舆论矛头直接指向的当事人进行问责。这就要求政府部门严格按照"准、稳、快"的原则，既不等不靠也不遮不掩，按照党纪法规对相关责任人展开精准的责任追究。如果敏感事件本身涉及重大的社会政策、公共利益、道德底线、秩序破坏而造成恶劣社会影响的，则应当从严从重处罚。二是明确工作态度，针对敏感事件发生后舆情报告不及时、回应不得力、处理不妥当、进程不反馈、信息不公示的责任人，或因工作

---

① 李靖、李慧龙：《政务舆情中的社会情绪生成与治理——基于信息不对称视角的省思》，《东北师范大学学报》（哲学社会科学版）2019年第1期。

② 关清：《法治思维在涉警舆情处置中的应用刍议》，《公安研究》2019年第10期。

疏忽造成敏感事件舆情迟报、漏报、瞒报、谎报等情形，则应给予通报批评、行政约谈、限期整改、党纪政纪处分等处罚措施。当然，在问责过程中也应将情节好恶和后果轻重纳入考量范围，确保问责有理有据、令人信服。

（2）完善绩效考评，强化主动意识。能否将避免问责的"压力"转化为主动工作的"动力"，是决定敏感事件舆情回应效果好坏和效能高低的关键。开展绩效考核能够提高舆情回应工作的效率，明确工作方向，并切实提升政府部门的责任感和工作人员的积极性。为此，应将"舆情应对能力"作为一项重要指标纳入党委政府绩效考核体系，使之从民间口碑的"软约束"上升为官方考评的"硬制度"。在这一过程中，应采用"负面清单"模式，对敏感事件舆情回应的全流程加以细化并赋分，未能完成或达标则扣减相应分值，以最终数值最为评价指标和评比依据。当然，为保证绩效考核的专业性、客观性和公正性，可考虑委托第三方研究机构和独立智库完成，随机引入网民和行业专家学者的动态评分，尽可能在兼顾专业性的同时提升考评的信度和效度。同时，政府部门还应根据考核结果，定期制作"舆情应对红黑榜"和"舆情引导案例库"，将应对速度、回复质量和处置效果进行调查统计和排名[1]，对其中的"不良回复"建立电子档案以强化威慑效应，对应对得力的案例则通过公开表扬、组织学习和交流座谈等方式，强化优秀应对经验的扩散。

政府部门在舆论引导的过程中展现出良好的态度与能力，不仅是信息公开满足公众知情权的需要，也是提升自身公信力与权威性的需要，更对提高舆论引导的合法性和效果具有积极意义。[2] 只有切实提升政府部门和工作人员在敏感事件中的舆情回应力，才能真正提升政府治理效能，推进有为政府建设。

（课题组组长：肖文涛；主要成员：孙杨杰、王赣闽、王鹭；本报告主要执笔人：王鹭、孙杨杰、王赣闽、肖文涛）

---

[1] 常洪卫、蒋海升：《突发事件中公安微博的舆情引导》，《重庆社会科学》2012年第9期。
[2] 杜晋丰：《论公安机关舆论引导的实质》，《中国人民公安大学学报》（社会科学版）2010年第5期。

图书在版编目（CIP）数据

应急管理典型案例研究报告.2020~2021/中共中央党校（国家行政学院）应急管理培训中心主编.--北京：社会科学文献出版社，2021.11（2023.9重印）

（应急管理系列丛书·案例研究）

ISBN 978-7-5201-9338-2

Ⅰ.①应… Ⅱ.①中… Ⅲ.①突发事件-公共管理-案例-研究报告-中国-2020-2021 Ⅳ.①D630.8

中国版本图书馆 CIP 数据核字（2021）第 226799 号

应急管理系列丛书·案例研究

应急管理典型案例研究报告（2020~2021）

主　　编 / 中共中央党校（国家行政学院）应急管理培训中心

出 版 人 / 冀祥德
责任编辑 / 曹义恒
责任印制 / 王京美

出　　版 / 社会科学文献出版社·政法传媒分社　（010）59367126
　　　　　　地址：北京市北三环中路甲29号院华龙大厦　邮编：100029
　　　　　　网址：www.ssap.com.cn
发　　行 / 社会科学文献出版社　（010）59367028
印　　装 / 唐山玺诚印务有限公司

规　　格 / 开　本：787mm×1092mm　1/16
　　　　　　印　张：17　字　数：283千字
版　　次 / 2021年11月第1版　2023年9月第2次印刷
书　　号 / ISBN 978-7-5201-9338-2
定　　价 / 89.00元

读者服务电话：4008918866